教育部人文社科基金（11YJA790221）资助项目

城乡居民收入差距收敛模型及仿真研究

—— 基于效率和公平的视角

郑明亮 / 著

中国社会科学出版社

图书在版编目（CIP）数据

城乡居民收入差距收敛模型及仿真研究：基于效率和公平的视角 / 郑明亮著. —北京：中国社会科学出版社，2015.5
ISBN 978-7-5161-6068-8

Ⅰ.①城… Ⅱ.①郑… Ⅲ.①居民收入—收入差距—仿真模型—研究—中国 Ⅳ.①F126.2

中国版本图书馆 CIP 数据核字（2015）第 094742 号

出 版 人	赵剑英	
选题策划	郎丰君	
责任编辑	郎丰君	
责任校对	孙青青	
责任印制	戴　宽	

出　版	中国社会科学出版社	
社　址	北京鼓楼西大街甲 158 号	
邮　编	100720	
网　址	http://www.csspw.cn	
发行部	010-84083685	
门市部	010-84029450	
经　销	新华书店及其他书店	

印　刷	北京君升印刷有限公司	
装　订	廊坊市广阳区广增装订厂	
版　次	2015 年 5 月第 1 版	
印　次	2015 年 5 月第 1 次印刷	

开　本	710×1000　1/16	
印　张	14.5	
插　页	2	
字　数	223 千字	
定　价	46.00 元	

凡购买中国社会科学出版社图书，如有质量问题请与本社联系调换
电话：010-84083683
版权所有　侵权必究

前　言

中国在改革开放的大潮中风雨同舟，已经取得了骄人的成绩：经济连续30多年高速增长，人民生活水平稳步提高，经济总量已经跃居世界第二，成为拉动世界经济前行的重要引擎，成为世界和平崛起的大国典范，为世人瞩目。但中国经济发展过程中，一个令国民感到幸福指数难以大幅提升的重要因素是居民之间存在较为严重的贫富不均，而且这种现象随着城乡居民收入差距的扩大越来越明显。我国城乡收入差距从"七五"的1∶1.86扩大到了"十五"期末的1∶3.22，但"十一五"基本没有扩大，农民收入在"十一五"期间增长的状况是值得加"赞"，创造了一年增幅达到766元的历史最高值。但是城镇居民之间收入差距还比较大，缩小城乡居民收入差距的路途还很漫长。"十二五"的经济发展有"四个更加注重"的具体要求，其目标之一正是"促进社会公平正义"，提出未来五年要使中国城乡居民收入普遍较快增加，努力实现居民收入增长和经济发展同步。

解决城乡居民收入差距，"三农问题"是一个永远绕不过的坎。如同多数专家学者达成的共识：关心农民、支持农业和发展农村不仅是一个现实问题，也是一个战略问题；不仅是一个经济问题，也是一个政治问题，这种说法一点儿也不危言耸听。自20世纪90年代以来，随着社会经济的快速发展和外部环境的急剧变化，我国城乡居民收入差距扩大的"三农问题"的严重性已经初见端倪，只是当时人们的认识程度远没有现在深刻、国家经济发展结构性矛盾和国民的诉求不够尖锐。世易时移，变法宜矣。当下世界性的经济危机还在影响各国经济的复苏进程，过高的外贸依存度也使我国经济下行压力凸显，表现在城镇居民因缺乏消费热点而消费不振,农村居民又因收入较低而出现农村市场拓展乏力,围绕着农民土地性质的改变出现的收入分配不公导致的群体事件时有发生。

经济学告诉我们,在资源一定的条件下,资源的合理配置会出现帕累托改变,尽管难以实现最好,但可以实现更好。城乡居民收入差距对我国经济和社会的影响,使我们对"三农问题"的认识上升到这样一种层面:事关整体国民的收入分配问题解决不好,不仅损害社会公正,成为社会和政治不稳定的潜在因素,而且会导致经济效率的损失。缩小城乡居民收入差距问题的金钥匙在于寻找一个能够承载效率和公平的发展载体和实现路径,而这一载体和路径正是我们在苦苦寻找的以人为本的新型城镇化规划,这一规划可以从农业资源要素重新配置中获得内生增长动力,从而实现农业生产效率的提高,也可以从政府公共投资结构调整中注入外生增长动力,从而通过进一步完善社会公平来实现。

本书围绕着研究主题共从九大方面展开剖析。第一部分作为本书的导论,介绍了城乡居民收入差距的历史背景、研究的意义、方法以及主要的创新点。第二部分是对理论问题的回顾。包括了居民收入理论、城乡居民收入差距影响因素理论、居民收入差距收敛理论和国外缩小城乡居民收入差距的实证分析等。第三部分,简要从制度演进的视角分析了城乡居民收入差距的主要成因,并对不同阶段的制度安排从效率和公平的维度进行了划分和定位。第四部分,从整体到局部剖析了城乡居民收入构成、收入差距以及构成差距的影响因素,同时,概括出影响城乡居民收入差距的两大系统因素:农业系统内部效率因素和系统外投资结构因素。第五部分,采用SPSS、DATA2.1和EVIEWS等计量分析工具,利用回归分析法、Granger因果关系分析法、脉冲响应函数分析法以及定量和定性分析法,剖析了农业资源配置效率。第六部分,利用历史数据分析了我国城乡居民收入差距的收敛问题。第七部分从效率和公平的视角构建了实现城乡居民收入收敛的理论框架。以新型城镇化为载体,效率问题的发挥重在农业内部,通过非农就业人口转移、土地流转、种养殖业结构调整来实现;公平问题来源于农业外部,通过政府层面、企业层面和社会层面的结构性投资调整来实现。通过 Vensim 建模工具，模拟了山东省缩小城乡居民收入差距的实现路径。第八部分，对城镇化目标实现的主要转移主体进城意愿进行了分析。第九部分，对全书进行总结，并给出了实现城乡居民收入差距缩小的制度安排。

目 录

第一章 导论 ·· 1

第一节 研究的背景 / 1

第二节 研究的意义 / 2

 一、城乡居民收入差距扩大的经济影响 / 2

 二、城乡居民收入差距扩大的政治影响 / 3

 三、城乡居民收入差距扩大的社会影响 / 4

 四、城乡居民收入差距的公平和效率影响 / 4

第三节 效率与公平理论研究 / 5

 一、效率与公平的内涵 / 5

 二、效率与公平的关系 / 6

 三、分配中的效率与公平 / 11

第四节 研究的思路和方法 / 11

 一、研究的思路 / 11

 二、研究的方法 / 12

第五节 研究的内容及重点难点 / 14

 一、研究的内容 / 14

 二、研究的重点和难点 / 15

第六节 研究的创新之处 / 16

 一、建立了新的理论框架 / 16

 二、构建了新的评价指标体系 / 17

 三、探索了新的收敛路径 / 17

第二章　城乡居民收入差距研究的理论综述……………………19

第一节　居民收入分配理论 / 19
一、国外居民收入分配理论 / 19
二、国内城乡居民收入分配理论 / 22

第二节　居民收入差距收敛性研究 / 28
一、收入差距收敛的含义 / 28
二、收敛差距的度量研究 / 28
三、城乡居民收入差距收敛性研究 / 30

第三节　城乡收入差距的系统动力学研究 / 31

第四节　国外缩小城乡居民收入差距的经验比较 / 32
一、美国的市场主导型模式 / 32
二、日本的政府主导型模式 / 34
三、韩国的政府主导型模式 / 35
四、国外经验总结 / 36

第三章　基于公平与效率的居民收入分配制度演进轨迹……………39

第一节　我国城乡居民收入差距演化路径 / 39
一、效率主导的分配制度探索阶段 / 41
二、基于公平倾向的农民减负增收阶段 / 42
三、兼顾效率与公平的统筹阶段 / 44

第二节　效率与公平视角下我国收入分配制度的定位 / 46

第三节　收入分配制度失衡导致的效率和公平问题 / 48
一、资本深化过速导致的低效率和不公平 / 48
二、资源配置的失衡导致收入的"马太效应" / 49
三、农村市场消费不足导致出现"短板市场" / 50

第四节　城乡居民收入分配公平和效率的模糊评价 / 52
一、公平与效率的评价指标 / 52
二、收入分配中公平与效率的评价方法 / 52
三、基于不同省份收入公平与效率评价的聚类分析 / 54

第四章　城乡居民收入差距现状及成因分析 …………………… 57

第一节　我国城乡居民收入分配差距总体状况 / 57
一、城乡居民收入水平发展阶段比较 / 57
二、城乡居民收入水平区域比较 / 61
三、城乡居民收入来源比较 / 69
四、居民城镇化进程与城乡居民收入比较 / 71
五、城乡居民的恩格尔系数及基尼系数比较 / 73

第二节　城乡居民收入分配差距的系统原因 / 78
一、农业外部因素 / 78
二、农业内部因素 / 82

第五章　农民增收视角下农业资源配置效率的实证分析 ………… 89

第一节　农业内部效率分析 / 89
一、Malmquist 指数方法 / 89
二、建立评价指标体系 / 91
三、我国农业效率的实证分析 / 92

第二节　劳动力转移对土地利用效率的作用分析 / 97
一、农村劳动力转移影响土地利用效率的机理 / 99
二、模型构建 / 99
三、模型的估计 / 100

第三节　基于效率与公平的我国财政支农投入效应分析 / 101
一、我国财政支农投入对农业效率和公平效应的影响 / 101
二、财政支农投入、农业比较生产率和收入差距的计量分析 / 104
三、我国财政支农投入低效率的根源分析 / 110
四、财政支农政策的调整 / 111

第六章　基于效率和公平的城乡居民收入差距收敛性分析 ………… 113

第一节　我国城乡居民收入差距的收敛性分析 / 113

  一、α-收敛性检验 / 113
  二、β-收敛性检验 / 116
  三、区域收敛模型检验 / 118
  四、收入差距收敛性结果分析 / 120
 第二节 城乡居民要素报酬收益差距根源剖析 / 120
  一、存在城乡资源要素报酬差异性 / 120
  二、缺乏城乡统筹发展的法律制度 / 121
  三、城乡居民具有非均衡的国民待遇 / 122

第七章 效率与公平视角下城乡收入差距仿真研究 …………… 127
 第一节 体现效率和公平的新型城镇化规划思路 / 128
  一、城镇化能够全面提升农业生产要素效率 / 129
  二、城镇化能够实现城乡居民社会公平 / 129
 第二节 新型城镇化规划缩小城乡收入差距的机理分析 / 131
  一、土地制度创新带来的农民收入增加 / 131
  二、劳动力转移带来的农民收入增加 / 134
  三、劳动力报酬份额变化带来的农民收入增加 / 136
 第三节 构建效率与公平的城镇化成本分担机制 / 138
  一、农民工市民化社会转移成本核算 / 138
  二、农民工市民化转移成本的分担机制 / 139
 第四节 公平和效率视角下城乡居民收入差距收敛 SD 仿真 / 141
  一、山东省新型城镇化目标 / 141
  二、山东省农村剩余劳动力估算 / 141
  三、山东省人口、土地和 GDP 关键变量的预测模型 / 144
  四、收入差距收敛的模拟和预测结果分析 / 146
 第五节 城乡居民收入差距收敛的工作路径 / 156
  一、总体工作思路 / 156
  二、具体工作路径 / 156
 第六节 山东省实现城乡居民收入差距收敛的路径保障 / 164

一、加大城镇化建设投入资金，降低农民的转移成本 / 164
   二、从政策上解决转移农民工人口不落地问题 / 164
   三、构建有利于土地流转的公共服务市场 / 165
   四、加强对农村劳动力转移的组织和引导 / 166
   五、培育适于农民工就业的配套产业 / 166

第八章 城镇化路径下的农民市民化意愿分析 …………………… 169
  第一节 农民工市民化意愿的研究方法 / 169
  第二节 调查的样本特征 / 170
  第三节 农民工市民化意愿统计分析 / 170
    一、农民工收入与市民化意愿 / 170
    二、农民工从事的职业与进城意愿 / 171
    三、农民工家庭状况满意度与进城意愿 / 172
    四、农民工受教育水平与进城意愿 / 172
    五、农民工城镇化经历与进城意愿 / 173
    六、农民工居住地与进城意愿 / 174
    七、农民工年龄与进城意愿 / 174
    八、农民工婚姻状况与进城意愿 / 175
  第四节 农民进城的主要群体特征 / 175
    一、新生代农民为主要群体 / 175
    二、新生代农民进城面临的困境 / 176
    三、新生代农民市民化意愿与新型城镇化规划偏离 / 177
    四、新生代农民市民化认同度不高 / 177
  第五节 农民进城意愿的二元 Logistic 回归分析 / 178
    一、农民进城意愿计量分析 / 178
    二、结论分析 / 183

第九章 主要结论和制度安排 …………………………………………… 185
  第一节 主要结论 / 185

一、效率和公平是影响收入差距的主要原因 / 185

二、兼顾效率和公平的城镇化是实现城乡收入差距收敛的路径 / 186

三、收入差距收敛是一个复杂的系统工程 / 187

四、协同效率和公平可以缩短城乡收入差距收敛的路径 / 188

第二节 缩小城乡收入差距的制度安排 / 189

一、科学规划农民工市民化的城镇空间布局 / 189

二、建立有利于农民增收的土地流转与征用补偿制度 / 193

三、完善有利于农民工市民化的户籍管理制度 / 195

四、构建适于新型农民工流转的配套就业制度 / 196

五、建立覆盖农民工群体的社会保障制度 / 199

六、建立适合农民工特点的住房供应政策体系 / 202

七、搭建农民工融入城镇文化制度平台 / 204

参考文献 206

第一章
导 论

第一节 研究的背景

改革开放以来,虽然我国经济取得了高速发展,经济总量已跃居为世界第二,但是城乡差距问题却越来越突出。城乡收入差距从"七五"的1:1.86扩大到了"十五"期末的1:3.22,但"十一五"基本没有扩大,农民收入在"十一五"期间增长的状况是值得点"赞"。截止到"十一五"末,农民的人均纯收入达到了5919元,这是一个历史最高值,一年增加了766元,也是一个历史最高值,但是和城镇居民之间收入差距还比较大。2010年城镇居民人均可支配收入是19109元,城乡居民两者之间的差距是1:3.228,这与五年之前城镇居民和农民的收入差距是1:3.224,可以说基本没有扩大。"十二五"的经济发展有"四个更加注重"的具体要求:其目标之一正是"促进社会公平正义",这就把"十二五"期间经济发展与社会公平正义的实现紧密联系起来,提出未来5年要使中国城乡居民收入普遍较快增加,努力实现居民收入增长和经济发展同步。中央农村工作领导小组副组长陈锡文说,"十二五"时期中央会采取更有力的措施应对城乡差距,"十二五"期间农民的收入增长可能会出现一个拐点,就是城乡差距从扩大到停止扩大,农民和城镇居民之间的收入差距逐渐缩小。

解决城乡居民收入差距问题,"三农问题"是一个永远绕不过的坎,化解"三农问题"不仅是解决上述问题的金钥匙,也是我国全面建设小康社会和和谐社会的最大难题。时下国民有一个共同认识：关心农民、支持农村和发展农村不仅是一个现实问题，也是一个战略问题；不仅是一个经济问题，也是一个政治问题，这种说法一点也不为过。自20世纪90年代以来，随着社会经济的快速发展和外部环境的急剧变化，我国城乡居民收入差距扩大的"三农"问题的严重性已经初见端倪，只是当时国民对国家经济发展结构性矛盾的认识远没有现在深刻，国民的诉求不够凸显。当下我国经济下行压力存在，消费低迷、因收入分配不公导致的群体事件时有发生，对收入差距问题、"三农"问题的认识使我们上升到这样一种层面：事关整体的收入分配问题解决不好，不仅损害社会公正，成为社会和政治不稳定的潜在因素，而且会导致经济效率的损失。打开城乡居民收入差距问题的金钥匙就是解决"三农"问题，但"三农"问题是一个系统工程。正如中国社会科学院农村发展研究所研究员李国祥所说，解决好"三农"问题，不能就农业论农业，关键是要构建以工促农、以城带乡的长效机制。首先，和"十一五"相比，"十二五"国家财力更加充裕，解决农民工问题的条件更加成熟。其次是农民工结构发生了变化。未来几年内，第二代农民工将成为农民工主体，他们对土地的依恋情结弱，价值观念、生活习惯、行为方式已日趋城市化，正在发生由"城乡双向流动"向"融入城市"转变，由"寻求谋生"向"追求平等"转变。基于这一认识，借助于我国典型地区在解决"三农"问题过程中积累的经验，从效率和公平的视角探讨解决"三农"的核心问题——城乡居民收入差距问题，挖掘其理论根据，寻找其发展路径，无疑具有重要的理论和现实意义。

第二节 研究的意义

一、城乡居民收入差距扩大的经济影响

按照经济学家凯恩斯的理论，经济发展的三驾马车是"消费、投资和进出口"，经济出现低迷很大程度是由于有效需求不足导致的。我国的外贸依存度很高，受国际大环境的影响，国际市场出口受阻，国内市场消费

低迷，经济出现较大的下行压力。这其中一方面跟我国存在的因创新能力缺乏而出现的经济结构性矛盾有关，不具备国际竞争力的高端产业所需的技术和人才，难以形成在技术上以我为主的消费热点，国内具有购买力的人群往往最先成为国外时尚品的使用者，国内同类产品的替代品又因质量问题短时间难以支撑市场；另一方面，除了创新能力问题，还有我国收入差距问题。我国人口众多，市场广阔，消费层次千差万别，尤其是农村消费市场还存在巨大的开发潜力。目前绝大多数农民的收入水平和农村交通与信息基础设施水平还难以使这种潜在需求变为现实需求，农民对吃、住、行的较高"需求"只能算作为需要。要实现国民经济持续、稳定、协调发展的目标，必须扩大农村市场的有效需求，拉动经济增长。开拓农村市场关键在于增加农民收入，通过农民购买力的提高来释放农村消费和投资市场的巨大潜力，利用好消费和投资这两架推动经济发展的发动机。

二、城乡居民收入差距扩大的政治影响

中国共产党的历史责任是消除贫困，率领全国人民走上共同富裕之路。尽管共同之路崎岖坎坷，但实践证明共产党人只有敢于担当，以行动取信于民，才能赢得一次又一次的胜利。中国有句俗语是：不患寡而患不均；不患贫穷而患不安。从扬弃的态度看，我们更能体会到古人对分配公平和社会安静的强烈追求。作为执政党，我们党的历史没有农民的积极参与，农村包围城市的战略构思就是空话，抗战胜利后，我党也从土地制度改革方面首先兑现了对农民的承诺，农民翻身做了主人。如今我国进入社会主义建设新时期，我们的经济实力已经远非从前，已经成为全球第二大经济体，吃水不忘打井人，我们有能力通过工业反哺农业来夯实农村的基础地位，通过实际行动解决城乡发展存在的矛盾，真正做到执政为民，立党为公。从政治高度认识城乡居民收入差距问题，可以让我们克服狭隘思想，走出团体利益的圈子，让改革的成果惠及最广大群众，才能让我党真正将更广泛的民众汇集到社会主义现代化建设进程中，建立起更广泛的民意基础。

三、城乡居民收入差距扩大的社会影响

根据学者们对衡量城乡收入差距基尼系数的计算，我国的城乡居民收入差距基尼系数已经超过国际警戒线，超过这一红线会引起一系列社会问题。除了上面提到的直接消费问题，还有改革开放红利惠及农业的发展问题、农民的生产要素报酬问题、农民的教育问题、公共设施均等化问题、社会福利问题，更为重要的是由以上问题导致的社会稳定问题。改革开放走到今天，改革已经进入深水区，无论是工人还是农民，民生无小事。很多地方出现的农民因土地问题处理不力导致的上访事件、在个别城市出现的因城管人员和农民工摆摊问题处理不当导致的群体打砸事件、因拖欠农民工工资导致的劳资关系紧张问题，这些问题实质是反映农民的民生诉求问题，也反映我国体制下因二元结构存在社会不公问题，从以人为本的新型城镇化进程中寻找消除这一社会问题的路径意义重大。

四、城乡居民收入差距的公平和效率影响

"农村真穷、农民真苦、农业真危险"三句话已经高度概括了我国农民面临的公平和效率问题。人多地少、收入无源致穷；工具简陋、效率低下致苦；靠天吃饭、收入不定致险。当前，我国经济进入三化融合的新阶段，在这一阶段若不率先夯实农业的基础地位，国民经济发展速度就会因农业的短板效应受到制约。尤其是在农村面临新生代农民工基本接受过职业教育、有过打工经历，具有强烈的进城欲望的情况下，农业中的青壮年劳动力就会越来越少，若不进行农业改革，伴随着农业老龄化越来越明显，这势必导致农业的效率越来越低，农民就越没有足够的资本进行农业投资，"马太效应"就更明显，城乡收入差距只能越来越大。同时，巨大的城乡居民收入差距往往也是导致农民"因病致贫"和"因贫愤世"的重要因素。

第三节　效率与公平理论研究

一、效率与公平的内涵

效率是一个较为复杂的范畴，通常有经济效率、社会效率、工作效率、制度效率等表述。西方将效率视为资源（劳动、土地、资本、组织等生产要素）配置概念，指某项经济活动对稀缺资源的有效配置能力，通常采用帕累托定义为标准。我国通常衡量效率的指标是全要素生产率、劳动生产率、经济效益、资源利用率等。公平是带有价值判断的规范范畴，评判结果因评价主体所处的历史阶段和利用驱使的不同而不同。在社会经济领域中，对公平的评判涉及多方位、多环节，其中主要有：起点公平或社会本质公平。

财产占有是社会生产的起始条件，社会财产的占有关键是产权制度的建立，产权制度不仅具有激励功能、约束功能和资源配置功能，更重要的是由其基本功能会带来相应的收入分配效应功能。我国无论是在农村推行的农村联产承包责任制还是在国有企业实施的产权分离，这些产权制度的改革对收入分配制度产生了很大的影响。但经济转轨的不彻底使得旧的产权制度在现行体制中仍然扮演着重要角色，与目前收入分配相关的产权制度缺陷依然存在，诸如因产权残缺和主体错位导致的分配制度残缺和分配行为的混乱等，使得社会本质公平出现很多问题。目前，我国因二元结构和相应的行政管理体制问题，使得城乡内部和城乡之间居民的机会公平缺失。行政管理体制具体表现在：政府的行政权力在很大程度上扮演着资源配置的主要角色，具有与生产要素一样的交换价值，成为经济活动和生活活动的一项特殊的成本支出，构成了权力寻租的主要租金来源。这种机会和过程的不平等在城乡居民子女教育方面体现得较为突出。城乡之间教育资源配置的失衡使得很多农村适龄儿童得不到正常教育，这些出生在农村的孩子一开始就输在人生的起跑线上，留守在农村的农民更是被边缘化，他们因缺乏资金支持和农业技术的培训而不得不靠天吃饭，孤立无援。

收入公平或结果公平。笔者认为收入公平或结果公平是一种较好的体现公平的方式。以上无论是起点公平还是过程公平，在实施的过程中，由于人们的能力不同，社会传统文化存在差异，过于注重以上两种公平，会导致太多效率的损失，不利于蛋糕的做大。我国社会主义初级阶段的社会经济发展目标是实现共同富裕（即结果公平或社会公平），按照这一标准，国家在二次分配方面加大收入的调节力度，可以在不妨碍效率的情况下更加有机会体现公平。

二、效率与公平的关系

对待公平与效率孰重孰轻问题上有三种主要观点：一是效率优先论。主要以经济学家亚当·斯密、哈耶克以及弗里德曼为主要代表。二是公平优先论。以庇古、罗尔斯为主要代表。其中罗尔斯提出了著名的"社会公正原则"，他认为当社会发展出现不平衡时，要以合理地保障社会中低层次人员和弱势群体的利益为原则。三是兼顾公平与效率论。奥肯是坚持这一主张的关键代表人物。他认为平等和效率都是重要的，不能偏废，任何一方都没有绝对的优先权，并形象地提出了"漏桶效应"（the leaked barrel effect）。公平与效率这两个目标有时是互相促进的，但多数情况下二者又是相互矛盾的。矛盾体现在以下两个方面：一方面人们为了提高效率，不得不忍受更大程度的不公平；另一方面人们为了增加公平，又不得不牺牲较高的效率。于是现实中面临着两难选择：是要选择更高的效率还是要选择更大程度的公平。在鱼和熊掌不能兼得时，如何权衡、如何优化组合，是经济学研究的重要课题。从分配的角度看效率和公平，伴随着效率的提高，收入分配的状况可能得到改善，也可能保持不变，有时可能出现恶化的现实。其次，公平的增进与效率的提高同样具有类似的特点，伴随着分配的改善，经济效率也可能出现以上三种情况。

（一）缺乏公平的效率提高

为了说明这一过程，我们假设存在一个只有两个人的简单社会。如图1-1所示，横轴1和纵轴2分别表示这两个人的总收入。我们假设整个社会的总收入为Q，整个社会的总收入在这两个社会成员之间进行分配，理

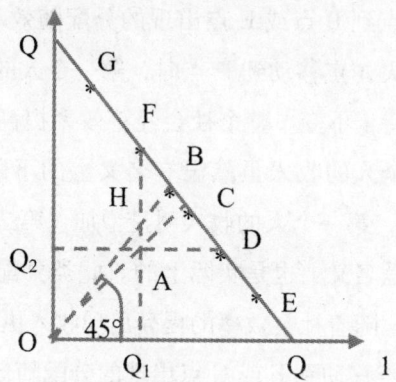

图 1-1 公平和效率的关系

论上存在多种具体分配方式。

假定整个社会的产出量确定在 A 点,并假定此时的总产出等于总收入。假定居民 1 的收入为 Q_1,居民 2 的收入为 Q_2,整个社会的总产出就是二者的和($Q_1 + Q_2$)。A 点满足两个条件,一是 $Q_1 > Q_2$,说明居民 1 的收入比居民 2 的收入要大,反映该社会的收入分配存在不平衡;二是存在 $Q_1 + Q_2 < Q$,社会的产出量小于最大产出量,表明整个社会的产出不是最有效率。提高经济效率意味着扩大整个社会的产出量,实现从 A 状态向 QQ 线的移动。QQ 线上的任意一点的效率都要比 A 点高。但若从公平的观点看,伴随着效率的提高,两个人的收入分配状况会发生较大的变化。

情景一:从 A 至 B 出现的分配随效率的提高而改善的情况。从图 1-1 中可以发现,整个二人社会经济状况在从 A 点移动到 B 点时,整个社会的产出不仅在 B 点达到最大化,而且在 B 点也实现了整个社会的分配均等化(假设 OB 线为 45°的均分线),该点是二人社会最理想的效率和公平结合点。

情景二:从 A 至 C 出现的分配随效率的提高而不变情况。A 点在移动到 C 点后出现的情况是整个社会的效率明显提高了,蛋糕做大了,但二者的分配格局没有发生变化,人们心中的不患寡而患不均问题没有解决。从图 1-1 中可以看到,C 点正处在 A 点的延长线上,两点之间斜率相同,即在整个 OAC 线上,两个居民的收入等比例地扩大和缩小,既没有变得更好,也没有变得更坏。

情景三：从 A 点到 D 点或 E 点出现的分配随效率的提高而恶化情况。当社会的经济状况从 A 点移动到 D 点时，第一个人的收入明显增加了，第二个人的收入却保持了不变。整个社会经济效率提高带来的好处完全由第一个人受益。第二个人的收入虽然没有名义上的下降，却有了相对下降。纵观从 A 到 E 点时，第一个人的收入明显增加，第二个人的收入出现了减少，这种减少不仅是名义上也是实际上的。此类分配制度使得居民 2 在初始不公平的情况下，随着社会效率的提高出现收入更加恶化的状况。

情景四：从 A 点移动到 F 或 G 点出现的分配随效率的提高而先改善后恶化情况。当整个社会的经济状况从 A 点移动到 F 点时，居民 2 的收入明显增加，居民 1 的收入未变。居民 2 获得了整个社会效率提高带来的所有好处。当社会的经济状况从 A 点移动到 G 点时，居民 2 的收入增加，居民 1 的收入减少。在 A 至 F 点的过程中，A 点的初始收入分配状况是居民 2 比 1 要差，随着社会经济效益的提高实施的分配制度一开始有利于居民 2，中间实现了均等化（H 点），但越过该点后，这种收入分配的变化就会走向相反，加大了二者之间的反向不平等程度。

以上四种情况，除了第一种情况外，其余的三种情况说明，随着经济效率的提高，收入分配的状况可能会恶化，或者是先改善后恶化。由此可见，效率的调高并不能够自然而然地改善收入的分配。

（二）缺乏效率的公平增进

追求收入的平等化可能会导致两种结果出现，一种是效率真正的提高。以城乡居民收入差距为例，农村居民收入过低，一方面使农民失去了参与社会竞争的起码的受教育问题和身体保健问题，导致农民的智力和体力素质低下；另一方面也使农民因缺乏资本积累而难以做到有效的资本深化，农业劳动工具简陋，国家农业机械化普及程度受阻。在这种情况下，通过适当的方式增加农民收入，有利于农业效率的提高。

但是，过分追求收入的平等化会导致直接效率损失和间接效率损失。直接效率损失表现在为达到社会公平的目的，政府需要付出巨大的制度租金。要实现收入分配的公平，需要获得穷人和富人的收入来源和收入信息，很多个人收入具有很强的隐蔽性和信息不对称问题，同时，要实现财产转移,政府要建立专门的机构,购买专门的设备、雇用专门的人员来实现。这些资源的消耗只能算作为了实现平等化目标而付出的,对提高经济效率于事无补。追求平等的间接效率损失虽然难以准确测度,但比直接损失要大,这在我国计划经济采取的大锅饭分配方式显露无疑:此种制度安排导致企业只会等、靠、要,个人只会偷懒、搭便车。

(三)"效率优先"与"兼顾公平"

效率优先顾名思义就是在决策收入分配的问题上,把效率作为决定收入的第一因素,在做到蛋糕中提高个人的收入水平;反之会出现大河无水小河干的问题。市场经济是最具有效率的经济制度,效率优先就是发挥市场机制的作用,由市场的供求关系来决定市场中各种生产要素的价格,进而决定要素收入。竞争性的市场决定收入的分配能够使经济资源达到优化配置,经济效率才能到达最大。市场机制的优胜劣汰和奖勤罚懒,避免了企业的等、靠、要,个人的偷懒和搭便车。

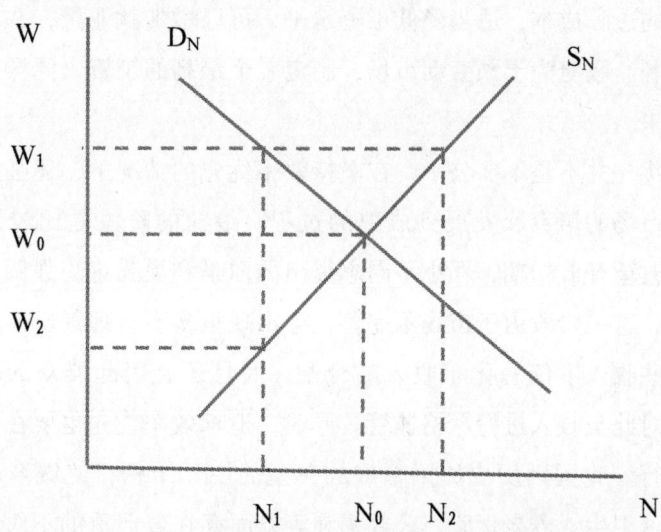

图1-2 劳动力市场效率优先的收入分配

从劳动力市场中劳动力的供给和需求的工资决定中可以说明效率优先的收入分配问题。图1-2反映劳动力市场的供需关系。横轴代表劳动力数量,纵轴代表实际的工资水平。按照经济学理论,市场决定的均衡工资水平 W_0 应该是最有效率的。一方面,在均衡工资 W_0 上,市场上劳动力的供需达到了平衡,此时市场上就业量既不过剩也不短缺(想找工作的都能找到);另一方面,在均衡就业量在 N_0 上,劳动的需求曲线和供给曲线高度相等,都为 W_0。而这时由劳动需求曲线高度代表劳动的"边际收益"恰好等于劳动供给曲线高度代表劳动的"边际成本",整个社会获得了最大效率的产出。

现在假设政府从劳资分配关系方面认为目前工人的工资水平太低,为体现最大程度的公平,政府实施市场干预,制定一个市场上的最低工资水平 W_1,政府的这种干预实际上破坏了资源的有效配置。在政府规定的工资水平 W_1 上,劳动的供给曲线在需求曲线右侧,此时供给大于需求,但市场上实际就业量由需求方决定,此时 N_2(劳动供给量)> N_1(劳动的需求量),市场上留下了 $N_2 - N_1$ 的就业缺口,这样劳动市场上势必出现了大量的公开和非自愿的失业。同时,N_1 的劳动就业量下,劳动的边际收益大于劳动的边际成本,适当降低工资水平,可以增加就业量,并增加更多的社会福利。政府为干预劳动市场,制定一个最高的工资,同样导致效率低下的结果。

效率优先并不是不要公平,在坚持效率优先的情况下,还必须兼顾公平。一个市场的培育、发展到成熟的过程,最初的阶段是比较注重效率的,我国改革开放初期,邓小平同志提出的白猫和黑猫论,强调更多的是效率问题,这一阶段由于市场不完善,会出现很多不合理甚至是不合法的收入,这些收入不仅恶化了收入的分配,而且还会引起群众的不满,为此,需要对此类收入进行严格监管。同时,追求效率优先也要在一个公平环境下进行。我国因历史原因形成的典型的二元结构,使城乡居民在教育、医疗、卫生、养老保险、公共福利等方面存在着严重的不对等,在追求工业效率的同时,没有兼顾农业的效率提高,在一些关系到国计民生和客观上要求规模经营的自然垄断行业,出现了厂家制定垄断价格,限制产量,虚高成本,既缺乏效率又缺乏公平,垄断企业的高工资水平和高福利条件也是导致收入差距不平等的重要原因,这些都是因没有很好地处理效率和公平的关系导致的。

三、分配中的效率与公平

在有关公平分配研究中，在古典学派中主张以劳动价值论为基础的亚当·斯密，坚持公平的分配要以劳动者创造的价值大小为尺度进行衡量，多劳多得，少劳少得，劳动量是收入分配的唯一标准。庞巴维克、瓦尔拉斯等以边际效用论为基础的边际效用学派主张以要素报酬是否等于要素的边际生产率为衡量尺度。以福利经济学为基础的福利经济学派代表人物庇古认为收入分配的终极目标是有利于增进社会的总福利，公平分配措施要有利于增进社会总经济福利。

综观国外学者对分配公平的研究，可以发现他们主要围绕着三个问题展开：一是收入分配是否具备公平竞争这一前提条件；二是投入产出是否对等；三是收入差距是否适度。在对分配的效率问题研究也主要从三个方面进行。一是分配制度实施的总社会成本大小。若一项分配制度实施产生了较多的制度分配成本，则说明该分配制度设计存在缺陷，需要完善。二是能否促进国民收入持续增长。一项好的分配制度既要产生调动劳动者劳动的激励效应，又要具有规范劳动者行为的约束效应，促进国民收入的持续增长。三是能否促进社会资源的优化配置。高效的分配制度能够使人尽其才，物尽其用，使生产要素在资源配置中实现投入小、产出高的经济效果。

第四节 研究的思路和方法

一、研究的思路

本书旨在从效率和公平方面寻找实现城乡居民收入差距缩小的载体和路径。因为国内外对此类问题的研究较多，尤其是对引起城乡居民收入差距的原因分析更是如此。为防止重蹈覆辙，本书首先简要回顾了效率和公平的权衡关系，大量查阅了国内外专家、学者对影响城乡居民收入问题的研究文献，对我国政府涉及居民收入问题的制度安排进行了梳理，利用演绎推理而不是从定量分析的方法浓缩出影响居民收入差距的效率和公平因素。此后，对我国城乡居民收入差距的收敛情况进行了分析和识别，在此基础上以实证的分析方法，重点从影响农民收入的农业资源配置中要素效率的发挥情况进行分析，为寻找农业增收的载体和路径提供依据。本书接下来以一个具体省份为案例，在新型城镇化这一载体下，按照如何在农业内部提高农业效率的路径：新型城镇化—农民转移—土地流转—农业现代化—农业效率提高—农民收入提高；如何在农业外部实现社会公平的路径：政府主导的投资结构调整—三农投资倾斜—农民市民化意愿提升—农民资源要素报酬增加—农民收入提高。最后，本书利用调查问卷数据，统计分析了农民工进城意愿问题，这是关乎载体平台和路径能否成功的关键群体，同时，针对这一群体调查结果，提出了政策建议。

二、研究的方法

（一）研究方法

本书采用规范和实证相结合。规范和实证相结合的研究方法能够在遵循城乡居民收入差距产生的客观原因和"发散"的现状下，找出问题存在的真实原因，并结合"三农"发展问题存在的效率和公平标准进行相关判断，这种研究方式符合经济学关于经济问题的"假设"、"参照物"、"分析工具"等手段。

定性和定量相结合。对经济问题的定性描述可以删除大量烦琐的数学推导环节，但分析工具的使用，可以帮助研究者实现复杂问题的简单化。本书为寻找影响收入的主要因素，采用了协整分析、向量自回归（VAR）模型、Granger因果检验等经济计量分析法。

系统动力学分析方法。系统动力学主要是研究复杂问题的因果关系。城乡居民收入差距问题是一个涉及社会多方面的复杂系统，存在正反馈和负反馈因果关系回路。在运用系统动力学分析工具实现城乡居民收入收敛仿真模拟中，采用Vensim建模工具。

归纳比较分析的方法。发现一个新问题，往往是历史研究的延续和总结。本书的研究视角就是建立在对前人研究的基础上提出的，归纳总结前人的成果，才能有新的发现。同时，只有归纳总结还不够，还要有比较，通过比较，才会有鉴别，发现合理和不合理的成分，做到合理取舍。

（二）技术线路

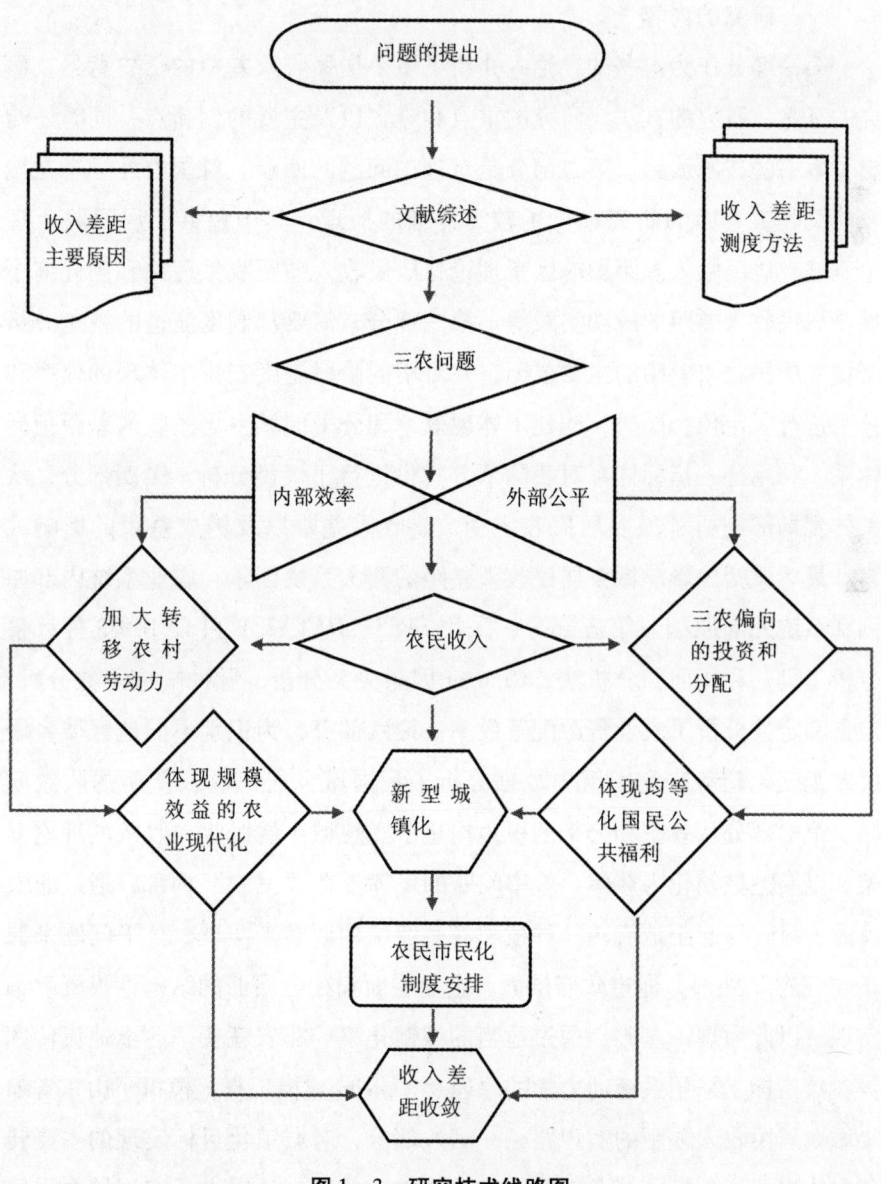

图1-3　研究技术线路图

第五节　研究的内容及重点难点

一、研究的内容

第一部分作为本书的导论，介绍了城乡居民收入差距的历史背景、研究的意义、研究的方法、研究的重点和难点以及主要的创新点，同时还给出了本书的技术线路。第二部分是对理论问题的回顾。对国内外学者在城乡居民收入方面的研究进行了较为详细的梳理，其中包括了居民收入理论、城乡居民收入差距影响因素理论、居民收入差距收敛理论和国外缩小城乡居民收入差距的成功实践等。第三部分，简要从制度演进的视角分析了城乡居民收入差距的主要成因，并对不同阶段制度安排中体现的效率和公平进行了定位，同时，构建了体现效率和公平的城乡居民收入差距指标体系，利用这一指标体系对我国部分省份进行了聚类分析。第四部分，从整体到局部剖析了城乡居民收入构成、收入差距以及构成差距的影响因素。最后概括出影响城乡居民收入差距的两大系统因素：农业系统内部原因和系统外部原因。第五部分，采用 SPSS、DATA2.1 和 EVIEWS 等计量分析工具，利用回归分析法，Granger 因果关系分析、脉冲响应函数分析，定量和定性分析了农业资源配置效率。第六部分，为识别不同地区城乡居民差距变化趋势，利用历史数据分析了我国城乡居民收入差距的收敛问题。第七部分从效率和公平的视角构建了实现城乡居民收入收敛的理论框架。以新型城镇化为载体，效率问题的发挥重在"三农"内部，通过非农就业人口转移、土地流转、种植和养殖业结构调整来实现，公平问题来源于"三农"外部，通过政府层面、企业层面和社会层面的结构性投资政策实现。以此为理论基础，通过适当的城镇化率、非农就业率、土地流传率等参数指标，采用系统动力学的原理及 Vensim 建模工具，模拟了山东省缩小城乡居民收入差距的实现路径。第八部分，对城镇化目标实现的主要转移主体进行了分析。第九部分，对全书进行总结，并提出了实现城乡居民收入差距缩小的制度安排。

二、研究的重点和难点

(一) 研究的重点

解决城乡居民收入差距问题是一个具有多元化的复杂的经济社会问题，是一个漫长的过程，决不是一蹴而就，也不是仅仅依靠单一途径或单一政策就能够解决的，它需要通过诸多相辅相成的政策和战略措施，将其有效地结合并付诸实施，才能够实现。农村非农就业转移、农村工业化、城市化、土地流转、产业结构调整、农民集中居住的社区规划建设、城乡统筹发展等政策及战略措施的制定，都要围绕着提高农民收入展开。本书的重点内容是探讨如何在提高农业效率和促进社会公平问题两个方面缩小城乡居民收入差异。

研究的视角有两个，一是从农业内部来讲，可以通过减少农业劳动力来加快农业的产业结构和生产结构的调整，扩大农业生产规模，实现规模经济，从而获得规模经济效益，使农业生产效率得以提高。而要减少农业劳动力，实现农业劳动力的有序转移，就要不断扩大农业劳动力的就业面和就业规模，要达到这个目的，就必须借助于农村工业化和城镇化战略的实施。通过农村工业化和城市（镇）化，一方面可以实现产业的结构转移和区域转移，使社会的产业结构初步从第一产业向第二、第三产业转变，从农村向城镇转移，并且通过科学规划、园区建设和有效引导，促进产业相对集中，实现产业有效集聚，从而降低社会生产成本，提高经济增长效率和增长速度，从而为农业劳动力提供更多的就业机会。另一方面，通过工业化和农村城市（镇）化，带动农业劳动力的就业结构转移和区域转移，使更多的农村人口从传统的第一产业转移到第二、第三产业，从偏僻的农村转移到相对发达的城镇，并且通过人口的进一步集中，推动第二、三产业的迅速发展，从而进一步增强其对农业劳动力的吸附能力，实现农业劳动力转移的良性循环。

二是从农业外部来讲，可以通过政府加大对农业的投入，为农业与农村的发展提供外部的资金和技术支撑。而这种来自农业外部的支持主要借助于城乡统筹发展战略来实现，在坚持"工业反哺农业、城市支持农村"

和"多予、少取、放活"的方针和原则的基础上，通过合理调整国民收入分配格局，建立以工促农、以城带乡的长效机制（包括直补机制、投入机制、保障机制等），加快形成有利于农业、农村和农民增收的市场机制以及促进农村公共事业发展的机制。同时加强对农业劳动力教育和培训的投入，不断提高农业劳动力的素质，一方面为实现农业劳动力的顺利转移提供可能性保障，另一方面为培养具有一定知识和技能的现代农民奠定技术性支撑，为实现现代技术的运用、农业效率的提高和最终实现农业可持续发展提供基础保证。从而最终使"三农"问题的解决不仅仅是停留在就农业论农业、就农村论农村、就农民论农民，而是超越农业和农村的层次，站在统筹城乡发展的高度，把农业生产放在整个国民经济乃至世界经济的循环中，把农村发展放到构建社会主义和谐社会的进程中。

（二）研究的难点

实现城乡居民收入收敛是一个由众多因果关系回路组成的系统工程，需要分阶段分步实施。由于我国城乡居民收入差距曲线呈发散形态，按照历史数据的回归趋势发现城乡居民收入差距难以在短期内实现较快的收敛。因此，在采用系统动力学模型模拟收敛曲线时，由于土地规模假设不变，人口转移率和城市化率水平容易确定，但相应的指标诸如土地流转率、规模化种植率和产业结构调整率等所带来的收益效应难以量化确定，这些数据只能做粗略的估计，但数据预测的真实性是系统动力学模型仿真成功的关键。因此，能否通过专家咨询和历史数据的正确模拟获得相关数据至关重要，这也是本书的难点。

第六节　研究的创新之处

一、建立了新的理论框架

本书将基于效率和公平的视角下实现城乡居民收入差距收敛问题放到农业系统内、外进行剖析，跳出了就农业论农业的传统研究藩篱。理论框架构建中解决农业低效率问题要抓住农业非农就业和土地流转这一核心；

实现城乡居民国民待遇均等化问题要采取农业偏向的投资政策。两大问题的切入点是实现新型城镇化，这一独特的解决城乡居民收入差距的理论框架不仅丰富和发展了居民收入分配理论，而且对新时期中央政府提出的实现以人为本的新型城镇化规划提供了理论支撑。

二、构建了新的评价指标体系

从我国在不同阶段实施的收入分配制度和城乡居民收入差距的实践看，收入分配制度是影响城乡居民收入差距的重要因素。在研究制度影响城乡居民收入差距方面，本书的创新点体现在从效率和公平方面识别出我国历次分配制度的定位，并从规范研究方面简要分析了分配制度对城乡居民收入差距的影响。为了更加直观地从公平和效率视角对分配制度进行量化，本书进一步将效率和公平进行目标再分解，并构建了体现效率和公平的指标体系，对31个省份进行了聚类分析。

三、探索了新的收敛路径

本书最大的创新点体现在以山东省为例进行的系统动力学模拟分析。该系统在充分考虑了影响城乡居民收入差距的因素后，从农业系统内、外的各种错综复杂的因果关系入手，选取了具有代表性的几个关键存量和变量，构建了实现城乡居民收入差距收敛的模型。该模型依据山东省到2020年要实现的城镇化指标，模拟了历年需要转移的人口数、农业规模化收益和农民工市民化收益和成本，模拟结果对指导城镇化工作具有重要指导意义。

第二章
城乡居民收入差距研究的理论综述

第一节 居民收入分配理论

一、国外居民收入分配理论

（一）居民收入分配的划分

居民收入分配可以根据不同定义的角度进行多种划分。可按收入的形式和来源进行划分，可按与生产要素的关系进行划分，也可根据不同的学科角度进行划分，还能从时间跨度上来划分。若根据形式和来源划分居民收入，可以分为劳动收入和非劳动收入。顾名思义，通过劳动过程获取的收益为劳动收入，通过劳动以外其他形式获取的收入是非劳动收入。其中，劳动收入基本包括工资、津贴和奖金等具体形式的收入；而非劳动收入基本包括资产收入和转移性收入。劳动收入又可根据是否直接参与生产活动，细分为直接生产劳动收入与经营管理劳动收入。非劳动收入的主要来源方式通常是通过个人资产或其他相关渠道获得转移性收入。资产收入可以细分为利息收入、金融投资利润或溢价收入、租金收入等形式，转移性收入可以细分为从个人和营利或非盈利机构获得转移性收入等形式。导致居民劳动收入的差距既有内因也有外因，如居民自身的劳动能力和政府对就业和工资的干预等外界因素。导致居民非劳动收入的差距，主要是由居民个人所拥有的资产禀赋差异和来自于外界的转移收入影响。

按其与生产素的关系划分的功能收入分配与规模收入分配中，前者是指居民收入在生产各要素间的分配。参与生产的土地、劳动和资本生产要素分别对应着的收入是租金、工资和利润，这些称为要素收入。功能收入分配在国民经济收入分配中属于初次分配范畴。通过功能收入分配，挖掘各生产要素和生产贡献的大小，进而研究要素收入分配和贡献的合理性。作为研究功能性收入分配较早的学者，诸如亚当·斯密、李嘉图、马克思等常用劳动收入份额和资本收入份额等指标。规模收入分配的划分主要是指国民收入在以个人或家庭间的收入分配，规模收入划分属于国民收入分配的最终形式。它以不同收入组群为研究对象，具体分析各组群中人口与对应的收入的比重问题。福利经济学家帕累托最早对该领域进行了研究，该研究的特点是不注重收入的来源和收入组成，主要关注收入的数量。通常是将某社会所有的家庭按收入总量进行高低排序，通过计算不同收入阶层的家庭比重和收入份额比重，进而研究组群中家庭收入分配格局影响因素。另外，居民收入分配从学科角度可分为经济学分配与工商管理分配，按不同的时间跨度还可以区分为短期分配和长期分配，在此不再赘述。

（二）国外居民收入决定理论

西方资本主义制度尽管实施的是私有产权的市场经济，但西方学者在经济理论研究中非常关注收入分配问题，其研究过程已经形成了诸多关于收入分配理论的许多派别，比较具有影响的三大分支分别是以市场为基础的古典学派收入分配理论，新古典学派收入分配理论和当代收入分配理论。古典学派收入分配理论的主要代表是亚当·斯密和李嘉图。二人都在基于劳动价值论的基础上提出了著名的三个阶级收入分配理论，但各有侧重。斯密根据人们占有生产条件和取得收入的形式，将整个国民划分为工人、资本家和地主三个阶级，并将这三个阶级的收入定义为社会的三种基本收入，对应为工资、利润和地租，其他收入是派生收入。斯密的收入分配理论在一定程度上反映了生产的本质，但只是局限在二重的视角。李嘉图的分配理论继承了斯密分配理论的合理内核，在阶级划分和国民的基本收入定义上与斯密没有区别，不同的是李嘉图理论的核心集中在剩余价值的产生和分割方面，工资理论、利润理论和地租理论构成了其分配理论完整体系。与斯密相比，李嘉图的研究已经深入到对收入决定因素及其数量比例关系的确定方面。

新古典学派主要包括边际要素贡献学派、凯恩斯学派和新剑桥学派。边际要素贡献学派代表人物是美国经济学家克拉克和英国经济学家马歇尔。克拉克主要以边际生产力为核心来研究收入分配问题，主要观点是以边际生产力决定生产要素的收入分配；马歇尔则以均衡价格理论为核心来研究收入分配。凯恩斯主义的基本观点认为经济增长取决于国民收入的分配，有效需求不足导致的社会非充分就业是资本主义的常态，利息是人们放弃流动性偏好结果，投资决定储蓄，货币工资具有黏性。以此为理论基础，凯恩斯得出了分配不公是产生有效需求不足的主要原因之一，社会要想实现充分就业，分配不公的问题必须解决，同时主张国家干预的分配方式。新剑桥学派属于后凯恩斯主义的一个重要流派。主要代表人物是琼·罗宾孙、卡尔多和帕西内迪等，该学派以哈罗德—多马模型为基础，实现了收入分配理论和经济增长理论的结合，重点研究了收入分配对经济增长的影响，认为经济增长中存在有利于资本收入不利于工资收入的分配机制，这种机制会加剧收入分配的失调。该理论的基本观点是利润和工资份额的大小取决于利润率水平的高低，利润份额与利润率成正相关，工资份额与利润率负相关；利润率的高低受生产技术条件的影响较大，也与投资水平及经济增长速度关系密切；收入分配格局具有传承性。

当代收入分配学派中，比较有代表性的当代收入分配理论是福利经济学的"收入均等化"分配理论、发展经济学的倒"U型"理论以及内生收入分配理论。福利经济学的代表人物是帕累托、庇古和新福利学家卡尔多·希克斯、阿玛蒂亚·森等。该理论基本出发点是追求从经济发展中增加国民收入总量来促进国民的经济福利水平，该学派将收入分配均等化视为经济增长中增进社会福利的途径之一。西蒙·库兹涅茨（1995）在《经济发展与收入不平等》一文中通过实证研究了发达国家和发展中国家战后收入分配的状况，首次提出倒"U型"曲线，即得出了这些国家的收入分配的长期变动轨迹是"先恶化，后改进"的著名的库兹涅茨假说。内生收入分配理论一改收入分配外生的假设，从收入分配动态演化的视角研究了收入分配理论。Greenwood 和 Jovanovic（1990）利用内生增长理论研究了金融发展、经济增长和收入分配动态演化。该理论认为研究收入分配要研究收入分配的动态演化，不能将收入分配看做静态研究问题，为此，要分析从一种收入分配格局到另一种格局的传导机制，寻找其交互作用的机理，才能深入到收入分配问题的根本。

（三）收入分配测度研究

基尼系数广泛地应用于在经济研究中测度收入的不公平性方面，国外收入分配研究采用的研究指标通常是基尼系数。学者 Sahoo 和 Kashinath 等（2006）专门从基尼系数度量的完备方面进行了研究，认为该指标在测度不平等收入方面存在偏好问题。主要原因存在于收入组划分导致的重叠性，这种情况下使用基尼系数会出现研究结论的偏差，因此，使用中要特别慎重。Qin Y., Rao J. N. K., Wu C.（2010）研究了基尼系数在测度收入不公平性时的经验置信区间。Barrett C. R., Salles M.（1995）对广义基尼系数的相关概念进行了研究并做了数学上的推导。其研究的创新之处是严格地使用数学的逻辑推导，测度刻画了 I - 基尼系数的指标，并提出了一个与著名的 Donaldson 和 Weymark 提出的 S - 基尼系数截然不同的类型。Alvaredo F.（2011）利用基尼系数研究了高收入组的收入与该系数的关系，研究发现当一个数量众多的收入分配的极高收入组在该组中的份额具备有限份额时，基尼系数能用一个近似的公式表示。Aaberge R.（2001）在收入分配和相关洛伦兹曲线排序方面进行了研究，通过引入偏好关系和公理假设，得出一个较为完整的基尼系数的公理刻画，并提出了一个扩展的基尼系数的公理和备选的对不公平测度的"广义"基尼系数公理。Jackson T.（2009）用基尼系数的度量方法对 1968—2000 年间基于收入五分法的英国石油资源的不平等进行实证研究。Tomul E.（2009）利用基尼系数测度不平等的方法应用到对教育年限与教育不平等方面，尽管不是收入分配领域，但方法具有启发意义。

二、国内城乡居民收入分配理论

（一）国内居民收入理论研究

我国学者对居民收入分配的研究较晚，理论研究相对较少，大多集中在实证方面。在对初次分配引起城乡居民收入差距研究的学者主要有：刘丽（2006）从居民收入分配与再分配的角度进行了研究，发现我国城乡居民之间存在较大的收入差距，并认为导致城乡居民差距扩大的主要原因是农民在初次分配中处于劣势地位，同时，不合理的再分配政策也进一步扩大了这一差距。结论中建议加大城镇化建设，通过构建农村医疗卫生体系和减轻农民税费负担等方面减少这一差距。徐鹏（2012）以初次分配中劳动者报酬份额为出发点研究收入分配问题。在对我国2004—2008年的个体经济营业盈余进行了估计的基础上发现：市场经济确立以来，我国劳动者报酬份额在不断下降；劳动报酬份额与城乡二元结构、经济水平以及受教育程度存在长期的均衡关系；二元结构、经济发展水平与劳动报酬存在反向关系，而教育水平与劳动份额存在正向关系。安体富、蒋震（2009）对我国初次分配格局进行了研究，得出的结论是利润侵蚀劳动者报酬。钱晓烨、迟巍（2011）采用1997—2007年的省际面板数据，通过构建劳动者报酬份额决定模型，分析了劳动收入份额的地区差异，并得出导致地区差异的主要原因是地区经济结构和所有制构成造成的。肖红叶、郝枫（2009）采用UNSD、BEA和NBS的核算资料，比较了中外初次分配的格局，结果发现我国劳动者报酬份额随着人均实际GDP增加而递减，经济增长是以劳动报酬份额的下降为代价的结果。

从产业结构变动方面分析居民收入问题的研究：罗长远、张军（2009）分解了劳动收入占比，并将劳动收入占比的波动进行了分解，细分为产业内劳动报酬占比的波动和产业结构的变化两个部分，进而分析发现产业结构变动和产业内劳动者报酬份额的波动都对劳动收入份额产生显著影响。白重恩、钱震杰（2009）利用分解收入法核算的GDP方法，将劳动收入份额的变化细分为产业间比重变化以及产业内要素份额的变化，得出了我国劳动份额出现波动性减小。罗长远、张军（2009）采用1987—2004年的劳动报酬份额数据，通过建立经济学方程并求解，得出了FDI对劳动报酬份额的增长有抑制作用、劳动者报酬随GDP的增长呈"U型"变化、资本密集型产品进口、物质资本以及人力资本的积累对劳动收入份额增长起正向作用。史云鹏、赵黎明（2012）利用东北三省的面板数据研究了我国产业结构与城乡收入差距关系。研究验证了我国第二、三产业总体及第二产业与城乡收入差距间关系符合库兹涅茨假说，同时发现第二产业发展阶段处于拐点之前，比重较小时拉大城乡收入差距，较大时将缩小差距；第三产业与城乡收入差距之间关系呈线性，其发展有助于缩小城乡收入差距。

围绕对二元结构影响收入分配问题研究。裴刚等（2010）利用其和林毅夫构建的非均衡动态模型，研究发现二元经济结构对我国劳动者报酬份额的变化具有重要影响。谢禹（2011）从历史和现实方面分析了我国劳动者报酬份额偏低的原因，认为历史因素主要是我国的城乡分割的二元经济结构以及因农村人口膨胀造成的劳动力素质偏低导致的。张建华（2012）采用面板数据实证分析了影响我国劳动者报酬份额的因素，得出了人均资本、二元经济结构强度与劳动报酬份额呈负相关的结论。张全红（2010）同样采用了省际面板数据，构建了计量经济学模型进行了收入分配问题的实证研究，研究发现二元结构诱发的就业压力、要素替代弹性和政府的偏向投资政策对我国劳动收入份额的变化有显著影响。李稻葵等（2010）以二元结构为背景，研究了劳动力转移和收入报酬问题，结果发现因劳动力转移而产生的摩擦工资使劳动者报酬份额呈"U型"变化。

在技术进步引起居民收入变化方面的研究：黄先海、徐圣（2009）整理了1990—2006年劳动密集型和资本密集型产业的数据，并对其使用动态最小二乘估计进行了研究，研究结果发现资本深化对劳动者报酬份额的提高有一定的促进作用。但乘数效应却弱化了资本深化的拉动作用，导致劳动者报酬占比出现下降的根本原因是劳动节约型技术进步的使用。赵俊康（2006）的研究也得出了类似的结论，他认为劳动节约型技术进步、要素相对价格变化以及市场有效需求不足是导致我国劳动报酬份额不断下降的重要原因。黄泰岩（2009）也在技术层面研究了我国劳动者报酬出现下降的原因，他的基本结论是：因为我国现代化建设进入了工业化时期，这一阶段知识经济的快速发展改变了资本和劳动力的替代关系是导致我国劳动报酬下降的主要原因。

在财税制度引起居民收入差距影响方面的研究：任大鹏、王思思

(2010)从公平和效率的视角对农业内部存在的农业补贴制度进行了研究。他认对农业补贴是由农业功能多样性、农业的风险性和外溢性决定的，农业补贴制度追求的公平要以规则的公平为前提，所追求的效率除经济效率、财政资金的使用效率外，更重要的是效率实施后农民收入的显著提高。陈丽华（2010）利用1978—2006年统计数据对财政农业投入的效率和公平进行了实证分析，研究结果显示我国财政支农资金整体绩效不佳，不仅其经济效率不理想，也缺乏良好的公平效应。孙红霞（2008）研究了财政支农对农业经济增长的影响，得出的基本结论是财政支农对农业经济具有正向拉动作用。而王文普等（2008）采用1978—2005年为样本数据，通过构建VAR模型和VEC模型，却得到了与孙恒霞研究完全相反的结论。温涛等（2005）的研究使用的是1978—2002年期间的数据，得出的结论是财政支农资金的增长与农民收入之间不存在明显的因果关系。何振国等（2006）认为提高财政支农支出的比重，不仅可以加速农业GDP的增长，而且也可以加速农村居民家庭人均纯收入的增长。孙文祥等（2004）研究认为增加农业财政支出会提高第一产业增加值，但会引起社会不公平程度的提高。方文全（2011）使用1993—2006年省际面板数据对劳动收入份额的影响因素进行实证分析，结果发现政府财政收支对劳动收入份额有显著的挤压作用，对产业结构优化没有显著作用。刘大平（2007）从税收制度调节个人收入分配方面进行了研究，并用税收制度的判断标准研究其有效性问题。王征、鲁钊阳（2011）利用我国省级动态面板数据模型对农村金融发展与城乡居民收入差距进行了研究。结论是在控制其他变量的情况下，农村金融的规模、结构和效率与城乡收入差距存在正的相关性，农村金融的发展不仅没有使二者之间的差距缩小，反而却成扩大之势。

在农村公共支出与城乡居民收入差距研究方面：沈坤荣、张景（2007）利用1978—2004年农民收入增长和城乡收入差距的数据分析了农村公共支出与投入绩效问题。研究发现，国家财政的农村支出受支出管理、运行效率低下影响，对农民收入增长起到的作用有限。

在农村土地制度影响城乡收入差距的研究方面：刘力（2012）从农村土地制度创新的视角对居民收入差距进行了研究，通过分别测度了农村居民工资性、经营性、财产性和转移性收入，总结出实现农民增收的五大途径，并利用土地流转、土地资本化和弱化土地保障功能来实现这五大途径。

在农村劳动力流动与城乡收入差距研究方面：蔡昉（2006）研究了农村劳动力流动为何没有减少城乡居民收入差距问题，蔡昉研究的时间跨度是 20 世纪 90 年代，得出的主要结论是认为劳动力流动是缩小城乡收入差距的一种重要机制，导致劳动力流动和城乡收入差距同时扩大现象的主要原因是工业发展排斥就业、农业和农村自身发展不足以及城市劳动力市场对农民工就业歧视等造成的。

（二）国内居民收入差距测度研究

学术界通常按照收入分配不公平程度测度指数的性质，将各类测度方法主要分成三大类：份额比例测度法、普通离散系数测度法和收入集中度测度法。份额比例测度法（Shares of Aggregate Income Approachs）又称叫库兹涅兹比率测度法（Kuznets Ratios Approachs），该方法首要的任务是将收入数据从低到高进行排序或分组，然后再根据具体方法，用不同分组数据的不同部分分别计算。份额比例法又可细分为绝对份额比例测度指数和分位点比率测度指数。普通离散系数测度法（General Measurements of Income Dispersion）是直接利用统计学上数据分布离散程度的测度指标，将其作为收入分配不公平的测度指数。该方法最常用的测度指数是极差系数测度指数（Coefficient of Range）和标准差系数测度指数（Coefficient of Variation）。极差系数测度指数是利用最高收入与最低收入之间的差额与组内算术平均值之比作为收入分配不公平程度测定指数，而标准差系数测度指数是利用收入的标准差与收入的组内算术平均值之比作为收入分配不公平程度测度指数。收入集中度测度法（Indices of Income Concentration）是利用实际收入分布与某一分布基准进行比较，利用不同方法对两者之间的差距进行表示的一种分配不公平程度测度方法，该方法又可以细分为洛伦兹指数法（使用的三个指数分别为基尼系数、相对基尼系数和鲁宾霍德指数）、阿特金森指数法和总熵指数法。

利用基尼系数对我国城乡居民收入差距警戒线水平测度研究。徐映梅、张学新（2011）利用 1978—2007 年居民收入分配的分组数据给出了我国基尼系数警戒水平的估计值。洪兴建（2007）对此类问题进行了研究，首先利用了收入差距、相对贫困和中等收入者的收入份额定义了收入分配的合意类型，根据这一类型提出了相应的基尼系数的警戒线的合理性水平，并将合意值和基尼系数的测量结果进行了对比，得出较合意的分配情形下基尼系数的范围。徐映梅和张学新（2011）采用 1978—2007 年我国居民收入分配的分组数据，计算了多个基尼系数值，并用参数和非参数多种估计方法，测算出基尼系数的分布基本服从渐近式正态分布，最后根据大样本渐近特征估算了基尼系数警戒值。许冰（2006）利用在 GDP 中定向加权的办法，将"物"和"人"的因素考虑到 GDP 分布中，并将我国城市划分为 5 个不同的人均 GDP 分布区域，在此基础上分别对各区进行了核密度估计，结果发现若按现有的速度增长，尽管城市区域基尼系数已达 0.45 进入警戒线，但未来基尼系数还要扩大。

郭平、彭妮娅（2009）等提出了等基尼系数线和平均增长点的新概念，并利用提出的新的测度办法测量了居民收入分配的差距。刘宗谦和曹定爱（2004）在研究收入分配不平等和 Lorenz 曲线显示财富与收入分配的不平等问题中，发现基尼系数在表达收入分配信息方面缺乏全面性，存在压缩不平等信息的弊端，进而通过数学上的处理和概率统计相关知识的运用，能弥补这一缺陷，对洛伦兹曲线的部分信息缺失进行了修补。洪兴建（2010）对基于分组数据的样本基尼系数估计范围进行了研究，研究认为由于收入抽样分组数据相对简约，根据有限的信息数据估计样本基尼系数的范围对研究结果至关重要。陈昌兵（2007）利用参数和非参数等统计分析工具对我国城乡居民收入差距的基尼系数进行了估计，分析了其演化规律，最后根据收入及公平程度判定的结果，得出基尼系数值基本上与我国东部、中部和西部的划分情况一致的结论。龚志民和胡志军（2010）采用拟合收入分布函数的方法，对我国基尼系数计算的误差估计和中国居民收入差距在城镇和农村两个区域内部进行了研究，发现这一方法具有易于进行误差分析的优点，更容易在实际中运用。

利用熵指数和 Kakwani 指数研究收入分配差距方面：利用此类方法研

究的有胡晶晶和曾国安、曹子坚和马晓丽、冯星光和张晓静、刘小川和汪冲（2008）、张全红和张建华（2010）等。胡晶晶和曾国安（2011）的研究结论是城乡居民收入差距对居民整体收入差距影响最大，城市居民内部收入差距对整体收入差距的影响最小，农村内部收入差距对整体收入差距起的作用没有明确体现，只是说明有一定贡献作用。曹子坚和马晓丽（2008）的研究是针对局部地区——我国的甘肃省进行的区域收入差距进行静态和动态的分析。冯星光和张晓静（2005）的研究认为我国的地区收入差距呈现了"V"字形变动，东中西部之间的收入差距逐渐扩大，但三个地区内部差距逐渐缩小。地区之间以及地区内部的收入差距都会影响总体地区收入差距，但方向各异，前者在拉大总差距，后者在缩小总差距。

第二节 居民收入差距收敛性研究

一、收入差距收敛的含义

经济的收敛性（convergence）研究主要是考察不同经济体之间增加速度的对比关系。收入差距收敛性则是指在封闭的经济条件下，对一个有效经济范围的不同经济体，在某个阶段或者整个阶段人均收入和其增长速度之间存在负相关性，亦即收入低的经济体（整体或个体）比收入高的经济体更具有高的增长速度，从而导致经济体间的静态收入指标随时间表现出差距逐渐消失的过程。收敛性的研究最初应用于经济增长领域，随着研究的不断成熟，收敛性研究后来逐渐转移到收入差距及其他相关的学科领域。通常根据测度指标收敛性的类型可大体分为三类：α收敛、β收敛（包括绝对收敛和条件收敛）、俱乐部收敛，下面分别对其进行描述。

二、收敛差距的度量研究

国外经典的经济增长收敛研究中，最常使用的收敛性测度指标是α收敛，α收敛指标研究的侧重点在于对不同时间截面上产出存量水平进行静态分析。从α收敛定义上看，它是指经济系统内部各经济体（部分或个体）的某个经济变量分布的离散程度呈现递减的趋势。根据这一定义，对应于居民收入差距的收敛性问题，若伴随着时间的推移，某个区域的居民收入差距的α值变小了，则说明该区域内居民收入差距呈缩小的趋势，亦即收入差距发生了α收敛；若时间推移进程中，该地区内居民收入差距的α值出现不断增大的趋势，就表明该区域居民收入差距呈不断扩大趋势，亦即收入差距出现了α发散。

研究居民收入差距除了采用常用的α收敛，β收敛也是一个使用比较多的测度指标，跟α收敛指标不同的是β收敛侧重点在于对某一时间段居民收入增长的的动态考察，研究的是收入增量而不是存量。就收入变化而言，若低收入者比高收入者的收入增长速度更快，那么低收入者就会在收入增量水平上赶上高收入者的收入，此时说明二者存在β收敛，有时我们又称该现象为"向期望值的回归"。若高低收入者在某一个时间段内存在β收敛时，人均收入水平较低的经济体在初期会在人均收入增长率上比人均收入较高的经济体以更快的增长速度增长，亦即不同经济体间的人均收入增长率与初始水平呈负相关性。β收敛根据所需具备的条件的区别，又可分为β绝对收敛以及β相对收敛两种方式。所谓β绝对收敛是指若建立在人均收入中低收入群体比高收入群体趋于增长更快的前提假说，并且这一假设不以经济的其他任何特征为条件而成立，那么该种收敛就被称为β绝对收敛；所谓的β相对收敛，是将现实中不同经济群体系统之间存在的在技术、制度、文化、偏好等结构特征上具有不同的经济稳态纳入到研究模型中，当研究过程中固定模型影响稳态位置的上述变量时，系统间照样会表现出明显的收敛性，该种收敛就被称为β条件收敛。因此，人们通常又称β条件收敛是各经济体向各自的稳态收敛。由于研究中β条件收敛考虑到了各群体之间的差异性，默认了不同群体的结构特征差异和稳态值，使得条件收敛在使用上比绝对收敛更具有现实价值。

俱乐部收敛则是指初期收入水平相似的群体内部，各成员的人均收入在长期中趋于收敛，即低收入群体和高收入群体各自内部存在条件收敛，而不同收入水平的群体之间则没有收敛迹象。学者们在根据收入增长截面数据进行聚类分析时，将基本经济特征和初始收入类似的群体划分在一个样本或俱乐部中，这也是此种收敛称为"俱乐部收敛"的原因。

三、城乡居民收入差距收敛性研究

刘志杰（2011）利用 Dagum 基尼系数分解思想，考察了 1996—2007 年中国地区经济差距的演变状况。基尼系数分解的结果表明中国地区经济总体差距呈现出收敛迹象，但西部地区内、东部与西部间的经济差距却呈现出进一步发散迹象，且中国地区经济总体差距主要来源于地区间的经济差距。因而，进一步缩小地区经济差距一方面要求各地区尤其是西部与中部地区应抓住机遇，加快自身发展，另一方面国家给予中西部更大的政策倾斜。

关于经济增长收敛性的实证研究最早起源于 Baumol（1986）对于 1870—1979 年间 16 个工业化国家数据的分析。而对于区域经济增长收敛的研究则从 Barro 等人（1992）对美国 48 个州的经济收敛性研究开始，这篇文献给出了估计绝对收敛假设下收敛系数 β 的经验公式。Martin（1996）则对美国、日本、德国、英国、法国、意大利、西班牙等发达国家的区域收敛性问题做了一个较为全面的研究，并证实这些国家由于国内经济发展环境的相似所导致的可以预期的收敛性。而对于发展中国家区域经济收敛性的研究，则包括 Dixon（1999）对泰国 1960—1993 各地区经济增长的研究和 Hosono 等（2000）对菲律宾区域经济收敛性的研究等等。前者研究结果表明，泰国区域存在明显的发散，最突出的是曼谷大都市区与其他地区之间的发散；后者则表明，菲律宾在 1975—1997 年期间不存在绝对收敛，但如果加入人力资本作为解释变量则回归结果证明存在条件收敛。而在国内，对于我国区域经济收敛性问题的研究众多。其中包括林毅夫等（2003）对 1978—2000 年 29 个省区的收敛性的研究，在控制住发展战略特征后，研究认为存在条件收敛，并讨论了其收敛机制。此外，宋学明（1996）对 1978—1992 年各省以人均国民收入衡量的经济增长收敛性进行了研究，认为 1978 年的收入与其后的增长率成反比，即存在收敛性。魏后凯（1997）运用巴罗回归方法分析了 1978—1995 年的中国区域收敛性，认为 1978—1985 年各地区人均 GDP 增长收敛的速度相对较快，而 1985—

1995 年不存在收敛性。蔡昉等（2000，2001）证明了 1978—1998 年中国省际之间不存在绝对收敛，但存在条件收敛，并用巴罗回归方法证明人力资本等变量是形成条件收敛的重要原因。Pedroni 等（2002）利用 Hsueh-Li（1999）的数据进行面板数据的单位根检验，认为改革开放以来省际之间不存在收敛性，而是处于发散（divergence）状态。王志刚（2004）对 1979—1999 年分省数据进行了面板分析，认为中国不存在条件收敛，但存在俱乐部收敛，且收敛速度从高到低依次为西、中、东部。周卫峰（2005）将改革开放后划分为 1978—1991 年和 1992—2002 年两个时段，认为中国区域经济增长不论在总体上还在各时期均不存在绝对收敛性，但面板数据的分析结果表明，1992—2002 年期间，人均 GDP 的增长存在一定的条件收敛性。

胡彦超、马弋崴（2008）利用 2002—2006 年的面板数据对我国区域经济增长的收敛性进行了研究。结果表明：2002—2006 年间，我国的区域经济增长呈现出了强烈的绝对收敛特征；物资资本和人力资本积累在落后地区的增长快于发达地区，解释了我国区域经济的绝对收敛特征；高级人力资本的积累对于经济增长具有重要的影响，而目前落后地区的人力资本积累仍然处于较低水平。

第三节　城乡收入差距的系统动力学研究

系统动力学作为一种可视化的仿真模拟工具，可以处理多门学科甚至是交叉学科复杂问题。作为一种有用的分析工具，对内容的介绍我们放到城乡居民收入差距收敛的模型当中去，在此只是综述学者的相关研究。许秀川、王钊（2008）对重庆市的城市化、剩余劳动力转移以及城乡居民收入差距等方面的问题进行研究时，构建了城市化、农村剩余劳动力转移与城乡收入差距的系统动力学模型，并使用 Vensim 软件分析工具。研究结果表明若政府不对城乡收入差距进行有效调控，重庆市的城乡收入差距在自然状态下将会逐渐拉大。若政府采取调控政策，则城乡收入差距将从原来的逐渐扩大变为基本稳定到逐渐下降，若政府的调控力度加大，城乡收入差距下降的速度也就越快。仿真结果显示伴随着城市化进程的农村剩余劳动力转移，能够缩小城乡收入差距。周小刚（2010）以江西为例对我国中部地区城镇化进程中的农民工市民问题进行了研究，构建了基于 SD 模型的江西农民工市民化社会经济系统反馈结构复杂模型，系统中的主要变量方程有四个，分别是二、三产业 GDP 增长的计量经济学建模方程、第一产业中农业 GDP 的计量经济学建模方程、以农村剩余劳动力为变量的建模方程以及城市人口建模方程。通过假设农民工收入和农民工市民化成本变化的三种方案，研究了各方案可能对城市交通、就业、资源环境和生态承载力产生的冲击。

第四节 国外缩小城乡居民收入差距的经验比较

一、美国的市场主导型模式

1790 年的美国城市化水平只有 5%，而且没有一个城市超过 5 万人，但经过了 130 年的时间跨度，美国城市人口超过了农村人口，到 1920 年达到了 51%。美国在工业化过程中的城乡居民收入差距完全符合库兹涅茨的倒 U 型曲线，经历了一个先扩大、后缩小的变化过程，但与国际上大多数国家不同的是，美国工业化初期就重视城乡协调发展，在尽量保持高效率的情况下，始终使城乡居民收入差距保持在较小的公平范围之内，据美国统计年鉴在 1940—1950 年期间城乡居民收入比为 1.66—2.0，而在 1970—1990 年期间，这一差距还在逐步缩小，降低到大致 1.28—1.33 区间内，到了 21 世纪初期，这一差距变为 1.17。

目前，美国城乡居民收入水平基本相同。总结美国缩小城乡收入差距的成功做法，我们可以从中吸取美国在实施公平和效率两个方面的宝贵经验。一方面是认识到农业弱势和基础地位，一开始就注重在公平方面加大农业投入。为此，作为法治国家，美国首先建立健全法律制度以保护农业稳定发展。1933 年颁布的《农业调整法》的目标是解决农业生产过剩、保护农产品价格和增加农场主收入；2008 年 6 月 8 日制定的有效期到 2012

年的《食品、环保、能源法》（Food, Conservation, and Energy Act of 2008），尽管该方案命名未提农字，但实际上就是《农业法》，该法延续了《2002年农业法》采用的固定直接补贴、反周期补贴、营销支援贷款、贷款差额补贴等，但该法对政府补贴的范围和补贴的资格做了相应调整，同时相应提高了部分产品的目标价格和贷款率；用来加强农业土地资源的开发利用的《宅地法》、《荒地法》、《新地开垦法》和《联邦土地管理法》；用来保障农业生产性贷款的《农业贷款法》、《农场贷款法》和《农作物贷款法》以及提高农产品流通水平的《食品农业资源及贸易法》、《农产品销售协议法》、《农业贸易发展和援助法》。其次，根据法律规定加大农业的基础设施建设投入力度，重点投向交通、电力、水利、网络信息等关系到农业生产发展基础地位的行业领域。如1912年联邦政府拨款资助农村邮路建设项目；1916年依据《联邦高速公路法》实施的资助农村公路的修建资金项目；1936年依据《农村电气化法》授权当时的农村电气化管理局使用政府资金为农村电力合作社提供低息、长期贷款，用于农村配电线路、输电线路和发电厂建设；2009年4月农业部宣布出资61580万美元用于农村水利设施建设；1994年克林顿政府对农村互联网接入的赠款项目；2010年美国农业部提供3.1亿美元资金支持农村高速网络建设。这些基础设施投资，有力地推动了美国农民的增收、农村的繁荣。再次，实施系统的惠农政策支持，可以概括为资金和价格双管齐下。不仅在国家财政政策中突出农业预算的高比重，而且在农业信贷中政策中不断加大农业信贷额度、不断降低农业的贷款利率。在农业价格支持政策方面，为规避WTO规定的农业价格补贴规则，价格补贴工具开始由"黄箱"政策向"绿箱"政策转变，强化其补贴总量和规模。系统多元化政策的持续支持，为美国农业效率的提高起到了极大的促进作用。最后，重视农业劳动者的素质提升，不断加强农业教育科技发展投资力度，如2000年设立了旨在提高农民教育水平的《农村教育成就项目》（Rural Eduction Achievement Program, REAP）。政府积极支持农业技术与职业教育，如著名的"赠地学院"模式及其衍生出来的农业技术学院，已成为美国农业职业教育的典型范式。目前为提升农业劳动力素质，每年用于农民教育的经费投入就高达600亿美元，在农业科技投入方面基础研究和应用研究并举,农业部在2008—2012年为期四年的支持农业和食品研究计划(AFRI)中,每年提供7亿美元研究经费中60%用于基础研究,40%用于应用研究。这些措施使得美国农业科技进步贡献率高达80%。

美国的农业效率更是全世界遥遥领先。美国的农业效率与美国的土地资源辽阔,地大物博,但人口稀少相关。美国尽管在全球算是农业大国,但是,农业人口仅占美国人口的2%。若按3亿美国人计算,农业人口仅占600万。美国有210多万家农场主,而在这210多万家的美国农场主中,大约有350多万的农业劳动力,其余的都是老人和小孩。而在中国,2011年若按4.8亿农村劳动年龄人口计算,刨除2.5亿年龄在20—45岁到城市和乡里打工的农民工,真正在农田务农的劳动力只能有2.3亿人口,与美国劳动力人口比较,这个数据也是美国的65倍。在美国每个农场主平均经营4000英亩土地,也就是在美国农业劳动力人均可以耕种2500英亩土地,根据国土资源部2011年公布的我国耕地面积是18.24亿亩面积,2.3亿个农业劳动力进行平均,也只有7.9亩/人,他们农业人均占有耕地比中国农业劳动力人均占有面积多若干倍。要提高农业效率,增加土地流转力度,实施农业的产业化和规模化非常重要。

二、日本的政府主导型模式

与美国相比,日本算是一个工业化较晚的工业化国家,但工业化进程速度非常快。在明治维新100周年(1968年),日本的GNP就连续赶超英、法和德国,成为世界第二大经济体。这一过程也使城乡居民收入差距一直呈现上升趋势,一度达到3.13的峰值,且这一差距持续了较长时间,下降趋势是发生在20世纪60年代,1972年基本平衡,目前城乡居民收入比值维持在0.86—0.97之间。在体现效率和公平方面的主要经验是:公平方面主要体现在为缩小城乡差距方面所做的农村的财力支持以及农产品价格和补贴政策。"二战"后的日本为体现公平的城乡收入,先后推动了三次新农村建设,分别为50年代中期的第一次新农村建设、60年代后期的第二次新农村建设和70年代末的"造村运动"。每次新农村建设过程中政府都会投入大量的财力支持。在"造村运动"中，不仅是财力支持，更是加大了农村的基础设施建设和实施了农村"一村一品"的产业支持。同时在提高农民收入方面，日本对农产品的价格支持几乎覆盖了上市粮食的80%。为保护本国的农产品免受国际粮价的影响，对外贸易方面，日本政府采取了一系列关税和非关税政策来保护本国农产品的贸易。如在2004年日本对农产品实施的平均关税为17.7%，几乎是总体平均关税水平的2.8倍，足见其保护力度。在农业补贴方面，日本也是居高不下。日本的农业补贴无处不在，种类繁多，如农田水利基础设施建设补贴、农业现代化设施补贴、农业贷款利息补贴、农产品价格补贴、农业保险补贴等等。在日本为保证农村义务教育和职业技术教育健康发展的公平投入很大，而且有法律支撑。这样不仅授之以鱼，更是授之以渔。

三、韩国的政府主导型模式

与日本类似，韩国在后发展国家中实施的工业化也非常成功。韩国于20世纪60年代初开始大力推进工业化，国民经济高速增长，城乡居民收入差距也在不断扩大。为此，70年代，韩国政府致力于缩小城乡居民收入差距。到2004年，韩国城乡居民收入比为1：0.9，二者几乎持平。成功经验主要体现在以下几方面。在体现城乡公平投入方面，韩国实施了分为三个阶段的"新村运动"，第一阶段（1970—1973年）为农村基础设施投资阶段，主要体现在物质资料的支持方面；第二阶段（1974—1976年）为农民增收阶段，主要体现在加快和推广农业技术普及方面；第三阶段（1977年之后）为巩固提升阶段，体现在鼓励和引导特色种植业和农产品加工业的发展方面。在三个阶段新村运动中，一项重点内容是为普及农村教育、提高农民学习能力和专业技能，韩国实施了五次"扫盲教育计划"，政府还专门规划了农民教育体系。体现在城乡居民公平收入方面的是韩国的农业补贴政策，在70年代初韩国完成对农业补贴政策的调整，开始采用"高价收购、低价销售"的价格政策促进粮食生产。连续高价支持政策使得韩国农产品在90年代后期出现国际竞争力下降趋势，至此，韩国开始实施直接补贴政策。不仅是价格补贴，韩国政府还对农业贷款、农业生产资料、农业科研等提供补贴。毫不夸张地说，韩国政府的农业补贴政策，为农民增收提供了重要的政策保障。

在农业效率提高方面。20世纪60年代，韩国的农业还比较落后，农业生产率很低。为此，韩国政府为从思想上培植农民的"勤劳、自助、合作"的思想，率先在国内实施了"农村启蒙"运动，该运动最大限度地调动了农民的自觉性，激发了农民以高昂的热情建设自己家园的信心。60年代到90年代，韩国基本上实施的是规模效率为主的农业政策框架，在提高生产规模和农业效率方面，其一是重点采取了以水稻为核心经济作物的规模化生产，在1990年采取了政府全额拨款的"农渔村建设公社"水田收购性政策和土地购买融资计划，1995年"农渔村建设公社"推出"长期土地租赁方式"，承租农户与公社签订土地租赁融资协议，按租期从该机构取得相应金额的无息贷款作为租金，出租方一次获得租金，承租方拥有一定期限土地经营权，并按合同向公社偿还贷款本金，这种制度安排扩大了专业种植户的种植规模，小规模农户又没有丢失土地所有权；其二是普及了机械化手段。这一手段是作为土地规模化政策的配套政策，从20世纪90年代开始，韩国就大力推进农村的农业机械化生产方式，1993年韩国的农业机械购置补贴率已达到50%，这一措施的实施，极大地提高了农业机械的普及率和农业效率的提高。当然，政府主动的土地流转、整合、租赁和农机补贴在提高效率和公平方面不失为一种好的政策，但是，农机补贴政策的普适性值得思考，因为这一政策的实施前提是农业土地规模化和农民劳动力的高价格，否则，当该政策作为体现公平对每一农户都允许，这样对土地的流动不利。

四、国外经验总结

通过美日韩三国在缩小城乡居民收入差距方面的成功做法，我们可以看到，一是政府的主导作用无法替代。三个国家尽管采取的手段不尽相同，但政府在缩小城乡收入差距的主导作用是毋庸置疑的。从时间效果上看，美国用了近70年的时间，日本用了40多年的时间，韩国仅用了近20年的时间，就使农民收入达到或超过城市居民收入。三国的政府主导作用主要体现在建立一个公正、透明、高效的服务型政府。二是采取立法监督强约束。三国在缩小城乡居民收入差距方面的重要启发是建立完善的法律法规制度，无论是美国的《农业法》还是日本的《农业基本法》、韩国的《农业基本法》，都有利于农民增收的措施法律化、制度化，做到经济活动有法可依、违法可究，以提高政府保护、支持农业、农民、农村发展政策实施的实效性和持续性。三是加大农业的长期投资。农业是弱势产业，农村是弱势区域。因此，发达国家政府都持续增加对处于弱势的"三农"提供各种保护和支持政策。所不同的只是各国政府在选择投入的数量、方式、重点方面。四是政府关心农民素质，加大对农村教育投入。三国在缩小城乡居民收入差距方面无一例外地重视农村教育，且以立法形式保证农业教育所必需的人力、物力和财力。五是政府出台财政、税收、技术等方面的优惠政策，培养和发展农民专业合作组织。农民专业化合作组织，可以有效应对农民和市场的脱节，帮助农产品顺利进入市场，同时可以实现农业的规模化生产，减少交易成本和市场风险。

第三章
基于公平与效率的居民收入分配制度演进轨迹

第一节 我国城乡居民收入差距演化路径

改革开放以前，我国实施的是产品型按劳分配的模式，企事业单位采取的是等级工资制，农村实施的是以队为基础的工分制，这两种分配制度名义上有评价指标，但实质是采取的大锅饭分配形式。改革开放以来，为打破大锅饭这种低效率的分配方式，我国不断探索改善以按劳分配为主体，多种分配方式并存的制度安排，其演进过程大体可以分为以下几个具有明显特征的阶段。在分析演化过程前，我们视制度为内生变量，用图形的方法展示收入分配的演进路径（见图3-1）。其中以纵轴表示城乡经济发展中看不见的手的"效率"发挥情况，横轴表示促进城乡经济发展中政府看得见的手实施的有形和无形的"公平"分配和投入情况。从原点引出的两条曲线 L_1 和 L_2 分别代表自由经济规律和政府制度安排供给的两个极限边界，亦即效率和公平的极值边界线。在第一象限内两条边界线确定的区域范围属于城乡收入差距允许的稳定性区域。在这一区域内，城乡收入差距还不至于对经济发展造成太大的负面影响，对政府主导的社会秩序也不会造成太大的冲击，亦即区间内的城乡收入差距是经济和政治所能承受的差距。随着时间的推移、经济体经济总量的放大，我们看到城乡居民收入差距允许的波动范围也在逐渐扩展，这说明经济发展扩展了政府的耐受力，政府制度的完善也扩展了经济的耐受力，亦即公平和效率之间有着互补的功能，效率提高有利于促进公平形式的多样化选择，这就是通常意义

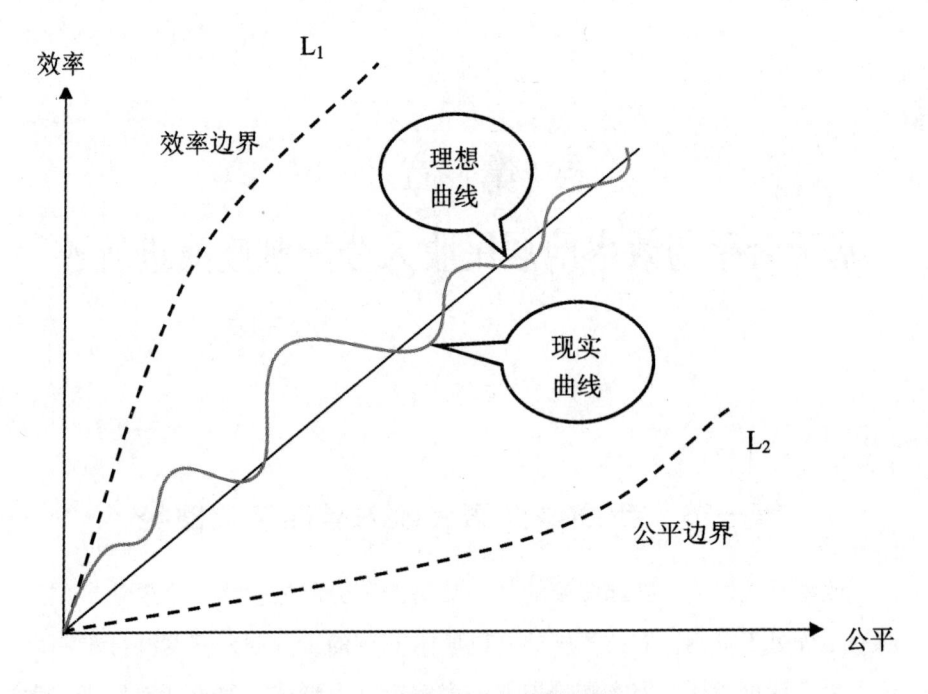

图 3-1 效率和公平的制度演进

上讲的大河有水小河满，大河无水小河干，蛋糕做大了，每个人分配得更多，从效率和公平互补的视角理解公平的概念可以帮助人们进一步提高效率。即所谓的"机会公平"比"结果公平"更能促进效率提高就是基于这样一种理解。

城乡收入差距随着稳定区域的递增将表现出较大幅度的波动，符合经济发展内在的"市场竞争"的客观经济规律，但不能超过极限值。同时，我们还应该看到，代表效率和公平的边界线不应该是两条向外无限延长的射线，而应该是两条曲线，这说明随着经济总量的不断增大，城乡居民收入差距的允许范围不是无限放大，亦即效率和公平的替代空间不是随着经济总量的增长而呈现越来越大的趋势，而是随着人均国民收入的增长和社会的进步出现逐渐趋稳甚至收窄的趋势。这是因为，在蛋糕做大的同时，经济体内居民的文明意识、公平意识逐渐增强，更多强调休闲和消费，更多地关注公平，从而出现收入差距波动收窄的现象。理想的路径如刘易斯的二元经济理论中提出的随着城乡劳动力价格差距的消失、工业化的逐步完成，城乡收入差距将会逐渐缩小。代表政府的要素投入的政策供给客观上也应该具有向"公平"演进的内在动力，因为随着社会劳动力整体人力资本的提高，社会收入水平以绝大多数的中产阶级的收入为衡量标准，社会财富也以哑铃形状分布，中产阶级利益集团会主导一种公平分配为主的分配模式。

一、效率主导的分配制度探索阶段

此阶段主要是从 1978 年至 1992 年。1978 年底，党的十一届三中全会提出了"克服平均主义"的分配模式，确立了按劳分配的基本原则。1979 年党的十一届四中全会又明确提出，农村可以定额计分、可以评计分、亦可以包工到组采取联产计酬。1980 年各地开始实行生产责任制和定额计酬制，尤其是以 18 名在家庭联产承包责任制契约上按下手印的安徽小岗村村民事件为星火，1983 年农村家庭联产承包责任制已在中国农村大地成燎原之势。这种土地使用权的私有化制度安排极大地调动了广大农民的劳动积极性，提高了农民以自身劳动力这一生产要素参与农业生产的积极性，也促进了农民以提高农业产出水平为目的的农业关联要素的投入（化肥、农药、除草剂）和以提高土地利用效率的精细化农业管理，农业产出水平大大提高，自然增加了农民的收入。当时，该种分配模式的主体内涵"缴够国家的，留够集体的，剩下的归自己的"也成为农村实现按劳分配原则的一种独特形式。

联产承包责任制的收益分配模式在资源配置效率方面的表现是：其一，在农地资源配置效率方面，耕地的复耕指数由 1978 年的 151% 调高到 1997 年的 161%，在近 20 年的时间内农业增加了近 1000 万公顷的耕地。在耕地生产效率方面，按 1978 年的不变价格计算，每公顷农作物的总产值由 1978 年的 1124 元猛增到 1997 年的 3034 元，农作物的净产值也由 782 元/公顷增加到 1950 元/公顷，粮食作物的播种面积由 1978 年的 80.4% 下降为 1996 年的 73.9%，在一些地区以高效农业为种植模式的农民开始出现。其二，在劳动力资源的配置效率方面，黄季焜（1999）统计出粮棉油等 7 种主要农作物用工量按加权平均计算，1978 年每公顷用工量由 537 个工作日下降到1984年的331个工作日，6年下降幅度为38%。在促进农业和国民经济增长方面，1978—1984年农业总产值以不变价计算，增加了42.23%，其中46.89%来自家庭联产承包责任制所带来的生产率的提高。1978—1988年，国民收入年均递增9.22%，其中农村经济增长的贡献份额高达63.65%。

1984年，党的十二届三中全会作出将经济体制改革的重心从农村转向城市，伴随着这种经济重心的转移，随之在分配制度上做了如下安排：下放企业管理经营权，允许企业职工奖金由企业根据经营状况分配，国家对企业只是适当征收超限额税金，鼓励企业内部扩大工资差距，拉开档次，体现多劳多得，不劳不得，同时，为发挥技术、知识人员的主动性，鼓励企业在分配上要体现脑力劳动和体力劳动、复杂劳动和简单劳动、熟练劳动和非熟练劳动之间的差别，尤其是防止脑体倒挂，国家机关和事业单位工资要实现责、利对等。1985年，进一步对企业职工的工资采取"两挂钩"、"一浮动"的方针，即调整工资与企业的经济效益挂钩，与职工个人的劳动成果挂钩，这种不断探索和改革的工资制度打破了大锅饭的平均主义，也调动了工人的积极性。

承包经营中分配制度的公平方面。农业税加大了城乡税负差异，工商企业可以通过其市场势力的优势地位，通过产品和收购途径，将税负转嫁给全社会，包括农民在内，而农民却处于市场势力的劣势地位，无法转嫁其税负。农民在购买工业品和生产资料（如化肥、电力、农机、农药等）时，已经支付了增值税，但之后还要缴纳农业税，就不可避免地产生重复征税问题。"三提五统"加重农民负担。人民公社体制下留下来的"三提五统"，在土地实行家庭承包经营后，诸如义务教育、民兵训练等费用理应由政府承担，而"三提五统"仍然将上述负担转嫁给农民，据调查结果表明，从1985年至1990年，把国务院所有文件的收费标准加起来，负担达到农业总收入的40%以上。

二、基于公平倾向的农民减负增收阶段

该阶段划分为1992—2004年，可称为税费改革的减负增收阶段。1992

年党的十四大报告确立了市场经济作为我国经济体制改革的目标,1993年党的十四届三中全会出台的《关于建立社会主义市场经济体制若干问题决定》中,针对中国特色社会主义市场经济的收入分配做了具体说明,"效率优先,兼顾公平"的分配原则首次在报告中提出,劳动者个人收入分配要坚持按劳分配为主体,多种分配形式共存;同时,个人劳动报酬中要引进竞争机制,打破大锅饭、个人搭便车行为;企业事业单位和行政机关要建立与自身特点相适应的工资增长机制,国有企业在职职工工资总额增长率要低于企业经济效益增长率,职工平均工资增长率要低于本企业劳动生产率增长的前提下,可以自主决定工资水平和内部分配方式。1993年后全国各地也陆续实施了农村税费改革,1995年全国试点县市增加到50个,2004年在全国基本完成。因农业在国民经济中的基础地位,农业税在国家税收中的比重微乎其微,农业税收涉及的人员广泛,税收成本越来越高,同时,为进一步增加农民收入,从2006年1月1日起,国务院取消了农业税。

税费改革的效率和公平方面主要体现在:一是农业税取消后,农民的负担大大减少,2000年全国农民人均税费为100.47元,而2006年减少为人均30.95元。下降幅度为78.11%。二是农民的收入有了大幅增长,2000年至2007年的8年中,农村人均纯收入由2000年的2253元增加到2007年的4140元,净增长1887元,增幅为83.7%,8年间平均增长率为5.66%。三是农村税费改革,各地在对土地和计税常年产量的调整中,纠正"有地无税、有税无地"的不公平问题,对农业税税率在不得高于8.4%的限度内进行了全国的再调整,取消了"三提五统"人头税摊派。将负担由人头税等不规范方式统一转入以户为基础的承包土地量作为纳税依据,较以前的按人头摊派,此次税改的负担要公平得多。与农民相比,城镇居民只承担个人所得税或公司所得税和名目少得多的收费,而且个人所得税有起征点,实行超额累进税率。城市提供公共服务时,一般不会要求居民承担其全部费用,当城市兴建公共设施时,居民也不必承担任何费用或义务工,工薪阶层也无须支付生产性开支。再则收入水平相当的农村居民和城市居民,在农村要承担农业税,而在城市,则可以享受到社保救助，据国家统计局对2004年统计的数据，当年全国农村居民人均纯收入为2936元，扣除物价上涨因素，实际增长6.8%，是1997年以来增长最快的一年，而与当时城市家庭最低生活保障线相比也还低241元，也就是说在城市收入属于社会救助对象而在农村不仅与救助无缘反而要承担农业税。其间虽然因城乡支出基数不同税费不能类比，但从社会公平层面来说，农业税极为不公平。

三、兼顾效率与公平的统筹阶段

我国经济经历了促进工业化快速提升的改革开放以及针对农民收入的农村土地制度的一系列改革，使得国民收入有了大幅提升，但是，因二元结构导致的城乡分化治理，农民被边缘化趋势明显。在经济发展成果已经极大地惠及城镇普通居民之时，中国农民真苦、农业真穷、农村真脏的现实再一次触动执政者。在户籍制度改革进展缓慢，土地产权制度改革又存在红线约束的情况下，我国部分地区农民发挥了无穷的机会和力量，旨在发挥规模经济优势的农业产业化在20世纪80年代中期至90年代初出现了，这一新鲜事物的迅速发展是20世纪90年代中期。在农村实施产业化经营的典型代表是山东省潍坊市的诸城和寿光，作为潍坊市的两个县级市，两地在农村产业化经营方面代表了两种不同的模式：一种是采取养殖业农村产业化模式；另一种采取的是种植业产业化模式。各地产业化的成功经验加上1997年中央强调为增加农民收入必须推进农业产业化经营的实施意见，一部分地区居民依据当地的实施条件，陆续采取了"公司+农户"、"公司+基地+农户"、"合作社+农户"、"专业协会+农户"和农业生产合作社等多种产业化经营模式。

这种在城乡二元结构分化治理模式下，农业的产业化经营使农民的收入分配基本兼顾了社会主义初级阶段的效率和公平。在农业效率的提高方面，农业产业化经营减少了农业的产前、产中和产后管理成本。当这一制度未实施之前，在养殖业中，农民以小规模散养的牲畜成长周期长、收益低；在种植业中，细碎化的土地耕种使每一户农民家庭都要参与到产前、产中和产后的交易中去，在化肥、农药的购买中，市场信息不对称情况下,坑农事件时有发生。在产中阶段,除个别土地资源丰富的地区使用了大型的机械化,绝大部分农村地区因土地细碎化而不能采用,土地细碎化使本来耕地稀少的现状又因每家每户在土地分割中出现的中间分割带而浪费了很多土地资源;在产后阶段涉及的运输成本、产品品质都会影响到农民的收入。这些涉及农业效率的问题在农业产业化实施后基本可以消除。农业实施产业化体现在公平方面,农业产业化组织采取的诸如"公司+农户"、"公司+基地+农户"、"合作社+农户"、"专业协会+农户"和农业生产合作社等丰富多彩的形式,使农业和工业由原来产业组织互相独立的结构变为互相关联,通过农业和工业在产业链的延展中实现了无缝对接,在未改变各产业工人身份的情况下,实现了利益共同体,完成了风险共担,利润共享的绝佳组合。这种结构也进一步使农民隐性失业显性化,拓宽了农民的就业渠道,优化农业资源配置,产业化经营中分配的公平问题也能较好地体现。

表3-1　　　　　　　　我国分配制度安排一览表

阶段	年份	标志性会议	制度特点	制度主要内容
1	1978年12月—1984年9月	党的十一届三中全会	克服平均主义	缴够国家,留足集体,剩下都是自己的
2	1984年10月—1987年9月	党的十二届三中全会	由一部分人和地区先富起来,走向共同富裕	多劳多得,少劳少得,工资同效益挂钩
3	1987年10月—1992年9月	党的十三大	促进效率前提下体现社会公平	按劳分配为主体,其他分配方式为补充
4	1992年10月—1997年8月	党的十四大	效率优先、兼顾公平	按劳分配为主体,多种分配方式长期并存
5	1997年10月—2002年10月	党的十五大	效率优先、兼顾公平;防止两极分化	按劳分配和按生产要素分配相结合
6	2002年11月—2007年11月	党的十六大	保护合法收入;实现共同富裕	按劳分配和生产要素按贡献大小参与分配

续表

阶段	年份	标志性会议	制度特点	制度主要内容
7	2007年11月—2012年11月	党的十七大	初次分配和再分配都要处理好效率与公平的关系，再分配更加注重公平	"两个提高"是：逐步提高居民收入在国民收入分配中的比重，提高劳动报酬在初级分配中的比重
8	2012年11月—	党的十八大	规范收入分配秩序，保护合法收入，增加低收入者收入，调节过高收入，取缔非法收入	"必须深化收入分配制度改革，努力实现居民收入增长和经济发展同步、劳动报酬增长和劳动生产率提高同步，提高居民收入在国民收入分配中的比重，提高劳动报酬在初次分配中的比重。"

第二节　效率与公平视角下我国收入分配制度的定位

改革开放30多年来，我国经济持续高速增长，国家经济整体实力和人民生活水平都得到了很大幅度的提升。然而进入20世纪90年代以来，我国居民收入差距在持续扩大，尤其是城乡居民收入差距的扩大已经在某种程度上影响国民经济持续发展和社会稳定问题，这也成为我国改革和发展过程中所面临的一个重大复杂问题。收入分配问题无小事，尤其是我国的传统文化中对分配公平问题的看法一直就是：不患寡而患不均。历史上因不均问题导致的政治不安从而出现改朝换代问题一直是我国历史的主旋律。为此，作为执政的中国共产党人，从执政的第一天开始，就关注这一问题。围绕着从分配制度层面做到兼顾效率和公平，我们可以从历届人代会中窥见一斑。根据大部分经济学家对新中国成立初期至今的经济发展阶段划分，可以将1949年以前以及我国自1949年至今的经济发展划分为四个发展阶段：积贫积弱阶段、工业化初期、工业化中期和工业化中后期，下面运用本书所提出的社会收入分配和谐度概念和内涵进行分析和评价。

积贫积弱阶段：1949年以前，我国经济处于初级产品生产阶段，由于对于自然的探索还处于初级阶段,从事的经济活动主要是农业生产,以铁器农具为生产工具,以人力、畜力为农业动力,主要依靠手工操作业,实行用地和养地结合,基本上维持了自然生态平衡,环境污染少,生产方法长期不变,农业技术状态长期不变,农业生产只能维持简单再生产,很难进行扩大再生产。在这一时期,经济增长缓慢,人均收入较低,收入差距也较小,经济效率也处于低水平。因此,这一阶段相当于图 3-2 中的 I 区间。

高公平低效率阶段:1949 年至 1978 年,我国经济处于工业化初期,由于机器的发明和应用,纺织、冶金、煤炭工业部门和交通运输、早期机械制造业的兴起,经济活动的领域从单一的农业生产逐渐向农业生产和工业生产转变,经济增长速度有所加快。这一时期我国政府主要以国家计划为指导,实行高度计划经济体制,实施以赶超为目的的重工业优先发展战略,未引入市场机制的调节作用,经济效率也处于低水平;而另一方面,由于以工业为主导,忽视了农业发展,收入增长较慢,且收入分配实行严格的平均主义,大锅饭问题较为严重,因此相当于图 3-2 中的Ⅶ区间。

高效率低公平阶段:改革开放至 1992 年,经济处于工业化中期,这一时期实施了以农村为中心的经济体制改革,农村家庭联产承包责任制的实施和政府对农副产品价格管制的放松,极大地刺激了农村从事农业生产的积极性,农业生产快速增长。1985 年后我国经济改革的中心转移至城市,推行企业承包责任制,允许和鼓励个体和私营经济等非国有经济的发展,大大提高了职工的积极性和劳动生产率。由于实行改革开放,引入市场机制,并初步建立了社会主义市场经济体制。这一时期,效率水平有所提升,居民收入分配的严格平均主义有所缓和,因此相当于图 3-2 中的Ⅱ区间。

效率优先,兼顾公平阶段:1993 年至今,经济处于工业化中后期,1992 年邓小平南方谈话更是进一步推动了中国的经济体制改革,市场机制开始在经济活动中发挥作用,特别是 2001 年我国加入 WTO 以及中国—东盟自由贸易区的建立,经济得到进一步提升,2001 年人均 GDP 首次突破 1000 美元,达到 1042 美元,标志着我国进入了一个新的发展时期,即中后期。2007年人均GDP达到2511美元,同时我国居民收入也得到较大增长,但同时居民收入分配差距也达到了历史新高,2000—2007年我国居民收入基尼系数超过0.4,2007年达到0.469,收入分配出现较大差距。这一时期相当于图3-2中的Ⅵ区间。

高分配公平	Ⅶ（1949-1978年）	Ⅷ	Ⅸ
	Ⅳ	Ⅴ	Ⅵ（1993-今）
低	Ⅰ（49年以前）	Ⅱ（1978-1992）	Ⅲ

低　　　　　　　　　经济效率　　　　　　　　高

图3-2　新中国成立以来收入分配制度的定位

注：Ⅰ表示低度扭曲,Ⅱ表示中度扭曲（偏收入）,Ⅲ表示高度扭曲（偏公平）,Ⅳ表示中度扭曲（偏效率）,Ⅴ表示中度和谐,Ⅵ表示较高和谐（偏效率）,Ⅶ表示高度扭曲（偏效率）,Ⅷ表示较高和谐（偏公平）,Ⅸ表示高度和谐。

第三节　收入分配制度失衡导致的效率和公平问题

一、资本深化过速导致的低效率和不公平

近年来,部分学者指出影响我国投资效率的一个重要因素是因为城乡收入差距过大加速了资本深化的进程,使资本的边际报酬过快地出现了递减趋势,从而影响了经济的稳定增长。他们的主要理由是：在一个国民收入水平还不高的发展中国家,如果城乡居民收入分配差距过大,必然会使人们的消费需求呈现出两个极端,即低收入者把绝大部分收入都花在"必需品"上,高收入者则倾向于大量购买"高档品"和"奢侈品"。然而,对于一个资本稀缺而劳动过剩的经济体来说,如果技术选择出现了不断朝资本替代劳动的路径发展,投资增长导致资本—劳动比率的上升,结果是资本的增长持续快于劳动的增长，劳动需求曲线的斜率迅速增大，从而使资本的边际回报出现递减趋势，导致经济增长速度下降甚至会出现经济衰退，这说明过快的资本深化过程对效率的副作用。同样，这一加速过程也对劳动要素报酬产生消极作用。尽管我国出台了一系列保护劳动者利益的政策措施，但很多政策和管理办法因缺乏有效监管，使得这些针对于低收入群体的政策措施实施的成效很小，很多地方出现以市场化名义对资本收益的过度保护而对劳动收益的保护明显不足，资本与劳动要素在收益的分配中未能处于公平的地位，使得资本收益挤占劳动报酬。如作为低收入者的农民工被恶意欠薪、工作安排和工资发放方面的歧视性待遇等缺乏必要的劳动保护等，这种对劳动收益和资本利益人为的区别性对待，不仅导致居民收入差距的扩大，也导致收入决定方式背离了公正原则。但从农业内部看，随着我国城镇化进程的推进和土地流转制度的规范化，农业产业化是未来农村的发展趋势，资本深化也是农业产业化的必由之路。农村资本深化在提高农业效率，加速农村劳动力转移和农民增收方面却是有利的。

二、资源配置的失衡导致收入的"马太效应"

由于我国历史和制度原因，沿袭至今的某些产业结构、产品需求结构和技术结构急需优化和升级，但城乡收入分配差距的持续扩大对这种改革却可能产生较大的影响。首先，市场机制作用下的投资结构必然与市场需求结构相一致，而市场需求结构又决定于人们的收入分配结构。很明显，收入分配越是畸形和不均等，资源配置越有可能倾向于迎合较高收入阶层和较富裕地区的需要。因此，城乡收入差距过大，城市居民掌握了更为有利的生产条件和资源，从而拥有更多的市场选择权力和自由。那么，城市居民的消费行为必然会引导投资和其他经济资源流向以满足城市居民需要为主的生产部门及相关服务部门，进而造成为城市居民制造产品和提供服务的行业快速发展，而为农村消费者制造产品和提供服务的行业却不断萎缩，国民经济结构呈现畸形化，降低了产业结构关联的聚合效应，农民又因收入过低使得资本积累缓慢，缺乏发展乡镇企业的资金实力，这样使整个国民经济的持续增长因缺乏合理的结构基础而难以为继，要改变这种现状需要巨大的投资成本。其次，城乡收入差距过大，必然使社会收入级差大，将会产生消费的等级与断层。由于农民收入水平和购买力水平偏低，其消费结构难以转移和升级，始终只能在一个低水平的层次上不断循环和徘徊。那些为城市居民提供消费品和服务的技术难以被用于农村消费品的生产，从而阻碍了新技术的普及和升级，造成技术的畸形发展，同时，受市场规模狭小的限制，企业既无必要也无可能采取规模报酬递增的技术，因而无法通过批量生产来降低成本，实现规模经济。这就必然使收入分配与经济发展的偏差和矛盾越来越成为经济稳定高效增长的障碍。第三，城市的经济扩张对周围农村地区会产生两种效应：回波效应与扩散效应。当回波效应大于扩散效应时，城乡之间的不均等呈现为一种累积性的扩大趋势，反之则表现为一种累积性的缩小趋势。一般而言，城乡收入差距越大，经济增长中的回波效应越强。城乡之间的收入差距扩大，将导致人力、资本、技术等要素流向收入水平高的城市地区，收入落差越大，流动速度越快，强度也越大，从而推动城市地区经济迅速增长，增长的需要推动着投资，投资又增加了收入和需求，而需求的增长又会引致新的投资，由此形成一种驱动经济不断增长的循环机制。但在落后的农村地区，由于大量优质生产要素的不断流失，致使经济增长乏力，投资动机日趋减弱，而投资不足又使收入水平降低，导致储蓄和投资进一步减少，经济增长更加艰难。这种资本源源不断地由农村流向城市地区的"虹吸"现象更扩大了城乡发展差距。

三、农村市场消费不足导致出现"短板市场"

从理论上讲，消费随着人们收入增长，增加的单位收入中用于消费份额是不断下降的，这是经济学中的边际消费倾向递减理论的含义。该理论的另一个推论是，在同一时期，低收入人群的边际消费倾向较高，亦即他们会将其收入增长中更多的份额用于消费。从消费的视角看，城乡收入差距过大会导致有效需求不足，农村市场尤其如此，进而会出现因消费不公导致的单边市场效应。这里指的单边市场是农村或者城市市场之一，其中有一个市场出现低效，我们定义为单边市场效应。在城乡收入差距过大的情形下，假如绝大多数农民的消费模式还是温饱型的，他们由于受到收入增长途径的限制，消费需求也难以增加和变化，进而会造成整个经济的消费需求不足。如果城乡之间收入差距过大，农村市场会因农民的购买力过低出现农村市场的低迷和萎缩，这是直接的表象。深层次问题是城乡消费需求出现的断层会成为阻断城市产品进入农村市场的鸿沟，从而导致在占全国人口大多数的农民的消费结构难以做到顺利地更新和升级，自然作为承接城镇居民消费升级的过剩工业品也难以顺利在农村市场上畅销，这样使得城市中的某些产品会在未到达产品生命周期的衰退期就过早地退出市场，很多企业也因前期的大量投资尚未收回而关门大吉，这种退出并不是出现了技术上的更新换代，而是农场消费市场问题导致的，因此，是低效率的。从城乡居民收入差距过大引起的投资单边市场无效率问题看，不同部门不同收入层次的居民，边际消费倾向是不同的，对不同部门投资会因投资结构、途径、次序、速度所引起的投资效应是不同的，最终表现在经济增长的差异。在工业产品短缺时期，因工业产品的旺盛需求导致出现的卖方市场，工业品的投资是高效的，随着工业品的卖方市场向买方市场的转变，开发农村市场的资本效率会更高，亦即投资于底层产业部门所引起的投资"倍数"会越来越大，同样的投资增量投向农村市场会比投向城市对国民经济的拉动作用更有效率。这主要体现在对农村消费市场和劳动力市场的开发。这种开发一方面疏通了城市和农村市场的双向对接，使产品有了更多的销售渠道，另一方面是农村市场的开发使农村劳动力的储水池打开了阀门，农村劳动力产生了流动，使沉淀在底层的隐性剩余劳动力显露出来，有了创造更高收入的机会。同时，对农业相关领域的投资如乡村公路、农田水利、农村小城镇建设、村电网改造、生态保护、造林绿化、农村公共卫生和基础教育等方面加大投资，不仅可以减少重复建设，减少无效投资，更能创造农民的就业机会，提高农民收入，减少城乡差距。从长远来看，更是启动农村市场的未来消费潜力，消除单边市场效应，在经济运行受市场需求约束的条件下，提高投资效率的需要。

第四节 城乡居民收入分配公平和效率的模糊评价

模糊评价法是一种利用模糊数学的原理和思路对经济和社会问题的综合评标方法。该评价方法根据模糊数学的隶属度理论把对某些定性问题的评价转化为定量评价，即采用模糊数学原理对受到多种因素制约的研究对象做出一个总体的评价。本书对城乡居民收入分配的公平和效率评价采用模糊评价方法是基于以下思考。一方面，无论衡量一种经济行为的公平性或者是效率性，往往因衡量人的不同偏好会出现不同的评价结果，但对一些可以定量的指标（如基尼系数、人均 GDP 等）进行一定范围的等级划分，由学者掌握的该指标的极限值信息进行里克特量表打分，能够反映现实情况，同时，对于一些需要定性分析的问题，这种评价方法更能体现出其优点。另一方面，公平和效率的评价属于主观性较强的评价体系，慎重起见，在指标选择上本书尽量通过阅读大量的文献资料，并进行了初次和多次专家学者的多轮筛选最终确定，个别指标采取隶属度确定法，超过一定的选择人数为准，专家人数最终确定了 20 人作为模糊评价的参与人。

一、公平与效率的评价指标

为确保数据的科学性和真实性，在指标选择上我们尽量采用易于获得、能够量化的指标，评价指标采用了四级指标，二级指标由公平和效率两维构成，各自确定的权重是 0.5，三级指标由五维构成，反映公平的二级指标下设三个分指标，分别为反映劳动分配公平指标、反映经济发展成果共享指标和反映城乡层际分配指标。在反映效率的二级指标下设两个分指标，分别为反映产出效率和反映投入效率的指标。四级指标总共设计了 17 个指标。反映劳动收入分配的共三个、反映发展成果共享的四个、反映城乡资源分配的三个、反映产出效率的两个和反映投入效率的五个。

二、收入分配中公平与效率的评价方法

（一）评价因素、评价等级

设 $U = \{u_1, u_2, u_3, \cdots, u_m\}$ 为描述城乡居民收入分配公平和效率

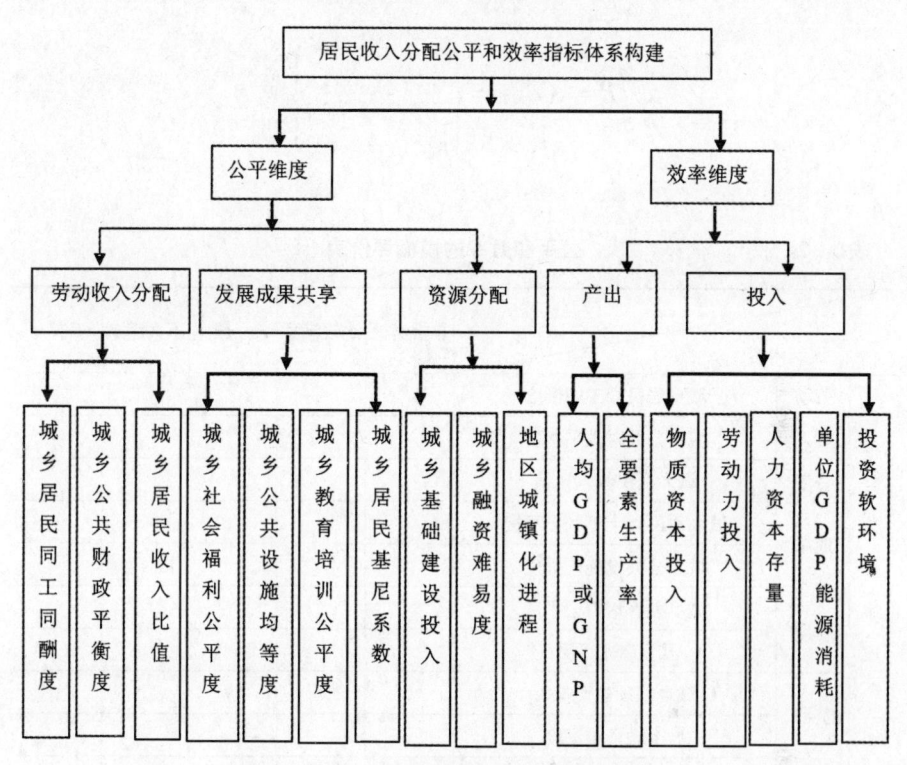

图3-3 收入分配制度的公平与效率评价

的 m 种因素（即评价指标）； $V = \{v_1, v_2, v_3, \cdots, v_n\}$ 为刻画的每一因素所处的状态的 n 种决断（即评价等级）。这里的 m 为评价因素的个数，n 为评语的个数。设立具体的评价集为：$V = \{v_1, v_2, v_3, \cdots, v_n\}$ = ｛非常满意，比较满意，一般，不太满意，不满意｝。

（二）构建模糊评判矩阵

首先对因素集 U 中的单因素 $u_i = (i = 1, 2, 3, \cdots, m)$ 作一评判。从因素 U_i 入手，评判其对抉择等级 $V_j (j = 1, 2, 3, \cdots, m)$ 的隶属度 r_{ij}，其中 r_{ij} 表示 U_i 关于 V_j 的隶属程度，即第 i 个因素在第 j 个评语 V_j 上的频率分布，一般将其归一化处理，使之满足 $\sum r_{ij} = 1$，使评判矩阵 R 本身无须再做量纲处理。因此得到第 i 个因素 U_i 的单因素评判集 $r_i = (r_{r1}, r_{i2}, \cdots, r_{im})$ 有 m 个单因素的评判集构造出一个总的评价矩阵 R，由 (U, V, R) 构成一个模糊综合评价模型。

$$R = (r_{ij}) = \begin{Bmatrix} r_{11} & \cdots & r_{1n} \\ \vdots & \cdots & \vdots \\ r_{m1} & \cdots & r_{mn} \end{Bmatrix}$$

表3-2　　　　　　　　　公平和效率的模糊评价表

评判内容		评判标准	非常满意	比较满意	一般	不太满意	不满意
公平维度	劳动收入分配	城乡居民同工同酬度					
		城乡公共财政平衡度					
		城乡居民收入比值					
	成果共享程度	城乡居民社会福利公平度					
		城乡公共设施均等度					
		城乡教育培训公平度					
		居民基尼系数					
	资源分配	城乡基础建设投入					
		城乡融资难易度					
		地区城镇化进程					
效率维度	产出	人均GDP					
		全要素生产率					
	投入	物质资本投入					
		劳动力投入					
		人力资本存量					
		单位GDP能源消耗					
		投资软环境					

三、基于不同省份收入公平与效率评价的聚类分析

根据以上对城乡居民收入差距的公平和效率的评价体系，我们利用20个专家学者对我国29个省、自治区和直辖市进行了模糊评价，因西藏地区统计数据缺失较多，本次评价未纳入其中，重庆并作四川一起评价。根据评价结果进行了聚类分析，具体详见图3-4所示。从聚类情况看，大类上共划分为两类，贵州、甘肃、云南和陕西为一类，其余的为一类。在其余

的一大类中又划分为两大类,分别是辽宁、浙江、吉林、江苏、天津、黑龙江、北京和上海为一类,内蒙古、海南、福建、山东、河南、广东、湖北、山西、安徽、湖南、河北、江西、宁夏、新疆、四川、广西、青海为一类。

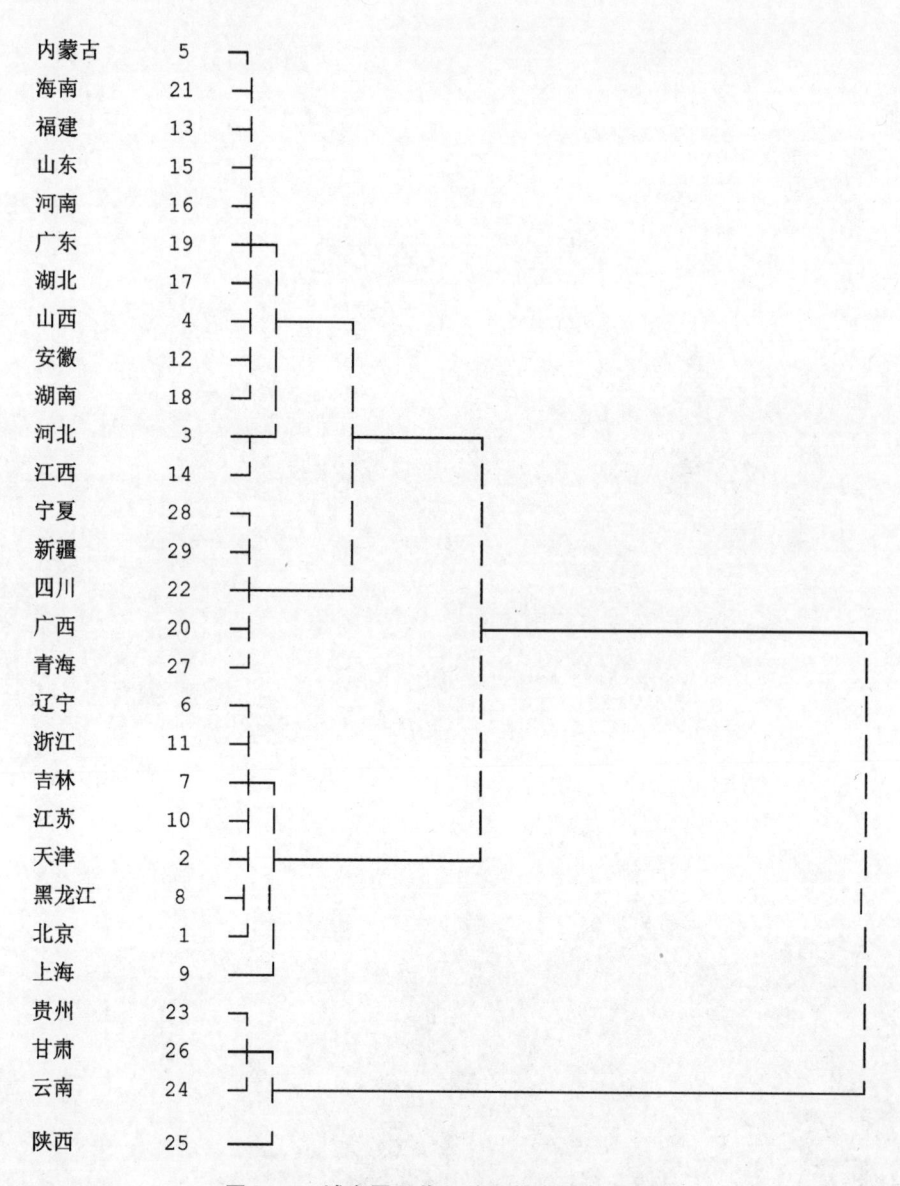

地区	序号
内蒙古	5
海南	21
福建	13
山东	15
河南	16
广东	19
湖北	17
山西	4
安徽	12
湖南	18
河北	3
江西	14
宁夏	28
新疆	29
四川	22
广西	20
青海	27
辽宁	6
浙江	11
吉林	7
江苏	10
天津	2
黑龙江	8
北京	1
上海	9
贵州	23
甘肃	26
云南	24
陕西	25

图 3-4 城乡居民收入差距效率和公平评价

第四章
城乡居民收入差距现状及成因分析

第一节 我国城乡居民收入分配差距总体状况

一、城乡居民收入水平发展阶段比较

从 1978 年改革开放至今，我国城乡居民收入总趋势是在不断提升，但城乡居民收入分配差距总趋势是在不断扩散（见表 4-1）。从 1979 年的名义差距比和实际差距比分别为 2.42 和 2.40，变为 2013 年的 3.03 和 2.61，名义差距和实际差距双双放大；城乡居民收入的名义差距和扣除物价因素的实际差距从 1979 年的 226.8 元/人和 223.2 元/人扩大到 2013 年的 18059.1 元/人和 2599.4 元/人。这还不能真实反映城乡居民收入差距的全部。如果再将城镇居民所享有的各种诸如住房、公费医疗和实物收入等补贴计入城镇居民所得，而将农村居民需要支付的生产资料费用扣除，城乡收入差距将更加扩散；这还没完，若将城镇居民享受的诸如公共设施、社会福利方面的待遇也折合在城乡差距之间，这种不平等的差距更是大得惊人，估算为 6—7 倍也不为过。通过数据纵向比较，大体可以分为以下五个阶段。

第一阶段（1978—1984 年），城乡居民收入差距持续缩小。这一时期由于农村家庭联产承包责任制的实施，极大地调动了农民的种粮积极性，促进了农业劳动生产率的提高和农业经济的发展，农村居民家庭人均纯收入从 1978 年的 133.6 元增加到 1984 年的 355.3 元，增加了 221.7 元，年

均递增17.71%。而同期城市经济体制改革尚未全面展开，城镇居民收入增幅相对较小，城镇居民家庭人均可支配收入由343.4元增加到651.2元，增长了307.8元，年均增长11.26%。在这一阶段，我国城乡居民收入差距缩小，城乡居民人均收入比由1978年的2.57下降到1984年的1.83。

第二阶段（1985—1994年），城乡居民收入差距逐渐扩大。1985年以后，经济体制改革的重心由农村转向城市，城市经济迅速发展，城镇居民家庭人均可支配收入在这一阶段年均增长306.3元，实际年增长率为6.95%；农业劳动力不断增加，农业生产资料价格大幅上涨，农村经济增长速度减缓，农村居民家庭人均纯收入在这一阶段年均增长只有91.5元，如果再扣除物价因素，年增长率则只有1.93%。由于农村居民收入的增长无论在绝对数上还是在相对数上都明显低于城市居民收入的增长，因此我国城乡居民收入差距逐步拉大。1985年城乡居民人均收入比为1.86，到1994年则高达2.86。

第三阶段（1995—1998年），城乡居民收入相对差距变动不明显。在这一阶段，乡镇企业快速发展，农副产品收购价格大幅度提高，农村居民家庭人均纯收入从1995年的1577.7元上升到1998年的2162.0元，扣除物价因素，每年以7.46%的速度增长。而同期我国经济进入"软着陆"时期，城镇居民家庭人均可支配收入虽然增加了1142.1元，但其实际增速每年却只有4.68%，明显低于农村居民家庭人均纯收入的增长速度，使得我国城乡居民收入相对差距变化不大。

第四阶段（1999—2009年），城乡居民收入差距继续加大。但该阶段又可细分为两个阶段：1999—2004年为一个时期，在这一时期，主要农产品的收购价格逐年下降，乡镇企业的经济效益持续下滑，吸纳劳动力就业的能力逐渐减弱，导致我国农村居民家庭人均纯收入的实际年增长率（4.73%）比城镇居民家庭人均可支配收入的实际年增长率（8.82%）低4.09个百分点，城乡居民人均收入比由1999年的2.65上升到2004年的3.21。另一个时期为2005—2009年，该时期属于温和变化阶段，相对差距变化不大。近年来，国家不断推出和加强支农、惠农政策，像农业税的减免政策、种粮补贴政策、新型农村医疗合作、免费义务教育、农产品最低收购价格不断提高。2008 年，中央进一步加大了强农惠农政策措施力度。如粮食直补、农资综合直补、良种补贴、农机具购置补贴和测土配方施肥补贴等补贴资金达到 756.63 亿元，比 2007 年增加 234 亿元，增幅达到 44.8%。所有这些措施和政策都减少了农民负担，增加了农民收入，在一定程度上稳定了城乡收入差距。

第五阶段（2010—2013 年），小幅下降阶段。2010 年是"十一五"规划的最后一年，在《"十一五"规划纲要》中提出的增加农民收入的措施，诸如在挖掘农业内部潜力中，发展优良品种、具有特色鲜明和高附加值的优势农产品，进一步延展农业产业链条，使农民在农业功能拓展中获得更多利益。积极发展农产品物流产业中的加工、保鲜、储运和其他农业辅助服务业，支持农业以龙头企业带动的农业产业化经营；在增加非农产业收入中，注重县域经济的创新和结构调整，发展就业容量大的劳动密集型产业和服务业，引导农村富裕劳动力有序向非农产业转移，这些措施因政策的滞后性，在"十一五"后期终于出现跳跃式的质变。以此为基础，加上"十二五"提出的农民增收的途径更加具体，除了继续加大既有的农业惠农措施，"十二五"提出的农民收入倍增规划，使得农民增收途径更加广阔，创新性改进体现在：在家庭经营增收中促进农业转型升级，在农民工资性增收中强调培植非农就业岗位、培养农民的劳动技能、提高农民工的工资待遇，在转移性收入中通过建立完善的农村社会保障体系、减少农民公共产品支出，在增加财产性收入中，让农村土地资源增值、村（居）集体"三资"市场化运营和农村"三权"融资来增加农民收入。

从"十二五"头三年的实施情况来看，这些措施和"十一五"政策效应的叠加，2010 年城乡居民收入差距完成了华丽的转身，由 2009 年的 3.33 降至 3.23，虽然只是城乡居民收入差距比 0.01 的降幅，这却是一个由扩大到缩小的质的变化。随后的 2011 年至 2013 年，这种趋势一直延续，分别出现了 2011 年的 3.12 和 2012 年的 3.10，再到 2013 年的 3.03 大幅下降，"十二五"三年时间的下降幅度到了 0.09，这一城乡居民收入差距加速收敛的态势是鼓舞人心的，尽管三年相对较短，用三年的发展轨迹难以预测未来城乡居民收入差距的发展趋势，但结果却是收敛的，由 0.02 变为

0.09，近期趋势表明收入差距在缩小（见表4-1）。

表4-1　　　　　　1978—2013年城乡居民收入变动　　　　　　单位：元

年份	城镇居民可支配收入(元/人) 现价	实价	增速:%	农村居民纯收入(元/人) 现价	实价	增速:%	收入差距(元/人) 现价	实价	城乡收入比 现价	实价
1978	343.4	-	-	133.6	-	-	209.8	-	2.57	-
1979	405.0	382.5	15.7	160.2	159.3	19.2	226.8	223.2	2.42	2.40
1980	477.6	436.1	9.8	191.3	185.7	16.6	286.3	250.4	2.50	2.35
1981	500.4	441.3	2.3	223.4	223.5	20.0	268.5	217.8	2.20	1.97
1982	535.3	463.2	4.9	270.1	270.1	20.9	256.5	193.1	1.95	1.71
1983	564.6	486.3	3.8	309.8	309.8	14.7	254.2	176.5	1.82	1.57
1984	651.2	546.7	12.2	355.3	355.4	14.7	295.9	191.3	1.83	1.54
1985	739.1	550.8	1.1	397.6	359.3	8.4	341.5	191.5	1.86	1.53
1986	900.9	627.4	13.9	423.8	370.9	3.2	475.8	255.8	2.12	1.69
1987	1002.2	641.5	2.2	462.6	390.1	5.2	539.6	251.7	2.17	1.65
1988	1180.2	626.0	-2.4	544.9	415.1	6.4	636.5	211.6	2.17	1.51
1989	1373.9	626.7	0.1	601.5	408.4	-1.6	744.2	219.3	2.29	1.54
1990	1510.2	680.3	8.5	686.3	415.8	1.8	823.9	264.5	2.20	1.64
1991	1700.6	729.4	7.2	708.6	424.0	2.0	992.0	305.4	2.40	1.72
1992	2026.6	799.8	9.7	784.0	499.2	5.9	1242.6	350.6	2.58	1.78
1993	2577.4	876.0	9.5	921.6	463.5	3.2	1655.8	412.5	2.80	1.89
1994	3496.2	950.5	8.5	1221.0	486.7	5.0	2275.2	463.8	2.86	1.95
1995	4283.0	996.9	4.9	1577.7	512.5	5.3	2705.3	484.4	2.71	1.95
1996	4838.9	1035.7	3.9	1926.1	558.6	9.0	2912.8	477.1	2.51	1.85
1997	5160.3	1071.1	3.4	2090.1	584.2	4.6	3070.2	486.9	2.47	1.83
1998	5425.1	1132.9	5.8	2162.0	609.3	4.3	3263.1	523.6	2.51	1.86
1999	5854.0	1238.4	9.3	2210.3	632.6	3.8	3643.7	605.7	2.65	1.95
2000	6280.0	1317.6	6.4	2253.4	645.8	2.1	4026.6	671.8	2.79	2.04
2001	6859.6	1429.6	8.5	2366.4	672.9	4.2	4493.2	756.7	2.90	2.12
2002	7702.8	1621.3	13.4	2475.6	705.3	4.8	5227.2	916.0	3.11	2.30
2003	8472.2	1767.1	9.0	2622.2	735.6	4.3	5850.0	1031.5	3.23	2.40
2004	9421.6	1903.1	7.7	2963.4	785.6	4.3	5850.0	1031.5	3.23	2.40
2005	10493.0	2085.8	9.6	3254.9	834.3	6.2	7238.0	1251.5	3.22	2.50

续表

年份	城镇居民可支配收入(元/人)			农村居民纯收入(元/人)			收入差距(元/人)		城乡收入比	
	现价	实价	增速:%	现价	实价	增速:%	现价	实价	现价	实价
2006	11759.5	2303.2	10.4	3587.0	896.1	7.4	8172.0	1407.1	3.28	2.57
2007	13785.8	2583.4	12.5	4140.0	918.2	9.5	9645.8	1602.2	3.33	2.63
2008	15780.7	2800.4	8.4	4761.0	995.3	8.4	11020	1805.1	3.31	2.81
2009	17174.6	3074.8	9.8	5153	1079.9	8.5	12021.4	1994.9	3.33	2.85
2010	19109.4	3314.7	7.8	5919	1197.6	10.9	13190.4	2117.0	3.23	2.77
2011	21809.7	3593.1	8.4	6977	1334.2	11.4	14832.4	2258.9	3.12	2.69
2012	24564.7	3938.0	9.6	7916.6	1476.9	10.7	16648.1	2461.1	3.10	2.67
2013	26955	4213.7	7.0	8895.9	1614.3	9.3	18059.1	2599.4	3.03	2.61

二、城乡居民收入水平区域比较

全国城乡居民收入差距的时间序列比较，只能从面上观察到两大群体的收入差距整体变动情况，难以反映各地区内部城乡居民收入差距和地区之间这一差距比的比较信息。我国地域广阔，各地区经济资源条件各异，受当地资源禀赋和环境条件的限制，地区经济发展差距甚远，总体趋势表现出东强西弱。表4-2列举了我国29个省、自治区和直辖市的城乡居民收入对比情况，因重庆市于1997年正式挂牌升格为直辖市，1997年的统计数据是四川和重庆合一，为了体现统一的统计结果，表中数据一致采用两者合一。西藏作为我国的一个自治区，很多年份统计数据缺失。因此，表格中没有列出。首先从东、中和西三大地区分，通常将北京、天津、河北、辽宁、上海、江苏、浙江、福建、山东、广东和海南11个地区划为东部，而将山西、吉林、黑龙江、安徽、江西、河南、湖北和湖南8个地区划为中部地区，将内蒙古、广西、西藏、四川、重庆、贵州、云南、陕西、甘肃、宁夏、青海和新疆12个地区划为西部地区。按照这一划分，我们将东部地区的十一个省份的城乡居民收入差距进行了分析，见下图4-1。

从东部省份的收入差距情况看，同一时间段和时间点上，东部省份内部各省际间的城乡收入差距各异。在观察时间段内，同一省份在东部地区

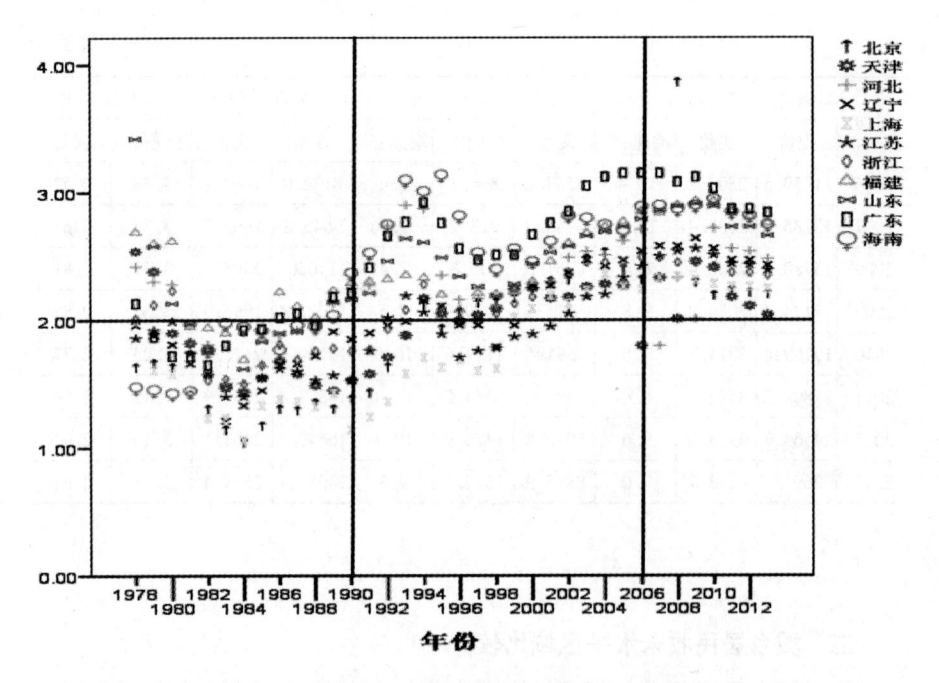

图 4-1　东部十一个省份城乡居民收入差距对比

的城乡居民收入差距排位波动较大，若以城乡居民收入差距比为 2 作为参考标准，1990 年之前，东部十一个省份的城乡居民收入差距比大都维持在 2 以下，1990 年以后，各省份的这一数值大都超过了 2，城乡居民收入差距比较大的地区是广东省和海南省。图 4-1 也显示，东部地区整体在 1990 年之后，直至 1994 年出现差距放大期，城乡居民收入差距大都保持在 2 以上附近，从 1944 年后到 1999 年又出现整体小幅回落，但整体城乡居民收入差距的重心上移。截止到 2006 年出现城乡居民收入差距的峰值，此时，几乎所有的差距比都远离 2 的参考线。此后，城乡居民收入差距开始呈现出缩小的趋势，这一趋势一直保持到现在。

中部八省多数都是农业大省，依靠占全国 1/10 左右的土地，承载着全国接近 1/3 的人口。改革开放以来，受非均衡的经济发展战略的影响，中部地区的农业也为国家赶超战略的实施做出了较大的贡献和牺牲。目前，中部农村居民收入水平与东部地区和全国相比更加处于较低层次，城乡居民收入差距比更大。就农村居民的收入构成中，中部八省农村居民的工资

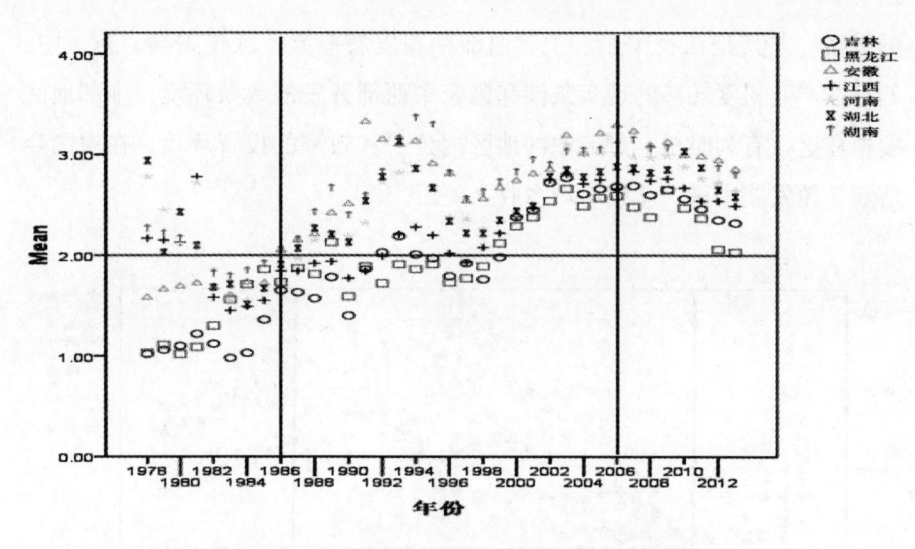

图 4-2 中部八个省份城乡居民收入差距对比

性收入普遍低于家庭经营性收入，而东部地区工资性收入占绝对优势；中部八省农村居民的财产性收入作为纯收入的重要补充，也普遍低于东部地区；中部八省农村居民的转移性收入变化幅度不大。就农业本身来说，作为农民主要收入来源的弱质农业，中部地区农业人均投入要比东部低，如在基础设施、农民工培训的投入较小。从八省城乡居民收入差距分布看，1986年之前，两极分化现象较为明显，围绕以2为参考线上下各有分布，其中以农业大省吉林和黑龙江两省的城乡居民收入差距为最小，这两个省份的城乡居民收入接近相等。但1986年之后，两极分化的城乡差距现象逐渐消失，表现出一致的城乡收入差距比同时偏离2的参考线，原来差距较小的吉林和黑龙江也开始出现初步的差距放大。从图4-2中也可以发现，截止到2006年中部地区所有省份的城乡居民收入差距都超过了2的参考线，偏离程度也比东部地区明显。到了2006年差距基本达到最大值，其后中部地区八省开始出现差距缩小的趋势，可能的原因是中部地区的农业产业结构开始出现调整，安徽省的差距1986年后变化较快，而且至今仍保持较大的城乡收入差距。值得深思的是科技投入在起作用。值得注意的是，这种变化步调一致性和中部地区内部省份差距的异常变化，需要我们从产业结构、投资结构、人员结构和农民家庭人均纯收入的构成中去寻找问题的答案。尤其是在我国东、中、西部存在发展差异,区位差异,东、中、西存在产业梯度转移的现实条件和国家中西部开发的政策环境,中部地区要抓住这一有利时机,创造中部地区内公平和效率的投资环境,在中国经济新一轮发展中进一步缩小城乡收入差距。

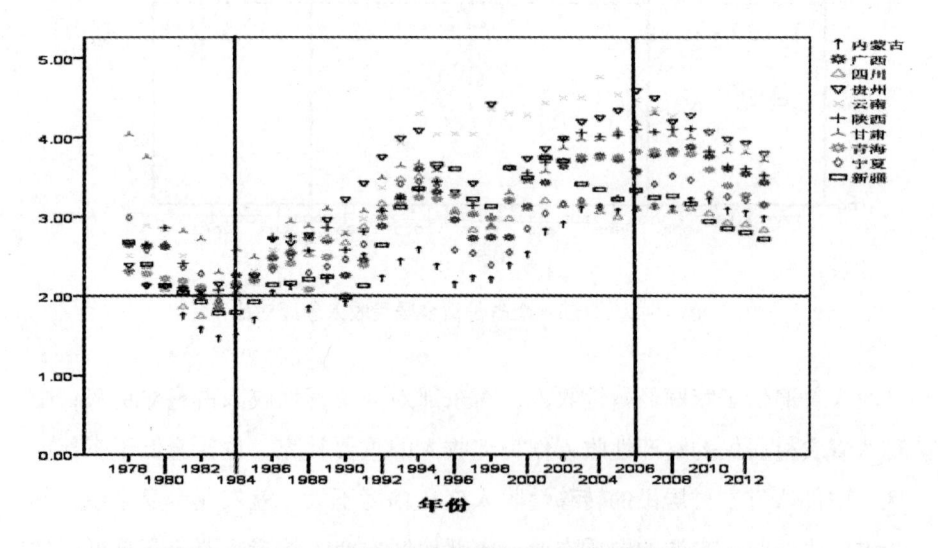

图4-3 西部十个省份城乡居民收入差距对比

西部十个省份的城乡居民收入差距比的布局图形更有特点(见图4-3),改革开放初期就已经表现出一致的收入差距。1984年之前,这一差距在甘肃省表现得尤为突出。1984年之后,西部十省有过两个较大的收入差距波动变化阶段,第一段出现在1984年至1994年,在1994年该段比较明显的差距发散期结束,之后到1998年基本属于收敛阶段,另一段收入差距波动期是从1998年开始启动,直至2006年发散达到顶峰,其后缓慢出现收敛至今,从图4-3中我们也发现,截止到2006年的这一发散过程也比中部明显,远离2的参考线更远。具体到西部省份中的每个省份。我们发现,云南、贵州和甘肃省内城乡居民收入差距在西部地区位于前列。这些省份明显的特征是农业环境差,体现在土地贫瘠、灌溉等农业基础设施稀缺和简陋、山路崎岖、土地细碎化。在改革开放、招商引资过程中,这些地区因缺乏市场投资环境,工业发展缓慢。在这种情况下,仅靠农业发展缩小

表 4-2　1978—2013 年全国 29 省区城乡收入比（%）

年份	北京	天津	河北	山西	内蒙古	辽宁	吉林	黑龙江	上海	江苏	浙江	安徽	福建	江西	山东	河南	湖北	湖南	广东	广西	海南	四川	贵州	云南	陕西	甘肃	青海	宁夏	新疆
1978	1.63	2.54	2.42	2.97	2.30	1.96	1.02	1.03	1.86	2.01	1.58	2.69	2.17	2.94	2.78	2.27	2.13	2.65	1.48	2.66	2.39	2.51	3.42	4.04	2.31	2.99	2.68
1979	1.66	2.38	2.30	2.71	2.13	1.88	1.06	1.11	1.92	2.12	1.66	2.60	2.15	2.58	2.45	2.03	2.22	2.63	1.46	2.37	2.13	2.89	3.75	2.28	2.58	2.40
1980	1.63	1.90	2.28	2.44	2.12	1.81	1.10	1.02	1.58	1.99	2.23	1.69	2.62	2.13	2.12	2.43	2.17	1.72	2.62	1.43	2.08	2.13	2.85	2.86	2.63	2.22	2.65	2.13
1981	1.42	1.82	1.97	2.23	1.74	1.66	1.22	1.09	1.43	1.74	1.83	1.72	1.95	2.78	2.10	1.97	2.09	1.45	1.86	2.08	2.51	2.41	2.82	2.19	2.36	2.04
1982	1.30	1.77	1.81	1.91	1.57	1.58	1.12	1.30	1.23	1.57	1.53	1.68	1.94	1.75	1.86	1.82	1.65	1.99	1.77	1.74	2.06	2.12	2.07	2.72	2.11	2.28	1.92
1983	1.14	1.47	1.51	1.64	1.46	1.21	0.98	1.56	1.23	1.40	1.54	1.60	1.90	1.49	1.55	1.71	1.79	1.80	1.84	1.98	1.91	2.15	2.00	2.07	2.30	1.85	1.94	1.78
1984	1.04	1.44	1.51	1.53	1.49	1.33	1.03	1.71	1.06	1.40	1.50	1.73	1.69	1.62	1.49	1.55	1.51	1.85	1.92	2.26	1.95	2.03	2.12	1.96	2.59	2.16	2.10	1.79
1985	1.17	1.55	1.64	1.66	1.69	1.45	1.36	1.86	1.33	1.55	1.72	1.85	1.71	1.67	1.51	1.83	1.92	1.93	2.26	2.31	2.20	2.49	2.19	2.26	1.92
1986	1.30	1.68	1.88	2.08	2.03	1.65	1.73	1.38	1.62	1.81	2.05	2.22	1.84	1.90	1.91	2.00	2.06	2.02	2.48	1.77	2.51	2.58	2.72	2.75	2.37	2.33	2.14
1987	1.29	1.58	1.92	2.14	2.11	1.66	1.87	1.36	1.60	1.69	2.15	2.11	1.84	1.91	1.99	2.07	2.16	2.54	1.96	2.73	2.57	2.67	2.71	2.94	2.41	2.49	2.16
1988	1.35	1.49	1.98	2.15	1.83	1.72	1.57	1.81	1.32	1.57	1.78	2.02	1.81	2.21	2.15	2.27	2.43	1.95	2.05	2.70	2.52	2.77	2.75	2.88	2.08	2.29	2.21
1989	1.30	1.45	2.13	2.29	2.20	1.91	1.78	2.13	1.43	1.57	1.76	2.29	2.02	2.21	2.13	2.22	2.67	2.16	2.19	2.04	2.73	2.96	2.73	2.86	3.10	2.49	2.37	2.24
1990	1.38	1.53	2.25	2.48	2.14	1.90	1.40	1.59	1.14	1.53	1.76	2.51	2.29	1.77	2.16	2.19	2.32	2.37	2.26	2.37	2.54	2.53	3.22	2.58	2.78	2.00	2.46	1.98
1991	1.43	1.58	2.27	2.48	2.50	1.85	1.89	1.24	1.76	1.83	1.77	3.33	2.30	1.84	2.21	2.32	2.54	2.59	2.41	2.45	2.88	2.87	3.07	2.81	2.39	2.65	2.13
1992	1.63	1.71	2.74	2.59	2.22	1.96	2.03	1.72	1.36	2.02	1.93	3.15	2.32	1.99	2.64	2.73	2.78	2.83	2.66	2.75	3.16	3.49	2.99	3.08	2.64
1993	1.88	1.88	2.90	2.43	1.99	2.19	2.08	3.10	2.35	2.19	2.32	2.08	3.10	2.35	2.83	3.13	3.16	2.77	3.25	3.47	3.99	3.93	3.22	3.64	3.41	3.12
1994	2.12	2.17	2.87	2.90	2.58	2.15	2.01	1.86	1.71	2.06	2.28	2.13	2.33	2.81	2.86	2.75	3.13	3.37	3.16	3.60	3.01	3.22	3.50	3.34	3.24	3.44	3.35
1995	1.93	2.05	2.35	2.74	2.37	2.11	1.91	1.97	1.63	1.89	2.10	2.91	2.20	2.49	2.67	3.30	2.76	3.14	3.46	3.62	4.04	3.58	3.44	3.22	3.39	3.66

续表

年份	北京	天津	河北	山西	内蒙古	辽宁	吉林	黑龙江	上海	江苏	浙江	安徽	福建	江西	山东	河南	湖北	湖南	广东	广西	海南	四川	贵州	云南	陕西	甘肃	青海	宁夏	新疆
1996	2.06	1.99	2.16	2.38	2.14	1.96	1.79	1.73	1.69	1.71	2.01	2.81	2.08	2.02	2.34	2.38	2.82	2.56	2.96	2.73	2.83	3.08	3.31	4.05	3.27	3.05	3.27	2.58	3.60
1997	2.13	2.04	2.17	2.96	2.22	1.96	1.92	1.77	1.60	1.76	2.00	2.54	2.21	1.93	2.26	2.36	2.22	2.47	2.51	2.74	2.53	3.42	3.42	4.04	3.14	3.03	3.03	2.54	3.22
1998	2.14	2.09	2.11	2.21	2.20	1.79	1.76	1.89	1.62	1.78	2.05	2.56	2.20	2.08	2.19	2.26	2.63	2.74	2.74	2.40	2.87	4.24	4.42	4.36	4.30	2.88	2.98	2.39	3.13
1999	2.17	2.20	2.45	2.38	1.96	1.98	2.12	1.87	2.02	2.22	2.22	2.67	2.22	2.28	2.33	2.35	2.73	2.51	2.56	2.97	3.62	3.62	3.62	4.24	3.55	3.30	3.21	2.55	3.61
2000	2.25	2.28	2.48	2.52	2.27	1.98	2.38	2.09	1.89	2.18	2.13	2.67	2.30	2.39	2.44	2.40	2.83	3.13	2.74	2.56	2.46	3.10	3.73	3.44	3.47	2.85	3.49
2001	2.30	2.17	2.81	2.76	2.38	2.45	2.38	2.19	1.95	2.28	2.46	2.81	2.47	2.53	2.44	2.95	2.63	3.13	2.81	2.49	2.51	3.20	3.86	3.43	3.55	3.68	3.57	3.76	3.04	3.74
2002	2.31	2.18	2.49	2.90	2.37	2.72	2.54	2.13	2.05	2.37	2.72	2.66	2.60	2.58	2.81	2.75	2.49	2.63	2.82	2.78	2.85	2.90	3.14	3.99	3.97	3.87	3.70	3.16	3.41
2003	2.48	2.26	2.54	3.09	2.47	2.77	2.66	2.23	2.18	2.45	2.45	2.81	2.60	2.68	3.02	2.71	2.69	2.85	3.03	3.05	3.04	3.12	3.16	4.20	4.06	3.98	3.74	3.20	3.34
2004	2.53	2.28	2.51	3.05	2.42	2.61	2.47	2.36	2.20	2.45	2.13	2.73	2.49	2.66	2.81	2.77	2.73	3.04	3.02	3.05	3.12	3.04	3.22	3.05	4.25	3.03	4.01	4.08	3.75	3.23	3.22
2005	2.40	2.27	2.62	3.08	2.47	2.66	2.57	2.36	2.33	2.45	2.21	2.70	2.42	2.73	2.75	2.75	2.99	3.15	3.15	3.15	3.04	3.72	3.44	4.54	4.03	4.04	3.83	3.32	3.33
2006	2.31	1.80	2.71	3.15	2.54	2.68	2.59	2.42	2.24	2.49	2.33	2.66	2.79	2.85	2.86	2.87	2.79	3.01	2.88	3.10	3.15	3.57	3.89	4.10	4.59	4.47	4.10	4.18	3.83	3.41	3.24
2007	2.33	1.80	2.71	3.15	2.58	2.69	2.48	2.50	2.45	2.50	2.49	2.83	2.84	2.84	2.97	2.84	2.87	2.86	3.06	3.10	3.08	3.04	3.13	3.14	3.50	3.67	4.34	4.27	4.03	3.80	3.16
2008	3.86	2.01	2.33	3.20	3.10	2.58	2.38	2.34	2.54	2.45	2.09	2.93	2.90	2.74	2.89	2.97	2.82	2.98	2.85	3.08	3.83	3.83	3.87	3.07	4.20	4.28	4.04	4.11	3.80	3.51	3.26
2009	2.29	2.46	2.01	3.29	3.20	2.64	2.65	2.31	2.56	2.51	2.45	2.93	2.93	2.89	2.91	2.85	3.07	3.03	3.12	3.88	3.03	3.76	3.95	4.07	4.06	3.82	3.59	3.28	3.16
2010	2.19	2.41	2.72	3.30	3.20	2.56	2.47	2.28	2.51	2.42	2.99	2.93	2.67	2.73	2.88	2.85	3.03	3.03	3.44	3.04	3.04	3.76	3.94	3.87	3.82	3.85	3.59	3.28	2.94
2011	2.23	2.18	2.56	3.23	3.07	2.47	2.46	2.37	2.26	2.44	2.37	2.98	2.84	2.73	2.73	2.76	2.87	2.87	2.60	2.85	2.92	3.98	3.93	3.63	3.83	3.59	3.25	2.85
2012	2.21	2.11	2.54	3.21	3.04	2.47	2.35	2.06	2.26	2.43	2.37	2.94	2.81	2.54	2.65	2.72	2.87	2.87	2.65	2.82	2.90	2.90	3.93	3.89	3.6	3.81	3.27	3.21	2.8
2013	2.20	2.04	2.48	3.14	2.97	2.32	2.03	2.39	2.35	2.80	2.76	2.49	2.58	2.64	2.58	2.80	2.84	2.43	2.75	2.83	3.80	3.78	3.52	3.71	3.15	2.72

注：此表为按当年价计算，数据来源于国家统计局地区数据——分省年度数据。

城乡居民收入可以说是天方夜谭。解决西部地区的办法是实施劳动力转移和产业结构调整。

以上是按照将中国居民划分为中东西三部分，内部比较情况看，三大地区内部城乡居民收入差距各有特点，我们以2为参考点区分的城乡收入差距比分布情况，三个地区在不同时间段出现的差距略有不同。但从中东西三个地区的分析发现，有一个共同规律是三个地区的城乡居民收入差距并不是一直处在一种状态（发散或者收敛），而是出现交替变化。同时，收入差距的大小也出现"马太效应"，若是中西部不发达地区，这一差距会更大一些，在三大地区内部也存在较弱的这种现象。结合三大地区的经济发展特点，从三大地区的收入差距之间和内部进行比较，可以寻找缩小城乡居民收入差距中农业内生和外生的变量，从而以多角度、宽视野来探索解决办法。

从表4-3城乡居民收入最高和最低对照比较发现，城镇居民可支配收入和农村居民纯收入最高的地区几乎都是我国经济最发达的省份（上海、广东），而城乡居民收入最低的省份却比较分散，但绝大多数处在我国西部地区，其次是中部地区。而从城乡居民收入差距比值来看，普遍的规律是：越是经济发达、城镇化水平高和产业结构优化升级较快的地区，城乡居民收入差距越小；反之，却越大（黑龙江作为个例）。城乡居民收入差距比的这一特殊现象也为我们探寻缩小城乡收入差距收敛的路径产生启发：解决收入差距问题关键是如何做大经济总量这块"大蛋糕"，俗话说得好"大河有水，小河满"，经济总量上不去，巧妇也难为无米之炊，从城镇可支配收入和农民纯收入最高、最低和城乡收入比的统计数据情况看，经济发达地区不仅表现出较高的城乡居民收入水平，而且这些地区有经济实力实现各阶层收入的再平衡。在经济欠发达地区，由于产业结构还处在较低水平，以主要税收来源的第二、三产业发展程度远远落后发达地区，财政资金本身就捉襟见肘，收入再平衡能力较差，农业的边缘化严重。

表4-3　　　　　　　　　　城乡居民收入高低对比

年份	城镇居民可支配收入：元 最高	城镇居民可支配收入：元 最低	农村居民纯收入：元 最高	农村居民纯收入：元 最低	城乡收入比 最高	城乡收入比 最低
1978	560(上海)	261(贵州)	281(上海)	101(甘肃)	4.04(甘肃)	1.63(北京)
1980	637(上海)	403(甘肃)	402(上海)	142(陕西)	2.86(陕西)	1.58(上海)
1985	1075(上海)	561(河南)	806(上海)	257(甘肃)	2.79(西藏)	1.17(北京)
1986	1293(上海)	718(山西)	937(上海)	282(甘肃)	2.75(甘肃)	1.3(北京)
1987	1437(上海)	744(河南)	1059(上海)	303(甘肃)	2.94(甘肃)	1.29(北京)
1988	1723(上海)	862(河南)	1301(上海)	187(甘肃)	3.8(西藏)	1.32(上海)
1989	2086(广东)	1015(河南)	1520(上海)	376(甘肃)	3.86(西藏)	1.3(北京)
1990	2303(广东)	1119(青海)	1665(上海)	431(甘肃)	3.22(贵州)	1.14(上海)
1991	2752(广东)	1250(河南)	2003(上海)	446(安徽)	3.33(安徽)	1.24(上海)
1992	3477(广东)	1569(青海)	2226(上海)	506(贵州)	3.75(贵州)	1.36(上海)
1993	4632(广东)	1879(青海)	2727(上海)	551(甘肃)	3.99(贵州)	1.58(上海)
1994	6367(广东)	2539(青海)	3437(上海)	724(甘肃)	4.3(云南)	1.71(上海)
1995	7439(广东)	3112(青海)	4246(上海)	880(甘肃)	4.04(云南)	1.63(上海)
1996	8159(上海)	3354(甘肃)	4846(上海)	1101(甘肃)	4.84(西藏)	1.69(上海)
1997	8562(广东)	3592(甘肃)	5277(上海)	1195(西藏)	4.04(云南)	1.6(上海)
1998	8840(广东)	3955(青海)	5407(上海)	1231(西藏)	4.36(云南)	1.62(上海)
1999	10932(上海)	4473(宁夏)	5481(上海)	1309(西藏)	5.28(西藏)	1.87(江苏)
2000	11718(上海)	4724(山西)	5596(上海)	1331(西藏)	5.58(西藏)	1.89(江苏)
2001	12884(上海)	5627(河南)	5871(上海)	1404(西藏)	5.6(西藏)	1.95(江苏)
2002	13250(上海)	5944(贵州)	6224(上海)	1462(西藏)	5.52(西藏)	2.05(江苏)
2003	14867(上海)	6530(宁夏)	6654(上海)	1565(贵州)	5.18(西藏)	2.18(江苏)
2004	16683(上海)	7218(宁夏)	7066(上海)	1722(贵州)	4.89(西藏)	2.2(江苏)
2005	18645(上海)	7990(新疆)	8284(上海)	1877(贵州)	4.54(云南)	2.26(上海)
2006	20668(上海)	8871(新疆)	9139(上海)	1985(贵州)	4.59(贵州)	1.8(天津)
2007	23623(上海)	10012(甘肃)	10145(上海)	2329(甘肃)	4.5(贵州)	2.33(上海)
2008	26675(上海)	10969(甘肃)	11383(上海)	2724(甘肃)	4.27(云南)	2.01(天津)
2009	28838(上海)	11930(甘肃)	12483(上海)	2980(甘肃)	4.28(云南)	2.01(河北)
2010	31838(上海)	13189(甘肃)	13978(上海)	3425(甘肃)	4.07(贵州)	2.19(北京)
2011	36230(上海)	14989(甘肃)	16054(上海)	3909(甘肃)	3.98(贵州)	2.18(天津)
2012	40188.3(上海)	17156.9(甘肃)	17803.6(上海)	4506.6(甘肃)	3.93(贵州)	2.06(黑龙江)
2013	43851.4(上海)	18964.8(甘肃)	19595(上海)	5107.8(甘肃)	3.80(贵州)	2.03(黑龙江)

三、城乡居民收入来源比较

为分析城乡居民收入差距的来源，我们选取了全国 1990—2013 年的城乡居民收入来源数据（见表 4-4）和收入比重数据（见表 4-5）。结合两个表格，我们发现城镇居民主要收入来源是工资，农村居民主要收入来源 2012 年以前是家庭收入，2012 年之后农村居民主要收入来源变为工资性收入。从各部分占比情况看，城镇居民可支配收入中工资性和家庭性收入占到整个家庭可支配收入的七成多，从这一数据对城乡居民收入差距的贡献看，这也是首要的影响因素，也占到了拉大这一差距接近七成的贡献度。其次，从转移支付情况看，城镇居民在可支配收入中享受的转移支付要远远地超过农村居民，城镇居民中这一指标值大体在可支配收入中的比重为24%左右，但在农村居民纯收入中，这一指标仅为不到 10% 的比重。从转移支付在整个城乡居民收入差距情况看，其贡献度在 30% 左右，从中我们也找出了城乡居民收入差距的一个原因。从财产引起的城乡居民收入差距情况看，我们从统计数据看城乡居民在这一指标上没有表现出多大的差异。但观察到城镇居民收入基数较大这一城乡差异，财产性收入在城镇居民中尽管占比较小，但城镇居民财产性收入在 2013 年还是达到了农村居民的 9.5 倍多。因此，如何在新一轮城镇化建设和农村土地产权制度改革中增加农民的财产性收入，也是缩小城乡居民收入差距的重要内容。

表 4-4　　　　　　　城乡居民收入来源构成比较

年份	城镇居民（元）				农村居民（元）			
	工资性	转移性	家庭经营	财产性	家庭经营	工资性	转移性	财产性
1990	1149.70	328.41	22.50	15.60	518.55	138.80	—	28.96
1995	3390.21	725.76	72.62	90.43	1125.79	353.70	57.27	40.98
2000	4480.50	1440.78	246.24	128.38	1427.27	702.30	78.81	45.04
2001	4829.86	1630.36	274.05	134.62	1459.63	771.90	87.90	46.97
2002	5739.96	2003.16	332.16	102.12	1486.54	840.22	98.19	50.68
2003	6410.22	2112.20	403.82	134.98	1541.28	918.38	96.83	65.75

续表

年份	城镇居民（元）				农村居民（元）			
	工资性	转移性	家庭经营	财产性	家庭经营	工资性	转移性	财产性
2004	7152.76	2320.73	493.87	161.15	1745.79	998.46	115.54	76.61
2005	7797.54	2650.70	679.62	192.91	1844.53	1174.53	147.42	88.45
2006	8766.96	2898.66	809.56	244.01	1930.96	1374.80	180.78	100.50
2007	10234.76	3384.60	940.72	348.53	2193.67	1596.22	222.25	128.22
2008	11298.96	3928.23	1453.57	387.02	2435.56	1853.73	396.79	148.08
2009	12382.11	4515.45	1528.68	431.84	2526.78	2061.25	483.12	167.20
2010	13707.68	5091.90	1713.51	520.33	2832.80	2431.05	548.74	202.25
2011	15411.91	5708.58	2209.74	648.97	3221.98	2963.43	701.35	228.57
2012	17335.60	6368.10	2548.30	707	3533.40	3447.5	686.7	249.1
2013	18929.80	7010.30	2797.10	809.9	3793.20	4025.4	784.3	293

注：本表中提供的城镇居民收入为城镇居民个人全部年收入，农村居民为个人纯收入。

表4-5　　　　城乡居民收入差距按来源分所占比（%）

年份	城镇居民			农村居民			城乡收入差异贡献		
	经营+工资比重	转移比重	财产比重	经营+工资比重	转移比重	财产比重	经营+工资贡献	转移贡献	财产贡献
1990	0.77	0.22	0.01	0.96	0.02	0.02	0.62	0.38	0.00
1995	0.81	0.17	0.02	0.94	0.04	0.03	0.73	0.25	0.02
2000	0.75	0.23	0.02	0.95	0.03	0.02	0.64	0.34	0.02
2001	0.74	0.24	0.02	0.94	0.04	0.02	0.64	0.34	0.02
2002	0.74	0.24	0.01	0.94	0.04	0.02	0.66	0.33	0.01
2003	0.75	0.23	0.01	0.94	0.04	0.03	0.68	0.31	0.01
2004	0.75	0.23	0.02	0.93	0.04	0.03	0.68	0.31	0.01
2005	0.75	0.23	0.02	0.93	0.05	0.03	0.68	0.31	0.01
2006	0.75	0.23	0.02	0.92	0.05	0.03	0.69	0.30	0.02
2007	0.75	0.23	0.02	0.92	0.05	0.03	0.69	0.29	0.02
2008	0.75	0.23	0.02	0.89	0.08	0.03	0.69	0.29	0.02
2009	0.74	0.24	0.02	0.88	0.09	0.03	0.68	0.30	0.02

续表

年份	城镇居民 经营+工资比重	转移比重	财产比重	农村居民 经营+工资比重	转移比重	财产比重	城乡收入差异贡献 经营+工资贡献	转移贡献	财产贡献
2010	0.73	0.24	0.02	0.88	0.09	0.03	0.68	0.30	0.02
2011	0.73	0.24	0.03	0.87	0.10	0.03	0.68	0.30	0.02
2012	0.73	0.24	0.03	0.88	0.09	0.03	0.68	0.30	0.02
2013	0.73	0.24	0.03	0.88	0.09	0.03	0.67	0.30	0.03

四、居民城镇化进程与城乡居民收入比较

若从截面数据看，在1978年的改革开放初期，我国城市人口占比是17.92%，农村人口占比是82.08%；而收入比重则是城市居民收入的占比为35%，农村居民收入占比为65%，即数量上82.08%的农村居民在收入分配方面占到了国民收入的65%。到了2013年，城镇居民（常住人口）的人口比重达到了53.73%，农村居民的人口比重达到了46.27%，相应的城镇居民收入的比重为78%，农村居民收入的比重为22%。此时，数量上46.27%的农村居民在收入方面仅仅占到整个国民收入的22%。若从动态的时间序列数据看，36年间，城镇人口的比例增加了35.8%，城镇居民收入在36年间的占比增加了43%；从农村变化情况看，在36年的时间内，农村居民人口占比减少了35.8%，农民居民收入占比率减少了43%。从中可以发现，城镇人口增加的幅度要远远小于城镇居民收入增加的幅度，亦即城镇居民边际收入增加了。从农民的人口和收入变化情况看，恰恰与城镇居民相反，农村居民人口减少的幅度远远小于农村居民收入减少的幅度，亦即农村居民的边际收入在减少。尽管数字相同，但反映出的问题却是截然相反的。从中给我们的启示是：新型城镇化过程中，人口转移是重要目标，但在转移过程中，我们要时刻关注城乡居民收入差距的动态变化，防止出现人口转移目标实现了，但城乡居民收入差距不变甚至是持续扩大的问题，在处理城镇化和城镇居民收入问题上要以提高农民收入为工作重点，系统思考。

表4-6　　　　　　　　城乡居民人口及其收入比重（%）

年份	城镇			农村		
	总人口	人口比重	收入比重	总人口	人口比重	收入比重
1978	17245	17.92	0.35	79014	82.08	0.65
1979	18495	18.96	0.36	79047	81.04	0.64
1980	19140	19.39	0.36	79565	80.61	0.64
1981	20171	20.16	0.33	79901	79.84	0.67
1982	21480	21.13	0.31	80174	78.87	0.69
1983	22274	21.62	0.30	80734	78.38	0.70
1984	24017	23.01	0.31	80340	76.99	0.69
1985	25094	23.71	0.32	80757	76.29	0.68
1986	26366	24.52	0.35	81141	75.48	0.65
1987	27674	25.32	0.36	81626	74.68	0.64
1988	28661	25.81	0.34	82365	74.19	0.66
1989	29540	26.21	0.35	83164	73.79	0.65
1990	30195	26.41	0.37	84138	73.59	0.63
1991	31203	26.94	0.39	84620	73.06	0.61
1992	32175	27.46	0.38	84996	72.54	0.62
1993	33173	27.99	0.42	85344	72.01	0.58
1994	34169	28.51	0.44	85681	71.49	0.56
1995	35174	29.04	0.44	85947	70.96	0.56
1996	37304	30.48	0.45	85085	69.52	0.55
1997	39449	31.91	0.46	84177	68.09	0.54
1998	41608	33.35	0.48	83153	66.65	0.52
1999	43748	34.78	0.51	82038	65.22	0.49
2000	45906	36.22	0.54	80837	63.78	0.46
2001	48064	37.66	0.56	79563	62.34	0.44
2002	50212	39.09	0.60	78241	60.91	0.40
2003	52376	40.53	0.62	76851	59.47	0.38
2004	54283	41.76	0.63	75705	58.24	0.37
2005	56212	42.99	0.65	74544	57.01	0.35
2006	58288	44.34	0.67	73160	55.66	0.33
2007	60633	45.89	0.70	71496	54.11	0.30

续表

年份	城镇			农村		
	总人口	人口比重	收入比重	总人口	人口比重	收入比重
2008	62403	46.99	0.71	70399	53.01	0.29
2009	64512	48.34	0.73	68938	51.66	0.27
2010	66978	49.95	0.73	67113	50.05	0.27
2011	69079	51.27	0.74	65656	48.73	0.26
2012	71182	52.57	0.77	64222	47.43	0.23
2013	73111	53.73	0.78	62961	46.27	0.22

注：城乡居民收入比重公式：$w_i = \dfrac{y_i p_i}{\sum\limits_{i=1}^{2} y_i p_i}$，式中 $i = 1, 2$，w_1 和 w_2 分别为城乡收入比重，y_1 和 y_2 分别为城乡居民收入，p_1 和 p_2 分别为城乡人口数。

五、城乡居民的恩格尔系数及基尼系数比较

20 世纪 90 年代中期以来，城乡居民收入快速增长引起了城乡居民消费结构的变化，其特点就是城乡居民恩格尔系数快速下降，生活费中用于食品支出的比重不断下降（见表 4-7）。2007 年城镇居民可支配收入比 1978 年增加了 39 倍多，恩格尔系数也从 1978 年的 57.5% 大幅下降到 2007 年的 36.29%，最低下降到 2006 年的 35.80%。29 年间恩格尔系数下降幅度为 36.87%。尽管恩格尔系数下降表明我国居民生活水平和对耐用消费品的消费有了较大幅度的提升，也为工业产品的消费提供了较大的潜在市场，但这种状况也预示着，我国农业还处在较低发展水平上，农民收入较低的情况下，城镇居民在收入增长的同时，用于购买农产品的消费比重出现了较快下降，这对扩大农产品需求是相对不利的，对农民在农业方面增收会造成一定的困难。这种情况不仅表现在城镇居民身上，在农村居民中恩格尔系数也有较大的减少。

表4-7　　　　　　　　　　城乡居民家庭恩格尔系数

年份	城镇居民	农村居民	年份	城镇居民	农村居民
1978	57.50	67.70	2001	38.20	47.70
1980	56.90	61.80	2002	37.68	46.20
1985	53.31	57.80	2003	37.10	45.60
1990	54.24	58.80	2004	37.70	47.20
1991	53.80	57.60	2005	36.70	45.50
1992	53.04	57.60	2006	35.80	43.00
1993	50.32	58.10	2007	36.29	43.10
1994	50.04	58.90	2008	37.89	43.67
1995	50.09	58.60	2009	36.52	40.97
1996	48.76	56.30	2010	35.70	41.09
1997	46.60	55.10	2011	36.30	40.36
1998	44.66	53.40	2012	36.2	39.3
1999	42.07	52.60	2013	35	37.7
2000	39.44	49.10			

资料来源：中国统计年鉴。

同期，农村居民纯收入增长23倍，恩格尔系数下降幅度为36.3%。农村居民在收入增长的同时，用于购买农产品的消费比重也在较快下降，这对扩大农产品需求同样也是相对不利的，对农民在农业方面增收是不利的。虽然城镇居民和农村居民的恩格尔系数下降幅度比较接近，但在绝对数上，差距还是很大。反映的事实是：农民不但收入低（2007年城乡人均收入比为3.33∶1），而且收入的相当部分（2007年是43.1%）仍要用于满足最基本的吃饭需要；相反城镇居民不但收入高，而且收入只有较小的比重（2007年是36.3%）要用于满足吃饭的需要。从城乡恩格尔系数这个侧面数据，我们进一步看到城乡收入差距的严重性。

表 4-8 中国城镇居民收入差距恩格尔系数测度结果概览

年份	国家统计局	陈宗胜课题组	黄泰岩、牛飞亮测算	南开课题组	向书坚测算	李实课题组
1978	0.16	0.1621				
1980	0.16	0.1733		0.16		
1981	0.15	0.2092		0.15		
1982	0.15	0.2045		0.148		
1983	0.15	0.2050		0.149		
1984	0.16	0.2275		0.168		
1985	0.19	0.2376	0.268	0.175	0.1633	
1986	0.19	0.2240	0.265		0.1658	
1987	0.2	0.2278	0.264	0.236	0.1665	
1988	0.23	0.2307	0.275		0.175	
1989	0.23	0.2259	0.271		0.1803	
1990	0.23	0.2354	0.272		0.1771	0.23
1991	0.24	0.2425	0.262		0.1675	
1992	0.25	0.2536	0.272		0.1848	
1993	0.27	0.2724	0.297		0.2045	
1994	0.3	0.3018	0.234		0.2155	
1995	0.28	0.2880	0.229		0.2085	0.28
1996	0.28	0.3034	0.449		0.2087	0.28
1997	0.29	0.3079	0.3		0.2194	0.29
1998	0.3	0.3230			0.2266	0.30
1999	0.295	0.3361			0.2043	0.30
2000	0.32	0.3417			0.2451	0.32
2001		0.3512			0.2562	0.32
2002	0.32	0.3726				0.319
2003	0.34	0.3820				
2004		0.3875				
2005	0.34	0.3956				
2006		0.3918				
2007		0.3793				0.4126
2008		0.3801				
2009	0.34					
2010	0.34					

基尼系数是用于研究不平等问题的一种最常见方法，可以作为衡量城乡居民收入差别和走势的指标。我国学者在计算全体国民的基尼系数时，不同学者和课题组对该系数的计算结果存在一定的偏差。通过表格4-8可以看出，我们若以国家统计局的计算结果为参考，陈宗胜课题组在1984年计算的基尼系数与国家统计局的差距达到0.0675个点，黄泰岩、牛飞亮测算的结果也与国家统计局计算的结果有较大偏差，1996年国家统计局的数据为0.28，黄泰岩、牛飞亮的测算结果为0.449，两者相差0.169个点，李实课题组的测算结果同国家统计局的结果比较相近。向书坚的测算结果同国家统计局计算结果相比，普遍较低，南开课题组在有限的测度年份内也表现出类似的特点。从以上分析看出，在测度基尼系数时，会出现一定的偏差问题，但偏差大部分很小。从不同学者时间序列上计算的结果看，基尼系数都在不断变化，对比数据比较完整的国家统计局和陈宗胜课题组结果，从1978—2008年，前者的数据变化是该时间段增加了0.18个点，后者的变化为0.22个点，后者明显超过前者。按照陈宗胜课题组的计算，2008年我国的基尼系数几乎接近国际公布的0.4的国际警戒线，反映出我国居民收入差距悬殊问题的严重性。

从城镇和乡村内部五分组情况看（见表4-9、表4-10），2002年至今，我国农村内部的基尼系数始终高于同期的城市内部基尼系数。农村内部的基尼系数保持在0.38左右，且保持一个初步增长的趋势，说明农村居民收入差距在逐渐拉大，农村居民的贫富差距出现分化和阶梯状。在同一段时间内，城镇居民内部的基尼系数平均保持在0.33左右，因观察的时间段较短，城镇内部的基尼系数出现先升后降的短期波动特点，0.33的数据说明城镇内部居民也呈现出较大的层次性和阶梯性。具体从农村地区五分组情况看，2002年中以最低分组为参考点水平，中下组、中等组、中上和最高组的收入分别为参考组的18.4%、252.5%、353.6%和687.9%。到2013年，这一数据变化为：213.5%、307.4%、440.3%、823.5%。在城镇内部，同样按照以最低分组为参考点水平，中下组、中等组、中上组和最高组的收入分别为参考组的162.8%、219.7%、292.8%、507.9%，到

2013年变为：161.9%、216.5%、288%、499.5%，在2002年城镇和农村最低收入组比值为353%，最高收入组比值为260.9%，到2012年分别变为400.7%和272%。

表4-9　　　　　　　　农村居民五分组数据基尼系数

项目＼年份	最低收入组 20%	中下收入组 20%	中等收入组 20%	中上收入组 20%	最高收入组 20%	基尼系数
2002	857.1	1547.50	2164.10	3030.50	5895.60	0.3734
2003	865.9	1606.50	2273.10	3206.80	6346.90	0.3833
2004	1006.90	1842.00	2578.50	3607.70	6930.70	0.3710
2005	1067.20	2018.30	2851.00	4003.30	7747.40	0.3777
2006	1182.50	2222.90	3148.50	4446.60	8474.80	0.3745
2007	1346.90	2581.80	3658.80	5129.80	9790.70	0.3751
2008	1499.80	2935.00	4203.10	5928.60	11290.60	0.3786
2009	1549.30	3110.10	4502.10	6467.60	12319.10	0.3853
2010	1869.80	3621.20	5221.70	7440.60	14049.30	0.3782
2011	2000.50	4255.70	6207.70	8893.60	16783.10	0.3876
2012	2316.20	4807.50	7041.00	10142.10	19008.90	0.3854
2013	2583.20	5516.40	7942.10	11373.00	21272.70	0.3839

注：数据来源为中华人民共和国国家统计局国家数据库，因该数据库公布的按收入五等分农村居民家庭基本情况的起始年份是2002年，为保证数据的权威性，本研究的起始年份也为2002年。

表4-10　　　　　　　　城镇居民五分组数据基尼系数

项目＼年份	最低收入组 最低和较低各10%	中下收入组 20%	中等收入组 20%	中上收入组 20%	最高收入组 最高和较高各10%	基尼系数
2002	3028.9	4932.00	6656.80	8869.50	15384.35	0.3179
2003	3280.1	5377.30	7278.80	9763.40	17480.20	0.3289
2004	3645.75	6024.10	8166.50	11050.90	20174.05	0.3369
2005	4010.1	6710.60	9190.10	12603.40	22988.00	0.3419

续表

年份项目	最低收入组最低和较低各10%	中下收入组20%	中等收入组20%	中上收入组20%	最高收入组最高和较高各10%	基尼系数
2006	4554.7	7554.20	10269.70	14049.20	25518.15	0.3384
2007	5357.35	8900.50	12042.30	16385.80	29509.05	0.3345
2008	6058.45	10195.60	13984.20	19254.10	34931.95	0.3420
2009	6707.65	11243.60	15399.90	21018.00	37606.30	0.3359
2010	7616.7	12702.10	17224.00	23188.90	41237.80	0.3297
2011	8774.05	14498.30	19544.90	26420.00	47210.55	0.3301
2012	10351.85	16761.40	22419.10	29813.70	51714.70	0.3156

注：数据来源同上。不同之处为：因国家数据中公布的按收入等级划分城镇居民家庭基本情况共分为八个等级，其中20%的最低收入组包括两类，10%的最低收入户（同时公布了包含其中的5%困难户）和10%的较低收入户；20%的最高收入组中包含两类：10%的较高收入户和10%的最高收入户，为简化计算基尼系数，本研究对这个等级分别取各等级收入户的平均值作为20%的最低收入和20%的最高收入户收入处理。

第二节 城乡居民收入分配差距的系统原因

一、农业外部因素

（一）经济发展阶段性因素

经济发展与收入分配存在"倒U理论"，这是经济学家西蒙·库兹涅茨（Kuznets）首先发现的。马霄鹏、高伟（2013）通过实证分析发现"倒U形曲线"在我国同样存在。改革开发初期，邓小平同志就提出了让一部分人先富起来，通过先富带后富的发展思路，促进经济快速发展。尽管由于存在制度漏洞，让一部分人通过非法途径一夜暴富，绝大部分市场弄潮儿还是通过自己高效率的辛勤劳动获得了资本积累。这种效率优先，适当牺牲公平的做法开启了通往财富的芝麻之门。小河有"水"大河满，小河无"水"大河干和大河有"水"小河满，大河无"水"小河干的道理是一致的。随着我国的经济增长，国家的二次分配和各种调整分配差距的制度实施会使国民收入分配差距呈现先扩大再缩小的发展态势。由此可以得出，城乡收入差距的变化是与经济发展阶段存在密切的相关性。

(二) 偏好性制度安排因素

从生产效率来看，为尽快促进我国国民经济整体实力的提升，新中国成立初期我国实施了"农村支持城市、农业支撑工业"的城市偏向政策，并且为保证这一政策的顺利贯彻执行，我国推行了城乡居民认证管理的户籍管理制度，从此除了空间距离外，更有了难以突破的农村人和城市人的制度壁垒，中国的城乡二元经济体制使得城乡收入差距不断扩大。工业优先发展战略尽管在举全国之力使我国经济尤其是城市经济获得了快速的粗放式发展，但农业的基础地位没有筑牢，在市场经济转轨中，由于二元管理体制的弊端导致的经济转轨成本居高不下，当前主要表现在：

从收入分配制度的公平性来看，为打破分配制度方面存在的"大锅饭"弊端，充分调动生产要素参与经济活动的积极性，减少"搭便车"和闲、散、懒问题，我国实施了"按劳分配为主体、多种分配方式并存"作为我国的基本分配制度，并将"效率优先，兼顾公平"作为分配制度的政策方向。这些收入分配制度在调动生产资料所有者的积极性发展方面发挥了很大的作用，但由于我国存在典型的二元结构问题，具有农民身份的居民在缺乏土地生产要素所有权的情况下，只能靠出卖劳动力获得部分劳动报酬，这些报酬即使在土地联产承包责任制实施后的市场经济下，也因农产品的较低的消费需求弹性、高投入和高风险使其收入远远落后于城市居民。实践中，在处理公平与效率问题上过分强调效率，而忽视了公平，也是我国居民收入分配差距过大的一个深层次原因。

土地产权制度的缺陷加剧了城乡收入差距。对出生在农村的农民来说，土地是农民最重要的生产资料和生活来源，是农民的生存保障。新中国 60 年经历了四次农村土地制度的四次重大改革后，目前广大农村实施的土地集体所有制、家庭承包经营的制度安排，尽管在"明确所有权，稳定承包权，放活使用权，保障收益权，尊重处分权"路径上摸索出一套比较完整和成型的新型土地制度安排。但我国实施的城乡分治，土地征用制度和农村建设用地制度在政府垄断城市土地一级市场以及农民只有使用权而没有处置权的情况下，会出现一系列不利于缩小呈现居民收入差距问题。其一，缺乏土地流转的实际环境和机制，土地无法实现规模化耕种，阻碍了现代农业的发展，农业效率始终处在较低的状态，农民收入自然无法提高。其二，农村征地制度不完善，很多地方土地转让金被严重剥夺，政府的腐败"寻租"导致农民被征用土地的抵补、滞补、不补等现象，农民的生活保障金流进地方政府的"小金库"严重侵害农民利益的问题。其三，国家规定农村集体建设用地不允许直接进入二级市场，这样不仅将农民以土地资源参与城镇化进程的路堵死，而且使得农民土地权利的保障和实现仅限于农地农用，农民得不到工业化、城市化进程中溢价最大、收入最高的土地权益，导致城乡收入差距日益扩大。

城乡有别的社会保障制度更加拉大了收入差距。我国在养老保险、医疗保险、教育支出、社会救济与社会福利等方面的社会保障覆盖面存在严重偏失。目前，城镇居民享受到的国家进步带来的社会保障利益远远超过农村居民。为了让农村居民也享受到改革红利，近年来建立的"农村低保制度"、"新型农村合作医疗制度"等，在一定层面体现了社会公平，但跟城镇居民的条件相差甚远，加入这些城乡有别的保障制度，农民可支配收入会更低，城乡收入差距会更加显著。

（三）农业要素流动性因素

身份认证就是城市和农村的户口管理。城乡户口的推行，是计划经济的产物，在市场经济体制下，这种认证制度已成为影响社会协调发展和城乡居民收入差距的因素。其一，严重限制了农业人口的自由流动，使农村大量闲置农民成为隐性失业者。其二，户籍制度的屏障使国家在教育、医疗、社会保障、公共服务、劳动就业等社会福利方面，城镇居民远远高于农村居民。其三，农村居民身份让进入城市务工的农民有了一个特殊的标记：农民工。正因为是农民工，所以会受到一系列的限制和不同程度的歧视，体现在从事职业、工资待遇、子女入托、婚姻和社会福利等。这直接或间接地扩大了城乡居民收入差距。从城市化的过程看，我国1978年全国人口96259万人，城镇人口17245万人，城镇化率不到18%，2013年我国总人口为136072万人，城镇化率为53%，如按户籍人口计算仅有35%，远远低于发达国家80%的水平，按照国际上通用的钱氏"发展型式"标准，当人均GDP超过1000美元时，城市化率要达到65.8%，依据这一标准，我国的城镇化率还有很大的提升空间。城镇化是一个人口不断聚集，产业结构和就业结构不断深化的过程，是传统生产、生活方式向现代生产生活方式转变的过程，是农村人口从量到质的转变过程。

农业要素流动性限制的直接后果是农民拥有的生产要素机会成本大大增加。农民的生产要素除了自身劳动要素外，还包括土地要素、资本要素和管理能力要素。我国制度形成的特殊二元结构同通常意义上的二元结构还存在一定的差别，新中国成立初期的特殊国际环境使我们产业发展走向了重重轻轻的道路，二元结构保证了这一战略选择的需要。但在改革开放初期，国际国内环境发生了变化，我国居民长期压抑的消费需求也得到释放，轻工业产品市场潜力巨大，若不存在二元结构，我国的工业化和城镇化进程会大大缩短，农民进城务工进而留在城市成为市民的机会会大大增加。但当时严格的户籍管理制度使得农民工流动受到阻碍，农民只能限制在自己承包的微薄的土地上日出而作，日落而息，农业劳动力的边际产品价值严重受制于土地的产出价值，农民的劳动力要素、土地要素和资本要素因难以发挥作用而被低估。这也是导致城乡居民收入差距的一个重要原因。

（四）政府结构性投入因素

从整个国家投资结构的公平度看，改革开放30多年来，因农业自身的弱质性和后农业税带来的农村自身积累缓慢问题，我国逐年在加大对"三农"的财政投入，也逐渐形成了"三农"投入稳定增长机制和强农惠农政策支持体系。从近年来我国城乡居民收入差距变化情况看，我国财政支农对缩小城乡收入差距起到一定的作用。在支持农业科技进步方面：重要体现在一是通过农业科技（薄膜技术）推广提高了部分旱作农业生产潜能；二是在防灾减灾技术使用方面加大资金投入，诸如支持推广应用冬小麦"一喷三防"、南方早稻集中育秧等技术稳定了农业生产，增加了农民的收入；三是农产业产地初加工补助政策的实施和推广普及科学适用的初级加工设备，极大地减少了农民的产后损失、减少了农产品的物流成本，在农产品产业链延展中增加了农民的收入；四是支持基层农业的技术推广，有效提升了基层农业技术推广体系的公共服务能力，同时推广项目中对农民的技术培训作用也非常明显。结构性投入中的农业良种补贴政策和农机购置补贴政策，极大地调动了农民选择优良品种和购置农业设备的积极性。结构性投资在促进农业产业结构调整方面的作用体现在：一是支持农业优质特色产业发展，如2012年国家安排100亿元现代农业发展资金，支持各地粮食等优势特色主导产业的发展，这些资金对促进和鼓励不同地区发展"一村一品"产业发挥了不小的作用；二是在支持农民专业合作组织发展中发挥了作用，2012年国家在这方面的投入资金是8.5亿元，积极引导专业化合作组织引进新品种和采用新技术，进行标准化生产，对组织成员进行专业技术、管理培训和提供信息服务方面发挥了很好的作用。政府的结构性投资还体现在对农业农田水利设施方面以及农业的生态建设方面。从2006年农业税取消以来，类似于公共品投资的农田水利基础设施建设缓慢，在没有有效的公共品投资激励机制安排下，政府的投资无可替代。我国很多地方的农民还是靠天吃饭，随着气候的变化，极端天气将来会成为大概率事件，应对干旱必须未雨绸缪。

由于我国农业发展参差不齐，财政投入扶持农业发展的力度跟我国广大农村的需求相差甚远，也远远低于发达国家的财政支农力度，甚至低于发展中国家财政对农业投入的一般水平，在农业基础设施建设、农业科技、农业补贴和农民工教育等方面，农业边缘化趋势明显。以农业科技投入为例，2009年，我国农业R&D投资强度仅为0.37%，比全国整体R&D投资强度低1.33个百分点，而全球的投资强度接近1.4%、发达国家超过5%、发展中国家超过0.5%。农业投入不足，致使我国农业生产力水平的提高要明显落后于第二、三产业，这也是城乡居民收入差距不断拉大的重要原因之一。

二、农业内部因素

（一）小农经济规模效率因素

我国目前的小农经济是国家政治和经济演化的产物，撇开政治不说，小农经济与以规模经济为主要特征的现代农业的突出矛盾表现在土地的细碎化、管理上的粗放化（专业农民除外）、抗风险性和市场信息的不对称性。家庭联产承包责任制实施以来，在土地产权制度存在不健全的情况下，作为以土地作为生存保障和生活来源的农民来说，这种细碎化的土地耕种模式也许还会长期存在。目前，在我国城镇化进程中，农民身份出现了较大变化，以家庭为单位的劳动力成员中，有专业农户、兼业农户和非农户，除了非农户已经完全脱离了农村，将已有的土地实施了全部的流转或者撂荒弃耕，专业农户和兼业农户都有自己耕种的土地，在国家土地流转市场不够完善，农民分散的土地耕种，尽管也因精耕细作存在一定的效率，但比起家庭农场或者社区农场的产业化经营，不仅难以做到在产前、产中和产后的高效率的管理中产生较高的经济效益，诸如科学育种、科学施肥、集中竞价、统一灌溉、统一销售，流转土地的农民工可以外出打工，也可以返聘为农场工人，农民可以获得更多的收入机会，减少城乡收入差距。

（二）产品价格差异因素

从工业内部看，我国计划经济下的国有企业一直是控制国家经济命脉的主要经济成分，近几年国有企业在向市场经济转轨的过程中，国家采取了"抓大放小"，企业改制等多种措施，但改制的领域不广、不深、不彻底。国有企业因其特殊的身份，无论在优质资源占有，融资、销售等方面存在着诸多比个体私营企业更加优惠的条件。尤其是在水、电、石油、天然气等具有自然垄断性质的能源基础行业和个别新兴产业，国有企业较高的国家投入、较高的垄断价格、奇高的工资福利待遇和较低的创新能力，引起诸多国民的诟病。这是导致城镇居民内部和城乡居民收入差距的原因之一。

从农业内部看，我国农业属于典型的小农经济，土地细碎化明显，严格的户籍管理制度使有限的土地配给不断膨胀的农村人口，这种小规模土地的分散经营，严重影响了农业效率的提高。先进的农业生产技术和大型的农业生产设备都是提高农业效率的重要标志，但在中国农村却难以发挥作用，致使农业的整体效益持续低下，农民收入难以提高。同时，由于农产品普遍存在较低的价格需求弹性,"谷贱伤农"事件时有发生。近年来,为了促进农民种粮的积极性,国家也连续出台了一系列刺激粮食生产的政策,从生产环节稳定农民种粮积极性,这些政策产生了积极效果。但目前工农业产品价格"剪刀差"依然存在,粮食的定价体制中,尽管国家采取了一些保护粮农的粮食最低保护价格,但受到国际粮价的影响,粮食价格的调整幅度远远低于农资等工业品涨价的幅度,使农民在农业上的收入微薄。

(三) 教育因素

教育能够提升人力资本水平,劳动者的教育程度与其收入存在正相关。即劳动者的教育程度越高,能力水平就越强,生产率就越高,报酬也就越高。要体现公平的城乡居民收入,一个很重要的方面是做到机会和起点公平,而我国目前的教育投资却恰恰没有做到这一点。一方面,农村居民的子女无法享受与城镇居民子女相同的教育资源和受教育机会,这种现象不仅在东部发达地区存在,在中西部不发达地区,如四川、西藏、青海、甘肃等省份更是明显。为让所有儿童都能够享受到义务教育的权利,从公平的角度让所有儿童不输在人生的起跑线上,2012 年 9 月 5 日,国务院印发了《关于深入推进义务教育均衡发展的意见》,提出要率先在县域内实现义务教育基本均衡发展,推进办学资源均衡配置,深化农村义务教育经费保障机制,为农村中小学配齐图书、教学实验仪器设备、音体美等器材,着力改善农村中小学办学条件。《意见》提出了均衡发展目标,到 2015 年,全国实现基本均衡的县(市、区)比例达到 65%;到 2020 年达到 95%。9 月 6 日,教育部与四川、西藏、青海、甘肃 4 省、自治区在北京签署《义务教育均衡发展备忘录》,至此,教育部与全国 31 个省、自治区、直辖市和新疆生产建设兵团全部完成了义务教育均衡发展备忘录的签署,标志着中央与地方协同推进义务教育均衡发展的机制基本形成。

国家在农村和城镇之间加大义务教育的资源再配置,只能说是给农民工子女提供了一个在教育起跑线上同城镇职工子女公平竞争的机会,但针对我国工农业产业结构升级和优化的现实需求,农村劳动力要想成为新时代的技术、知识型农民,要想顺利实现非农产业转移,实现与城镇居民的同工同酬,就必须储备自己的人力资本,最佳的途径就是进行职业技能培训。目前,我国农业部和财政部联合实施的农村劳动力培训阳光工程、农业创业培训、农业专业技术培训,一方面提高了农民素质和技能,促进就业创业,使相当数量的农民通过了岗位职业技能鉴定,具有了稳定就业和增收致富的一技之长。另一方面,支撑了农业增产增效,提升农业项目实施水平。同时,还促进了农业社会化服务体系发展。一大批农机手、植保员、防疫员、沼气工、农村经纪人等农业社会化服务人员,活跃在农业产前、产中、产后专业服务领域,成为农业专业人才,促进了农业社会化服务体系建设,推动了现代农业发展。

(四) 金融供给结构因素

金融是经济增长的润滑剂。我国垄断性的金融供给结构和农村小规模的经营结构使金融资源在城乡之间的配置严重失衡,同时这两种制度安排导致了两种可怕的结果。垄断性的金融供给结构使金融供给成为稀缺产品,金融卖方市场下,供给者会追逐更大的获利机会和尽量减少市场风险,农业生产的不确定性和小额信贷就成为垄断金融供给的牺牲品;同时,另一种更加可怕的现象就是当初设立的为"三农"发展提供资金支持服务的各农村金融机构,后来却成为农业的'吸血鬼',农村金融机构在扮演一个从农村抽血的角色。逐利性使得各金融机构吸收的农村闲置资金大部分都流向了经济比较发达的城镇地区,出现了金融资源的"马太效应"。数据显示,截至2012年末,全部金融机构本外币农村(县及县以下)贷款余额为14.5万亿元,占各项贷款余额的21.6%;农户贷款余额为3.6万亿元,占各项贷款余额的5.4%;农林牧渔业贷款余额为2.7万亿元,占各项贷款余额的4.1%;全口径涉农贷款余额为17.6万亿元,占各项贷款余额的26.2%。可见,金融机构(包括农村金融机构)在信贷资源投放方面,总体上仍然是重工业、城镇、企业,轻农业、农村、农民。农村缺乏足够的资金来源,难以实现良好快速的发展,进而对农民就业、农民收入产生消极的影响。

(五) 农业产业结构调整因素

传统的经济增长理论认为,经济总量的增长是在竞争均衡的假设条件下资本积累、劳动力增加和技术变化长期作用的结果。经济增长的结构主义观点认为，经济增长是生产结果转变的一个方面，生产结构的变化应适应需求结构的变化，资本和劳动从生产率低的部门向生产率高的部门转移能够加速经济增长。英国资产阶级古典政治经济学家创始人配第早在17世纪就发现了世界各国国民收入水平的差异和经济发展的不同阶段，其关键原因是由于产业结构的不同，他于1672年出版的《政治算术》通过考察得出结论：工业比农业的收入要多，商业又比工业的收入要多。即工业比农业、商业比工业附加价值高。在农业内部，由于历史原因和我国居民消费结构的特点，农业中种植业长期处在主导地位，因此，学者们对农业产业结构调整的研究也主要集中在种植业的调整方面。钟甫宁与叶春辉从我国农业的比较优势方面模拟得出农业结构调整能够给农民带来5.6%~7.55%的收入增幅。霍丽娅对成都市区农民种植业结构调整进行了研究，结果发现在对粮食种植结构调整中增加经济作物的份额比例可以有效增加农民收入。谢光国在对农民收入波动因素研究方面得出结论：认为作为农民收入主要来源的第一产业实物收入比例较高是主要原因。柯柄生将我国农民收入问题主要归因于农业在国民经济中所占比例较高和农业内部结构不合理两个方面。

  从世界范围来看，农业结构调整的研究始于大危机之后的美国。当时农产品价格波动和种植业结构变化成为美国农业结构调整的诱因，而劳动力成本上升和自由贸易的发展是当时美国农业结构调整的主要推动力。目前，我国粮食产量已经基本具有自我供给能力，粮食产量的九连增更是说明我国农业技术水平和抵抗风险的能力有了较大提升。但受到国际主要产量国供求关系的影响，使本来就不高的国内粮价受到极大的挑战。粮食作为一种一般消费品存在较低的需求价格弹性，在目前我国绝大多数农民拥有较少的耕地面积情况下，完全依靠种粮来获得高收入是不现实的。在现行的联产承包责任制制度安排下，农户家庭是农村的基本生产单位和基层微观组织，农户是具有完全决策权的追求经济效益最大化的有限理性人。从目前情况看，我国城乡居民温饱问题已经基本解决，人们的消费结构和生活习惯开始向健康、美食、休闲和娱乐转变，这种转变也为农业产业结构调整后的产品提供了巨大的潜在市场。

从第四章我们比较发现的我国城乡居民收入对比呈现出的"马太效应",从侧面反映出发达地区农村已经实施适应当地消费需求的产业结构调整和优化升级措施。譬如,为应对粮食价格较低对收入的影响,种植业农户由生产粮食为主转变为发展地方蔬菜产业、药材产业、珍稀苗木产业,甚至有的由种植业转向养殖业,发展食用肉禽和珍稀动物等。在饲养方式上也有较大的创新性,种植业和养殖业除了发展"一村一品",更加注重发挥产业"集群效应",通过培植集散地的大宗商品交易活动市场,不仅带动了与之相关的仓储业、租赁业、运输业、物流业、饮食餐饮业和绿色观光农业的发展,部分地区还实施了农业初级产品加工,进一步延展农业产业链,增加农产品的附加值,这些都是作为农业产业结构调整的直接效益;同时,实施产业结构调整的间接效益还体现在产业集群地区的土地价格得到提升,土地流转速度也比其他地区提高了很多,农村劳动力有了更多的职业选择,加上工资后的双层收入,产业结构调整使农民有了更高收入。

第五章
农民增收视角下农业资源配置效率的实证分析

第一节 农业内部效率分析

我们研究城乡居民收入差距的框架是：在城市和农村之间均衡效率和公平问题，重点是通过城镇化手段实现解决"三农"问题，核心是一方面利用农村人口转移和土地流转实现农业的规模化、产业化，从而提高农业效率；另一方面是加大政策支持力度，诱导社会和企业资本投向农村，从而矫正非公平的城镇化投资倾向。为验证我国目前的全要素农业效率高低，我们我们选择了使用 Malmquist 方法，这一方法在国内外学者中也得到了广泛使用。如孙林、孟令杰用基于数据包络分析的非参数 Malmquist 方法，从中国棉花生产效率的时际和区际变化角度研究了中国棉花生产效率变化的基本特征，陈卫平对1990—2003年期间中国农业全要素生产率及其构成的时序成长和空间分布特征进行分析。李明艳（2012）利用 DEA 方法分析了1990—2005年我国农业整体土地利用效率的变化趋势。我们利用 DEA 方法中的 Malmquist 技术，采用五个指标分析我国2007—2011年农业效率的变化情况。

一、Malmquist 指数方法

我们主要从要素投入角度研究中国地区农林牧渔业生产效率。一是基于 Charnes、Cooper 和 Rhodes 以及 Banker、Charnes 和 Cooper 创建的有 DEA 模型，分析我国省际间不同年份的综合技术效率和规模效率；二是根据

Fare 等（1994）的定义和方法，我们以每个省份作为一个决策单元，构造每一时期中国农林牧渔业效率的最佳实践前沿面，把每个省份农业效率同最佳实践前沿面进行比较，以此对各决策单元效率变化和技术进步进行测度。根据 Fare 等（1994），最小技术效率（CRS）可分解为：

$$F_i^t(y^t, x^t \mid c, s) = S_i^t(y^t, x^t \mid s) \ CN_i^t(y^t, x^t \mid v) \ F_i^t(y^t, x^t \mid v, w) \quad (5-1)$$

其中，$F_i^t(y^t, x^t \mid c, s)$ 为技术效率，$S_i^t(y^t, x^t \mid s)$ 为规模效率，$CN_i^t(y^t, x^t \mid v)$ 为测度要素强可处置度，$F_i^t(y^t, x^t \mid v, w)$ 为纯技术效率。距离函数是 Fare 技术效率的倒数，可定义参考技术 $L^t(y^t \mid c, s)$ 下的投入距离函数：

$$D_i^t(y^t, x^t) = 1/F_i^t(y^t, x^t \mid c, s) \quad (5-2)$$

式（5-2）中，投入距离函数可看作某一生产点向理想投入点压缩的比例。

$D_i^t(y^t, x^t) \geq 1$，当且仅当 $D_i^t(y^t, x^t) = 1$ 时，(y^t, x^t) 在前沿面上，生产为技术有效；如果 $D_i^t(y^t, x^t) > 1$，(y^t, x^t) 在前沿面的外部，生产为技术无效。把 t 时间替代为 $t+1$ 时间，可得到 $t+1$ 时间的距离函数 $D_i^{t+1}(y^{t+1}, x^{t+1})$。根据 Caves 等（1982）的思想，基于投入的全要素能源效率可以用 Malmquist 生产率指数表示为：

$$M_i^t = D_i^t(x^t, y^t) / D_i^t(x^{t+1}, y^{t+1}) \quad (5-3)$$

该指数测度了时期 t 技术条件下，决策单元从 t 到 $t+1$ 期的技术效率变化。同理，可定义时期 $t+1$ 条件下，决策单元从 t 到 $t+1$ 期的技术效率变化的 Malmquist 指数，即：

$$M_i^{t+1} = D_i^{t+1}(x^t, y^t) / D_i^{t+1}(x^{t+1}, y^{t+1}) \quad (5-4)$$

Fare 等（1994）运用两个 Malmquist 指数的几何平均值来计算定向输出的 Malmquist 指数，一个以 t 期生产技术为参照，另一个以 $t+1$ 期生产技术为参照，即：

$$M_i(x^t, y^t, x^{t+1}, y^{t+1}) = \left[\frac{D_i^{t+1}(x^{t+1}, y^{t+1})}{D_i^{t+1}(x^t, y^t)} \frac{D_i^t(x^{t+1}, y^{t+1})}{D_i^t(x^t, y^t)} \right]^{1/2}$$

$$(5-5)$$

式 (5-5) 中，$D_i^t(x^{t+1}, y^{t+1})$ 代表以第 t 期技术（即以第 t 期数据为参考集）表示的 $t+1$ 期技术效率水平，$D_i^t(x^t, y^t)$ 代表以第 t 期技术表示的当前技术效率水平，$D_i^{t+1}(x^{t+1}, y^{t+1})$ 代表以第 $t+1$ 期技术（即以第 $t+1$ 期数据为参考）表示的当期技术效率水平；$D_i^{t+1}(x^t, y^t)$ 代表以第 $t+1$ 期技术表示的第 t 期技术效率水平。当式 (5-5) 的值大于 1 时，表示全要素能源效率呈增长趋势；反之则为下降趋势。根据 Fare 等 (1994) 的研究，效率变化指数可以相应地分解为纯效率变化和规模效率变化，即：

$$M_i(x^t, y^t, x^{t+1}, y^{t+1}) = \frac{S_i^t(x^t, y^t)}{S_i^t(x^{t+1}, y^{t+1})} \frac{D_i^t(x^{t+1}, y^{t+1}/VRS)}{D_i^t(x^t, y^t/VRS)}$$

$$\left[\frac{D_i^t(x^{t+1}, y^{t+1})}{D_i^{t+1}(x^{t+1}, y^{t+1})} \frac{D_i^t(x^t, y^t)}{D_i^{t+1}(x^t, y^t)}\right]^{1/2} \quad (5-6)$$

式 (5-6) 中，第一项表示规模效率变化，第二项表示纯技术效率变化，最后一项表示技术变化。全要素农业效率的变化即 M_i 可以分解为技术效率变化（纯技术效率变化、规模效率变化）及技术进步。

技术效率变化是规模报酬不变且要素强可处置条件下的相对效率变化指数，它测度了从 t 到 $t+1$ 期每个观察对象到最佳实践的追赶程度。这个指标值可能大于 1、小于 1 和等于 1，分别表示技术效率提高、技术效率降低和技术效率无变化。技术进步是技术进步指数，它测度了技术边界从 t 到 $t+1$ 期的移动，该指数大于 1 表示技术进步，等于 1 表示技术无变化，小于 1 表示技术退步。

二、建立评价指标体系

运用 DEA 模型进行农业的生产投入效益的评价，首先需要确立科学的指标体系，指标体系科学与否决定我们研究的结论是否科学。构建科学的农业效率评价指标体系，首先必须保证指标项可以全面反映农业生产各领域的投入/产出，满足系统性的要求；其次应确保投入/产出的口径统一；再次要考虑指标数据的可获性和准确性。本文在基于以上分析的基础上，选取了 7 个指标，应用 DEAP2.1 分析软件，所用数据均来自于中国统计年鉴。选用了我国31个省（市）、自治区2007—2011年共5年的数据进行分析，研究我国农业效率。设计到的年度价值数据，都以可比较数据处理。五个指标分别涉及两个产出指标（农业产值和农业劳动生产率）和五个投入指标（机械总动力、耕地面积、化肥施用量、从业人数、农业支出）。

三、我国农业效率的实证分析

（一）全要素农业效率分解

应用DEAP2.1分析软件，选择产出一定，输入最小化的可变规模报酬模型，得出Malmquist全要素农业效率（表5-1）。从DEAP纯理论层面分析，由表5-1数值看出。5年间，全国平均全要素农林牧渔业效率为0.970，未达到效率前沿面，其平均增长率为-3%（根据Fare等，全要素能源效率指数减去1就是增长率）。根据Fare等（1994）的研究，全要生产率可以分解为技术效率变化（纯技术效率变化、规模效率变化）及技术进步。从分析结果看全国纯技术效率出现了下降，其增长率为-0.8%，技术进步率也出现下降，技术进步率为-2.1%，二者下降导致全要素生产率的下降。从中、东、西大区情况看，东部全要素农业效率（农林牧渔业）最高，平均到达0.981，增长率为1.9%，中部其次，平均为0.978，西部最低，平均为0.952，其中对全要素生产率贡献最大的是中部地区的技术进步率，达到1.008。5年间，全国规模效率为1，达到效率的前沿面，东部最高达到1.003，结合我国农业发展实际看，分析结果充分凸显出我国从2007年实施的农业农产品布局结构调整的政策效果，2007年以来，我国水稻、小麦、玉米、大豆集中度分别大大98%、80%、70%和59%，棉花、甘蔗、柑橘、奶牛集中度分别达到99.9%、63%、54%和50%，农产品区域布局取得阶段性成效。

从各省份看，东部地区农林牧渔业全要素生产率超过1的有山东（1.039）、福建（1.024）、河北（1.095），中部地区的河南（1.071）、吉林（1.052）、黑龙江（1.031）以及西部地区的广西（1.117），都达到了效率的前沿面。其全要素增长率较基年分别增长为3.9%、2.4%、9.5%、10.5%、5.2%、3.1%和11.7%。就全国全要素农林牧渔业效率来看，总共有7个省份达到效率的前沿面。除此之外以0.95为界面，接近效率前沿面的共有10家，分别是上海、江苏、广东、海南、安徽、江西、湖南、四川、内蒙古和新疆。从全要素生产率分解情况看，东部和中部地区各省份技术进步率是导致全要素生产率的关键因素。在这些全要素生产率较高的地区中，东部地区的福建、山东、河北技术进步率达到1.024、1.039和1.018，中部地区的吉林、黑龙江、安徽、河南分别达到1.074、1.040、1.101。西部地区的广西为1.113。广西作为西部地区农林牧渔业技术进步较快在于其特殊的区位优势，随着中国—东盟自由贸易区的建立，广西通过利用外资、技术输入和畅通的输出通道，变内销为外销，变优势为特色，大力发展优质农业，农林牧渔业生产效率得到全面发展。

表5-1　2007—2011年Malmquist全要素农林牧渔业效率平均变化及分解

地区	技术效率	技术进步	纯技术效率	规模效率	全要素效率
北　京	1	0.932	1	1	0.932
天　津	1.028	0.915	1	1.028	0.940
河　北	0.988	1.108	0.989	0.999	1.095
辽　宁	1	0.94	1	1	0.940
上　海	1	0.963	1	1	0.963
江　苏	0.992	0.984	1	1.007	0.991
浙　江	1	0.934	1	1	0.934
福　建	1	1.024	1	1	1.024
山　东	1	1.039	1	1	1.039
广　东	1.003	0.972	1	1.003	0.975
海　南	1	0.959	1	1	0.959
东部平均	1.001	0.979	0.999	1.003	0.981
吉　林	0.979	1.074	0.971	1.009	1.052
黑龙江	0.991	1.04	0.99	1.001	1.031
安　徽	0.984	0.983	0.983	1.001	0.967
江　西	0.983	0.939	1.011	1.002	0.951
河　南	0.973	1.101	0.972	1.001	1.071
湖　北	0.933	0.971	0.939	0.993	0.905

续表

地区	技术效率	技术进步率	纯技术效率	规模效率	全要素效率
湖　南	0.982	0.979	0.984	0.999	0.962
山　西	0.91	0.973	0.925	0.984	0.886
中部平均	0.967	1.008	0.972	0.999	0.978
广　西	1.003	1.113	1.009	0.994	1.117
重　庆	1.015	0.92	1.011	1.003	0.933
四　川	1	0.95	1	1	0.950
贵　州	1.006	0.928	1	1.006	0.933
云　南	1.03	0.914	1.029	1.001	0.941
西　藏	1.036	0.902	1	1.036	0.935
内蒙古	1.036	0.965	1.032	1.003	0.999
陕　西	0.934	0.969	0.95	0.984	0.906
甘　肃	0.995	0.94	0.988	1.007	0.935
青　海	0.97	0.915	1	0.97	0.888
宁　夏	0.987	0.924	1.035	0.953	0.912
新　疆	1.024	0.951	1.005	1.019	0.975
西部平均	1.003	0.949	1.005	0.998	0.952
全国平均	0.990	0.979	0.992	1	0.970

（二）农业综合效率分析

农业综合技术效率是衡量在技术稳定使用过程中农业技术的生产效能所能发挥的程度大小，是用在给定投入情况下获取最大产出或在给定产出情况下寻找最小投入来计算，其大小既反映了生产者目前技术的有效程度，也反映产业内技术推广的有效性和更新速度。根据表5-2显示的信息，东部经济发达地区农业综合效率一直维持在一个较高水平，在目前要素资源和农业技术约束下，进一步发展的空间有限。从细分典型地区来看，天津市在整个东部地区的农林牧渔业综合效率最低，且呈现出较小的上升趋势，从1990年的0.65变为2010年的0.77。其次是经济发达的江苏省，尽管综合效率五年都有所增长，但幅度不大。从规模报酬上来看，江苏省还出现连年递减趋势，这与江苏省产业结构调整关系密切，江苏省作为我国改革开发较早的省份,第二、三产业比较突出,同第一产业比较具备较强的比较优势,江苏省在19个行业的平均工资统计中,农林牧渔业是最低的,这也从侧面反映出该行业的要素吸引力和发展的重要程度。

从中部地区来看,中部和西部欠发达地区农业生产技术效率总体变化趋势大体一致,DEA数据数据信息显示出综合技术效率发挥不够充分。1990—2010年以来,中部地区地区农林牧渔业生产基本实现了稳定发展,生产效率得到改善,综合技术效率呈现增长态势,但增长速度比较缓慢。从规模报酬情况看,中部地区农林牧渔业有近一半存在规模效益递增的趋势,这也充分说明中部地区还存在技术改进的空间和效率发挥的潜力。细分省份情况看,中部地区各省份综合效率普遍较低且差距加大。截止到2010年,最高省份和最低省份相差0.46,这跟中部地区特殊的区位、地势和气候条件对发展农林牧渔业比较优势关系密切,也跟不同地区的农业产业结构调整和升级有关。

西部欠发达地区大部分省份的综合技术效率有不少出现下降趋势,如内蒙古、广西、重庆、贵州和新疆等。从规模报酬看这些地区尽管也大部分呈现出规模报酬递增趋势,但农业这种规模报酬递增速度显然远远落后于工业报酬,西部欠发达地区在有限的资源约束下,明显地呈现出"马太效应"。从理论上看,农业生产综合效率的提高跟农业可持续发展正相关,从西部地区综合效率的现状看,没有政府强有力的农业政策支撑,西部其可持续发展堪忧,西部地区地形复杂,耕地面积少而分散,土地沙漠化严重,生态环境非常脆弱。从数据分析看,西部地区中的综合效率同样差距很大,除了四川和青海的综合技术效率达到有效前沿面,其他都未达到。其中,宁夏最低,在2010年仅为0.37。究其原因,首先宁夏作为河套平原发展现代农业同样存在先天不足的问题,其次是缺乏工业反哺农业的输入条件。从两个产出和五个投入的指标看,西部地区综合效率和规模效率偏低是必然的,我们从西部地区在我国生态环境的地位看,作为两大母亲河的发源地,黄土高原和青藏高原为主要地貌特征,生态环境非常脆弱,沙漠化日益严重,这些地区要尽量减少耕地面积,实现最大化的退耕还林,退耕还山,以发展生态旅游观光农业为主,发挥林草涵养水源,挡风固沙的作用。

表5-2　　1990—2010年全国31省份农林牧渔业综合效率变化

地区	2010 综合效率	2010 规模报酬	2005 综合效率	2005 规模报酬	2000 综合效率	2000 规模报酬	1990 综合效率	1990 规模报酬
北京	1	—	1	—	1	—	1	—
天津	0.77	irs	0.66	irs	0.67	drs	0.65	irs
河北	0.97	drs	0.54	drs	0.55	drs	0.55	drs
辽宁	1	—	1	—	0.7	drs	0.76	drs
上海	1	—	1	—	1	—	1	—
江苏	0.87	drs	0.65	drs	0.71	drs	0.68	drs
浙江	1	—	0.9	drs	1	—	0.94	drs
福建	1	—	1	—	0.98	drs	1	—
山东	1	—	0.65	drs	0.61	drs	0.71	drs
广东	1	—	0.9	drs	0.93	drs	1	—
海南	0.98	irs	0.62	drs	1	—	1	—
山西	0.58	irs	0.51	drs	0.43	drs	0.45	drs
吉林	0.54	irs	0.55	drs	0.59	drs	0.62	drs
黑龙江	0.59	drs	0.62	drs	0.63	drs	0.94	drs
安徽	0.72	irs	0.38	drs	0.49	drs	0.44	drs
江西	0.68	irs	0.52	drs	0.98	drs	0.55	drs
河南	0.76	—	0.54	drs	0.59	drs	0.57	drs
湖北	0.81	drs	0.49	drs	0.63	drs	0.67	drs
湖南	0.98	drs	0.6	drs	0.67	drs	0.65	drs
内蒙	0.52	irs	0.53	drs	0.74	drs	0.52	drs
广西	0.73	drs	0.46	drs	0.48	drs	0.61	drs
重庆	0.72	irs	0.75	irs	0.5	irs	0.76	irs
四川	1	—	0.6	drs	0.66	drs	0.72	drs
贵州	0.55	irs	0.57	drs	0.69	drs	0.70	drs
云南	0.49	irs	0.51	drs	0.62	drs	0.60	drs
西藏	0.88	irs	0.78	Irs	1	—	0.77	drs
陕西	0.6	irs	0.42	Drs	0.46	drs	0.54	drs
甘肃	0.57	irs	0.62	drs	0.59	irs	0.66	drs

续表

地区	2010 综合效率	2010 规模报酬	2005 综合效率	2005 规模报酬	2000 综合效率	2000 规模报酬	1990 综合效率	1990 规模报酬
青海	0.86	irs	0.67	irs	0.44	irs	0.67	irs
宁夏	0.37	irs	0.35	irs	0.36	irs	0.37	irs
新疆	0.89	irs	0.92	drs	1	—	0.90	drs

注：—代表规模报酬不变，irs 代表规模报酬递增，drs 代表规模报酬递减

第二节 劳动力转移对土地利用效率的作用分析

理论上讲劳动力转移影响到土地的利用效率。一方面，在农村土地资源尚存在结构调整效益和规模效益的情况下，劳动力转移可以实现土地的加速流转，为土地的规划化耕种创造条件，实施土地的规模化效益；另一方面，若当地没有土地流转市场，劳动力导致土地撂荒和农村青壮年劳动力流失，会减少土地的利用效率。为进一步验证劳动力转移对区域土地利用效率的可能影响，本研究利用省级面板数据进行了实证分析，土地规模效应见表 5-2，劳动力流转数据见表 5-3。

表 5-3　　　　1990—2010 年省级层面流动人口的规模及分布

省份	1990 年 人口跨省流动数量（千人）	1990 年 人口省内流动数量（千人）	2000 年 人口跨省流动数量（千人）	2000 年 人口省内流动数量（千人）	2010 年 人口跨省流动数量（千人）	2010 年 人口省内流动数量（千人）
北京	382.61	133.39	2462.44	140.56	7044.53	715.29
天津	110.95	70.05	734.84	56.16	2991.50	447.85
河北	186.58	539.42	929.12	1201.88	1404.67	5270.35
山西	278.92	481.08	666.76	792.24	931.65	4588.43
内蒙古	161.3	499.7	547.86	1225.14	1444.18	4684.53
辽宁	242.2	578.81	1044.62	1261.38	1786.53	4546.12
吉林	108.42	400.58	309.02	635.99	456.50	2693.62

续表

省份	1990年 人口跨省流动数量（千人）	1990年 人口省内流动数量（千人）	2000年 人口跨省流动数量（千人）	2000年 人口省内流动数量（千人）	2010年 人口跨省流动数量（千人）	2010年 人口省内流动数量（千人）
黑龙江	317.77	938.23	387.5	1406.5	506.40	3708.36
上海	234.14	307.86	3134.84	1225.16	8977.00	637.35
江苏	346.6	956.4	2538.55	2468.45	7379.25	8287.03
浙江	83.03	638.97	3689.68	1736.32	11823.98	6794.67
安徽	93.57	673.43	229.7	954.3	717.46	4953.35
福建	151.05	643.95	2143.34	1663.66	4313.60	5930.48
江西	167.88	419.12	253.01	754.99	599.94	3870.43
山东	207.92	627.09	1031.81	1655.19	2115.59	9220.85
河南	184.52	733.48	476.84	1535.16	592.13	7445.88
湖北	218.56	715.44	609.01	1629.99	1013.61	6312.68
湖南	66.33	670.67	348.69	1421.31	724.98	6135.92
广东	974.32	2339.68	15074.66	6000.39	21497.79	12821.47
广西	72.81	544.19	427.58	1415.42	841.81	4726.60
海南	51.03	167.97	381.94	272.06	588.46	1075.04
重庆	N/A	N/A	N/A	480.9	945.19	3297.52
四川	118.38	1089.62	938.96	2212.14	1128.57	9258.76
贵州	168.18	288.82	408.8	845.2	763.29	3383.76
云南	198.55	342.45	1163.06	1348.94	1236.55	4323.49
西藏	N/A	62	107.06	43.94	165.42	96.50
陕西	104.06	379.94	425.77	615.23	974.36	3965.34
甘肃	43.43	273.57	228.01	488.99	432.83	2165.71
青海	52.05	129.95	124.12	183.88	318.44	674.51
宁夏	42.02	55.96	191.94	175.06	368.45	924.29
新疆	311.62	264.38	1410.91	506.09	1791.64	2198.64

一、农村劳动力转移影响土地利用效率的机理

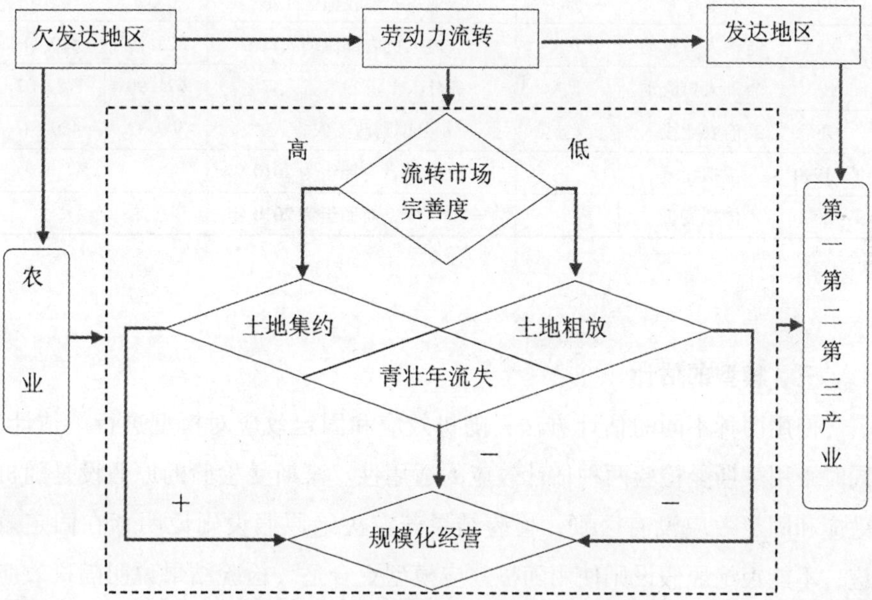

图 5-1　劳动力转移与土地规模经营

二、模型构建

为较为准确地反映二者之间的关系,在模型构建上参考了大量的相关文献,如李明艳(2012)、陈纪平(2009)、黄卫国(2009)、宋增基等(2008)、D. Gale Johnson(2003)、Liang 和 Ma(2004)等的研究,我们最终确立模型如下:

$$Y_{it} = a + \alpha XO_{it} + \beta XI_{it} + \gamma PA_{it} + \rho PP_{it} + \lambda APGDP_{it} + \tau GF_{it} + \sigma T + \mu_i + \varepsilon_{it}$$

表 5-4　　　　　　　　模型各变量的描述统计

变量	名称	单位	解释	平均值	标准差
Y	土地使用效率		利用 DEA 计算的综合效率	0.79	0.16
PA	一产比重	%	第一产业占总产值比重	0.21	0.11

续表

变量	名称	单位	解释	平均值	标准差
APGDP	人均一产 GDP	万元	人均第一产业占比	2430.47	1355.13
PP	农业比重	%	农业占农林牧渔业比重	0.57	0.10
XI	省内人口流动	千人	省内人员内部流动人口	875.79	820.11
XO	省外人口流动	千人	省外人员流入本省人口	671.90	1727.02
GF	政府农业投入	元/公顷	每公顷财政支农投入	309.32	420.81
T-1990	虚拟变量		1=1990年，对照组为2010年		
T-2000	虚拟变量		1=2000年，对照组为2010年		

三、模型的估计

使用两种不同的估计方法：随机效应和固定效应对模型进行了估计，同时采用豪斯曼检验两种估计效应的适用性。豪斯曼检验的原假设是随机效应和固定效应没有区别，检验结果若定决绝原假设则说明存在固定效应，不能拒绝原假设则使用随机效应模型更合适。检验结果说明随机效应较好。为减少模型可能存在的异方差对估计结果的影响，模型中的变量省内和省外流动人口，人均第一产业产值以及支农资金我们采取了取对数的方法。

随机效应模型Ⅰ结果显示，跨省流动人口对农地利用综合效率在10%的水平上呈显著负相关，系数为-0.032，说明跨省流动人口增加1个百分点，农地利用效率反而降低约0.03个DEA效率值。其次，省内流动人口规模的增加对农地利用效率的影响呈明显的正的相关性，相关系数是0.086，表明省内流动人口增加一个百分点，农地利用效率就增加0.086个DEA效率值。另外，人均第一产业GDP在1%的水平上显著，也是影响农地利用效率的重要因素。系数表明在人均第一产业增加值每增加一个百分点，地区农业利效率就会提高0.181个DEA效率值。随机效应模型Ⅱ结果显示，省内人口流动和农地利用效率存在正相关，且在5%上显著，系数表明省内流动人口每增加一个百分点，农地利用效率增加0.071个DEA效率值；模型中人均第一产业产值对农地利用效率的影响程度下降。

表 5-5　　　　　　　　随机效应模型的估计结果

被解释变量	农地利用效率			
	随机效应模型 I		随机效应模型 II	
解释变量	系数	标准差	系数	标准差
PA	-0.241		-0.342	0.280
PP	0.069		0.008	0.206
LN-APGDP	0.181***	0.280	0.149***	0.061
LN-XI	0.086***	0.211	0.071**	0.020
LN-XO	-0.032*	0.069		
LN-GF	-0.007	0.027	-0.010	0.010
T-1990	0.133***	0.204	0.161***	0.040
T-2000	0.045	0.010	0.056*	0.033
常数项	-1.102	0.040	-0.627	0.614
R^2_省内	0.402	0.031	0.381	
R^2_省间	0.381	0.612	0.352	
R^2_整体	0.362		0.334	
F统计量	48.18		41.26	

注：＊＊＊、＊＊、＊分别表示在1%、5%和10%统计水平上显著。

第三节　基于效率与公平的我国财政支农投入效应分析

一、我国财政支农投入对农业效率和公平效应的影响

（一）支农投入对农业经济效率的影响

新中国成立以来，工农业非均衡发展的工业倾斜政策，导致农业的基础地位未能打下根基，分散的小农经济，农业资本深化乏力，城乡典型的二元消费市场存在，致使农业劳动生产力低下，城乡收入差距扩大。意识到劳动生产率和社会的和谐发展的重要性。从1978年开始，我国财政农业支出总额从最初的150.7亿元增加到2011年的10497.7亿元，以平均每年13.3%的速度增长，但财政支农的效果如何，财政支农是否达到我们的初衷：提高了农业比较劳动生产率，缩小了城乡居民收入差距。为了研究财

政支农的效果,我们利用统计年鉴数据,同时构造两个效应参数,验证上述提出的问题的真伪。一个参数是生产率影响效应,用农业比较劳动生产率跟财政农业支出占比的比值来表示,其中的农业比较劳动生产率、农民人均纯收入、生产率影响效应和收入差距影响效应都以1978年为基期,各期数值为基期作为除数的比值。另一个参数是收入差距影响效应,取值为城乡收入差距跟财政支农比例的比值,计算结果见表5-6。

表5-6　　　　1978—2011年财政支农投入及效应

年份	财政农业支出总额G（亿元）	G占财政总支出的比例（%）	农业比较劳动生产率	城乡居民收入比	生产率影响效应	收入差距影响效应
1978	150.7	13.4	0.40	2.57	2.99	19.18
1980	150	12.2	0.44	2.5	3.60	20.49
1982	120.5	9.8	0.49	1.95	5.00	19.90
1984	141.3	8.3	0.50	1.86	6.05	22.41
1985	153.6	7.7	0.46	2.12	5.92	27.53
1986	184.2	8.4	0.45	2.17	5.31	25.83
1988	214.1	8.6	0.43	2.17	5.03	25.23
1990	307.8	10	0.45	2.2	4.51	22.00
1992	376	10	0.37	2.58	3.72	25.80
1994	533	9.2	0.37	2.86	3.98	31.09
1995	574.9	8.3	0.38	2.71	4.60	32.65
1996	700.4	8.8	0.39	2.51	4.43	28.52
1997	766.4	8.3	0.37	2.74	4.42	33.01
1998	1154.8	10.7	0.35	2.51	3.29	23.46
1999	1085.8	8.2	0.33	2.62	4.01	31.95
2000	1231.5	7.8	0.30	2.79	3.86	35.77
2001	1456.7	7.7	0.29	2.9	3.74	37.66
2002	1580.8	7.2	0.27	3.11	3.82	43.19
2003	1754.5	7.1	0.26	3.23	3.67	45.49
2004	2337.6	8.2	0.29	3.21	3.48	39.15
2005	2450.3	7.2	0.27	3.33	3.76	46.25
2006	3173	7.9	0.26	3.28	3.30	41.52

续表

年份	财政农业支出总额 G（亿元）	G 占财政总支出的比例（%）	农业比较劳动生产率	城乡居民收入比	生产率影响效应	收入差距影响效应
2007	4318.3	8.7	0.26	3.33	3.03	38.28
2008	5955.5	9.5	0.27	3.31	2.85	34.84
2009	7253.1	9.5	0.27	3.33	2.85	35.05
2010	8579.7	9.5	0.28	3.23	2.90	34.00
2011	10497.7	9.6	0.29	3.13	3.01	32.60

财政支农资金的经济效率可以界定为财政支农资金的投入产出效果，即对农业经济增长促进作用的程度。本书用财政支农支出对农业比较劳动生产率的影响来衡量财政农业投入的经济效率效应，在此设计财政支农投入的影响生产率效应指标，以总体判断财政支农支出对农业增长的作用。财政支农投入影响生产率效应指标用农业比较劳动生产率指数跟财政农业支出占比的比值来表示。该指标值越大，说明财政农业支出的经济效率就越高；反之越低（见图 5-2）。从图可以看出，1978 年基期的财政支农资金的影响生产率效应为 1，1979—1984 年该效应呈增长态势，于 1984 年达到最高点 2，但从 1985 年之后出现下跌趋势。这表明：财政支农资金提高劳动生产率的积极效应主要体现在 1985 年以前，1985 年以后这一效应呈现下降趋势。可见，我国财政支农投入的总体经济效率效应并不理想。

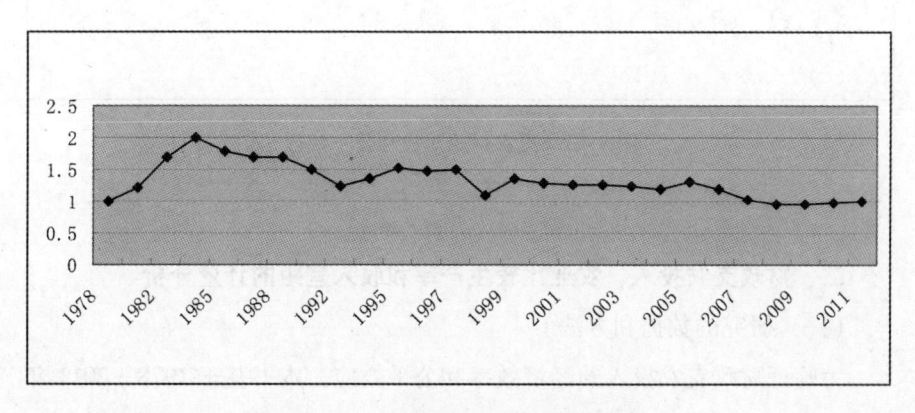

图 5-2 支农财政对经济效率效应

（二）支农投入对公平效应的影响

财政支出可以对收入分配进行再调节，目的是促进社会公平的实现。本书用财政支农支出对城乡收入差的影响来衡量其公平效应。在此设计财政支农投入缩小城乡收入差距的效应指标（城乡收入差距效应在此定义为农民收入比重指数跟财政农业支出占比指数的比值，其中农民收入比重为居民人均总收入中农民人均纯收入的占比），该指标值越大，说明财政农业支出的增进公平效应就越大；反之越小（见图5-3）。从图5-3可以看出，1978年基期的财政支农资金的影响收入差距效应为1，该效应在1979—1985呈现增长态势，于1985年达到最高点2.17，从1985年之后总体出现下降趋势。这表明：财政支农投入对于缩小城乡收入差距的积极作用，主要体现在1985年以前，1985年以后该效应呈现下降趋势。这与我国城乡收入比指标所反映的城乡收入差距在1984年降到最低点1.86之后就一直呈上升趋势相契合，同时也与财政支农资金影响劳动生产率效应的变动趋势基本吻合。由此可见，我国财政支农投入的增进公平效应并不理想。

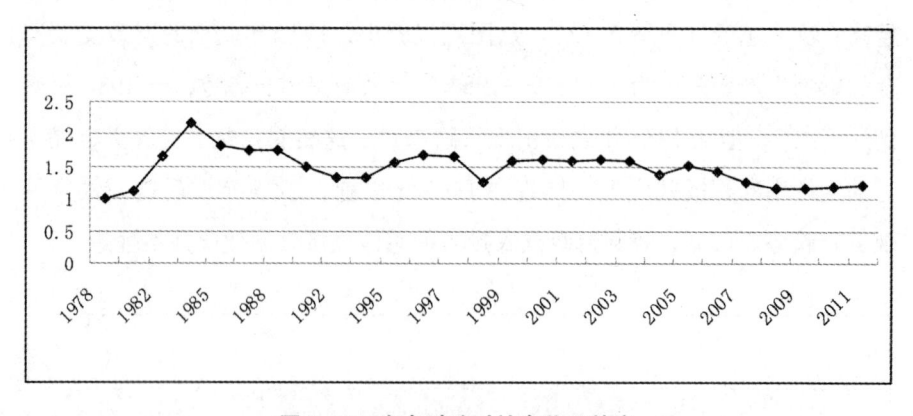

图5-3 支农财政对社会公平效应

二、财政支农投入、农业比较生产率和收入差距的计量分析

（一）研究的数据和方法

为验证财政支农投入的经济效率和公平效应，本书基于1978—2011年相关统计数字进一步进行计量分析。选用以下三个变量：财政支农投入、

农业比较劳动生产率(农业 GDP 占 GDP 的比重/农业就业比重)、城乡收入差距(城镇居民可支配收入/农村居民纯收入)。其中以 1978 年为基期,对财政农业投入总量,运用商品零售价格指数进行平减,来剔除物价变动影响,然后取自然对数,用 SA 表示;后两个比例变量,农业比较劳动生产率和城乡收入差距分别用 PR、IG 表示。具体的思路和方法是:首先,进行变量之间的相关性检验;接着利用平稳后的序列进行协整分析和格兰杰因果关系检验,最后建立无约束 VAR 模型,进行脉冲响应和预测方差分解。本计量分析采用 Eviews6.0 软件完成。

(二)单位根检验

对 3 个时间序列变量 IG、PR 和 SA 逐个进行单位根检验,检验结果见表 5-7。由表 5-7 可知,IG、PR 和 SA 的 ADF 统计量均大于 5% 显著性水平的临界值,序列有单位根,说明序列非平稳。再对差分后序列进行 ADF 检验,结果显示差分后各序列的 ADF 统计量小于 5% 显著性水平的临界值,序列已经平稳,原有的时间序列满足一阶单整,变量之间可能存在协整关系。

表 5-7　　　　　　　　数据的平稳性检验结果

变量	ADF 统计量	1% 临界值	5% 临界值	10% 临界值	检验结果
IG	-0.8881	-3.711	-2.981	-2.629	不平稳
PR	-2.6389	-4.3560	-3.5950	-3.2334	不平稳
SA	1.2954	-3.7114	-2.9810	-2.6299	不平稳
DIG	-4.1722	-3.724	-2.986	-2.632	平稳
DPR	-4.296	-4.374	-3.603	-3.238	平稳
DSA	-4.943	-3.724	-2.986	-2.632	平稳

(三)协整关系检验

DIG、DPR、DSA 都为一阶单整序列,它们之间可能存在长期均衡关系,即协整关系。采用 Jo - hansen 极大似然估计法对系统进行协整检验,结果见表 5-8。由表 5-8 得知,变量间至少存在 1 个协整关系,说明财政支农出与公平（城乡收入差距）、效率（农业比较生产率）在样本期间存在长期均衡关系，包含全部变量在内的协整关系即为所求的长期均衡关系。

表5-8　　　　　　　　　　协整检验结果

原假设协整向量个数	特征根	迹统计量	5%临界值	P值
None**	0.671789	45.02510	35.19275	0.0032
At most 1	0.418851	17.17262	20.26184	0.1262
At most 2	0.134248	3.603912	9.164546	0.4743

注：**表示在5%的显著性水平下拒绝原假设。

（四）格兰杰因果关系检验

Granger因果性检验用于检验变量之间是否存在单向或双向影响。经过选择P值最优，滞后期为两阶，检验结果见表5-9。对农业生产率不是城乡收入比的格兰杰成因的原假设，拒绝概率为0.0128，在5%的概率水平上，说明农业生产率是城乡收入差距的格兰杰原因，二者存在单向的正相关关系。财政支农不是城乡收入差距的格兰杰成因的原假设，拒绝概率为0.01，在5%的概率水平上，表明财政支农是城乡收入差距的格兰杰原因。对农业生产率不是财政支农的格兰杰成因的原假设，拒绝概率为0.0595。

表5-9　　　　　　　　　格兰杰因果关系检验

原假设	样本数	F统计量	P值
PR does not Granger Cause IG	25	5.46111	0.0128
IG does not Granger Cause PR		2.05013	0.1549
SA does not Granger Cause IG	25	5.84474	0.0100
IG does not Granger Cause SA		1.55668	0.2353
SA does not Granger Cause PR	25	2.07312	0.1520
PR does not Granger Cause SA		3.25468	0.0597

综上所述，3个时间序列变量财政支农投入SA、农业比较劳动生产率PR、城乡收入差距均为一阶单整；通过Granger因果关系检验表明，财政

支农投入的变化会引起城乡居民收入差距的变化；农业比较生产率会引起城乡居民收入差距和支农投入的变化，可以建立回归方程进行分析。经过多次尝试，综合考虑 R^2、t 值和各项检验等，建立如下两个模型：

$$IG = 0.3064SA + 0.5565AR（1）+ 0.6111 \quad\quad (5-7)$$
t 值 (5.65)(1.56)(3.20)
$R^2 = 0.878$ DW = 1.695

$$SA = -0.3041PR + 0.9999AR（1）+ 787.2987 \quad\quad (5-8)$$
t 值 (-0.703)(44.178)(0.009)
$R^2 = 0.989$ DW = 2.145

结果显示，两个回归方程的残差序列单位根检验平稳，且回归方程不存在序列相关。检验结果说明回归方程估计有效。回归方程（5-7）显示，财政支农投入与城乡居民收入差距呈正相关；回归方程（5-8）显示，财政支农投入与农业比较劳动生产率呈负相关。这表明：以往的财政农业投入，不仅没有对提高农业比较劳动生产率和缩小城乡居民收入差距产生积极的效应，反而存在负面效应；不仅其经济效率效应不佳，也缺乏良好的公平效应。

表 5-10 残差单位根检验

	ADF	临界值		结论
方程（1）	-6.8522	1%	-3.724	平稳
		5%	-2.986	平稳
		10%	-2.632	平稳
方程（2）	-3.977	1%	-3.724	平稳
		5%	-2.986	平稳
		10%	-2.632	平稳

（五）脉冲响应函数分析

利用平稳后的序列建立无约束 VAR 模型，并用脉冲响应和预测方差分解来分析财政支农与公平和效率的相互影响。VAR 模型的滞后阶数选择如

表 5-11 所示，3 个评价统计量认为应建立滞后阶数为 2 的 VAR 模型，即 VAR（2）模型。根据准则可判定模型中含常数项，对模型残差项进行自相关检验（LM 统计量）和异方差检验，结果表明 5% 显着性水平下可认为无自相关和异方差性。平稳性检验结果显示，VAR 模型全部特征根在单位圆曲线内，说明模型是一个平稳系统，可进行脉冲响应和预测方差分析。

表 5-11　　　　　　　　　VAR 滞后阶选择

Lag	LogL	LR	FPE	AIC	SC	HQ
0	4.036313	NA	0.000185	-0.082905	0.063360	-0.042337
1	77.57314	123.5419*	1.07e-06	-5.245851	-4.660790*	-5.083580
2	88.13475	15.20873	9.77e-07*	-5.370780*	-4.346925	-5.086806*

格兰杰因果关系只能说明变量之间是否存在因果关系，但是不能分析整个系统中某个变量的变化对其他变量产生的影响的大小。要分析各个变量之间的单位变化如何通过其内在联系引起对整个系统的扰动，以及各变量对这些扰动的综合反应，就需要用脉冲响应函数和方差分解技术对变量之间的相互冲击进行分析。图 5-4 给出了各变量对来自自身和其他内生变量冲击的响应，横轴代表追踪期数，纵轴表示因变量对各个变量的响应大小，实线表示响应函数曲线，两条曲线代表 2 倍标准差的置信带。当给财政支农一个标准差冲击后，对城乡居民收入差距的影响从 0 逐渐增强，第二期达到最大，此后逐渐变弱，到第 6 期达到最弱，其后渐强，对收入差距影响在 1—10 期一直为正值。给财政支农一个标准差冲击后，对农业比较生产率的影响却正好相反，第 2 期反向作用达到最负的最大值，对农业比较生产率在 1—10 期内的影响一直为负值。

（六）预测方差分解分析

方差分解表示的是当系统的某个变量受到冲击以后，以变量的预测方差百分比的形式反映向量之间的交互作用程度。方差分解描述了冲击在财政支农投入、农业效率和城乡居民收入差距的动态变化中的相对重要性。基于 VAR 模型和渐近解析法（Analtic）方差分解如表 5-12、表 5-13、表 5-14 所示。表 5-12 第二至第五列反映了财政支农一个单位的冲击对

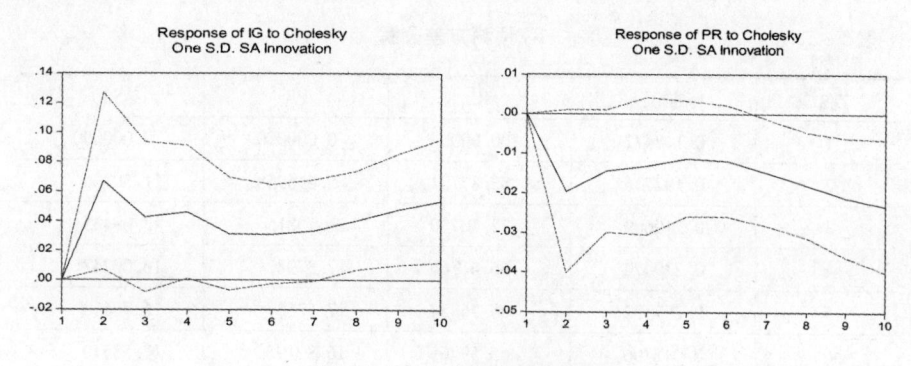

图 5-4 脉冲响应函数曲线

财政支农投入预测方差的影响程度，初始影响程度来自于自身为 91.64%，然后逐渐减少，长期维持在 75% 左右；其次是居民收入差距，第一期的方差贡献度为 7.85%，长期保持在 18% 左右，农业效率的贡献度最低。表 5-13 第二列至第五列反映了城乡收入差距一个单位的冲击对其自身预测方差的影响程度，初始全部来自内部，其后逐渐减弱，第 10 期还保持在 50% 以上。表 5-14 第二列至第五列反映了农业效率一个单位的冲击对其自身预测方差的影响程度，初始影响全部来自城乡收入差距和农业生产效率，且二者影响程度相当，随后二者影响趋弱，财政支农影响逐渐增强。

表 5-12　　　　　　　　SA 预测方差分解

期数	标准误差	IG	PR	SA
1	0.131958	7.851449	0.499952	91.64860
2	0.188956	20.61063	0.743959	78.64542
3	0.245269	17.95787	1.057883	80.98425
4	0.287102	16.31126	1.204299	82.48444
5	0.330221	14.70795	3.105636	82.18642
6	0.373615	14.24676	5.024523	80.72872
7	0.420977	14.85004	7.164049	77.98591
8	0.470921	16.15389	8.664555	75.18156
9	0.522197	17.69869	9.635118	72.66619
10	0.573244	19.05846	10.17962	70.76192

表 5-13　　　　　　　　　　　IG 预测方差分解

期数	标准误差	IG	PR	SA
1	0.148472	100.0000	0.000000	0.000000
2	0.197736	82.87704	5.615958	11.50700
3	0.219609	72.10750	14.79815	13.09435
4	0.229472	66.61766	17.37987	16.00247
5	0.237172	65.76854	17.52537	16.70610
6	0.242706	65.59265	16.82195	17.58540
7	0.246683	63.96847	17.17216	18.85938
8	0.252508	61.25977	18.19279	20.54744
9	0.261288	58.83810	18.63211	22.52979
10	0.272111	56.97798	18.38609	24.63594

表 5-14　　　　　　　　　　　PR 预测方差分解

期数	标准误差	IG	PR	SA
1	0.051846	50.71163	49.28837	0.000000
2	0.064704	41.19878	49.62346	9.177760
3	0.075068	30.88714	58.60810	10.50476
4	0.080755	32.97986	55.28358	11.73655
5	0.085205	37.33417	50.36112	12.30471
6	0.087573	38.42714	48.08569	13.48717
7	0.089621	36.80800	47.58050	15.61151
8	0.092881	35.16873	46.55424	18.27703
9	0.097546	34.68294	44.03593	21.28114
10	0.102761	34.80818	40.89861	24.29321

三、我国财政支农投入低效率的根源分析

我国财政支农效应呈现出明显的阶段性特征。总体来看，1985 年之前财政支农效应要好于 1985 年之后，这一结果不仅仅是财政支农投入单方面作用的结果，更重要的是协调了不同阶段我国农业创新制度安排，财政支农投入才发挥了不同的杠杆作用。1985 年前，财政支农伴随联产承包责任

制的实施，释放了农业部门潜在的生产能力，农业部门劳动生产率的得到提高、农民收入提高较快。1985年之后，发生了"重工轻农"偏向城市的制度安排，旧的制度创新效应逐渐释放殆尽，传统小农单打独奏的农业生产组织方式对提高农业劳动生产率和农民收入的制约作用日益凸显。从支农投入单位变化对农业生产率影响看，其影响是负面的，这可以从影响生产率提升水平的农业可以投入窥见一斑。今年以来，我国农业的科研和技术推广投入严重不足，用于农业科技三项费用占国家财政农业支出的比重由1978年的0.7%降到2006年的0.68%，出现不升反降的反常现象，另一个提升农业生产率的重要指标是农业的规模经济，这需要有财政支持的完善的土地流转、户籍改革服务制度。体现公平效应的二次分配中，农村救济费比重和转移支付偏小。从1978—2006年支农资金用于农村救济的资金由6.88亿元增加到2006年的182.04亿元，但这一数值在2006年也仅占财政支农经费的5.7%，2011年农村居民纯收入中转移性收入为563.32亿元，而城镇居民可支配收入中转移性收入为5708.58亿元，按城乡从业人员人均转移性收入计算，城市居民人均转移性收入是农村居民的11.4倍。因此，直接促进公平效应的公共财政职能发挥得还不够。这些都导致财政支农没有很好地发挥应有的缩小城乡收入差距和提高农业劳动生产率的作用。

四、财政支农政策的调整

财政支农投入要实现既能促进农业效率又要达到从缩小城乡居民收入差距这一社会公平的目的，不能以农业论农业，要跳出农业圈子，需要从国家层面在考虑财力和社会承受力约束的前提下，通过合理的制度安排，在有限支农资金的撬动下，盘活今后一个阶段农村的土地资源、农村闲置劳动力资源和农村消费市场资源，通过直接和间接多种途径，最终实现效率和公平的统一。

（一）加大农业生产率提升支农资金投入

农业生产技术可以实现农业生产率的提升，但目前细碎化的农田结构，即便有先进的农业技术也难以发挥规模效益。因此，加大城镇化进程的制度安排是我国今后一个阶段的主要任务。在这一进程中，通过减少农业劳动力、加快土地流转等手段，实现农业产业结构调整和农业规模经济，进而实现现代农业。支农投入要在提供土地评估服务平台、农民市民化配套服务、农业产业化园区建设等方面提供专项资金。

（二）建立多途径社会公平支农资金

在农业发展的新阶段，财政特别是中央财政应本着公平和效率兼顾、适当更关注公平的原则。对于直接体现社会效益为主的公益性项目，如对各种生态建设工程、农业病虫及疫病防治、农产品质量安全体系等，以各级财政投资为主导；对于具有一定经济效益的经营类项目，如高新农业技术产业园区、设施农业、优质农产品基地、其他农业综合开发等建设项目，政府可以通过多种形式进行补助性投入，比如采用资本金入股、以奖代补、贴息、税费减免等，或财政支持建立农村创业基金、风险投资等。在坚持"工业反哺农业、城市支持农村"和"多予、少取、放活"的方针和原则的基础上，通过合理调整国民收入分配格局，建立以工促农、以城带乡的长效机制（包括直补机制、投入机制、保障机制等），在这方面对那些过度依赖国家资源（财力、人力和物力）和拥有较强垄断能力的行业，要在法律和制度层面规定其承担相应的社会公平责任，加快形成有利于农业、农村和农民增收的市场机制以及促进农村公共事业发展的机制。同时，加强对农业劳动力教育和培训的投入，不断提高农业劳动力的素质，以持续增加农民收入和遏制城乡差距继续扩大。

（三）完善财政支农资金的管理和监督机制

当前我国涉农管理部门多，有中央、省、地、县和乡等5级，仅中央至少涉及十多个部、委、办，这种管理体制容易造成多头管理、权责不清，责任推诿问题。因此，要在理顺支农资金权责利关系的前提下：一是要建立健全广泛参与的决策、运行、考核评价、监督反馈制度，并使之透明化、给予广大农民参与决策权和知情权。二是要实施动态的激励考核机制，发现问题及时整改，并在实施中总结好的经验。三是大额支农资金要实施定期审计。对支农项目争取实行项目确定、项目执行、拨款支付、监督审计四分立。四是要不断创新支农资金的运行模型，探索市场运作机制。

第六章
基于效率和公平的城乡居民收入差距收敛性分析

第一节 我国城乡居民收入差距的收敛性分析

一、α-收敛性检验

α-收敛是指一个系统中各经济体收入分配分布的离散程度随时间延续而下降的过程。该方法可以用简单的数据指标表达区域收入的非均衡的动态过程。数据指标可以计算诸如比较对象的全距、最大离差偏离度、极差率，也可以通过计算比较对象截面数据的标准差和变异系数来检验α-收敛的存在性。我们根据第四章表4-3的统计结果，分别计算城乡居民可支配收入、农村居民纯收入和城乡收入比的全距、最大离差偏离度和极差率看是否存在α-收敛。

从图6-1可以观察到，无论是城镇居民可支配收入最高地区还是最低地区，他们全距的走势始终呈发散状态，不具备α-收敛的表现特性。同时观察图6-2，用最高地区与最低地区的离差跟全国平均水平离差的比值来衡量的最大离差偏离度指标和用最高地区与最低地区的比率来衡量的极差率的动态变动趋势基本吻合。分阶段看，1986—1994年、1998—2000年、2000—2008年三个时期呈发散趋势，1978—1981年、1994—1998年、2000—2002年三个时期收敛趋势明显。农村居民纯收入的α-收敛情况我们可以通过分析图6-3和图6-4得到。观察图6-3，我们发现我国农村居民纯收入的最高地区和最低地区的全距走势也是呈发散趋势，同样不具

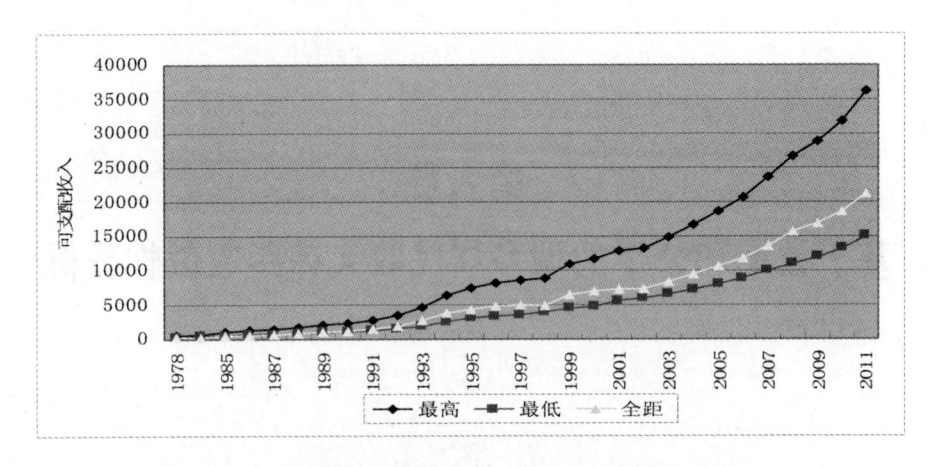

图6-1 城镇居民可支配收入区域全距对比(当年价)

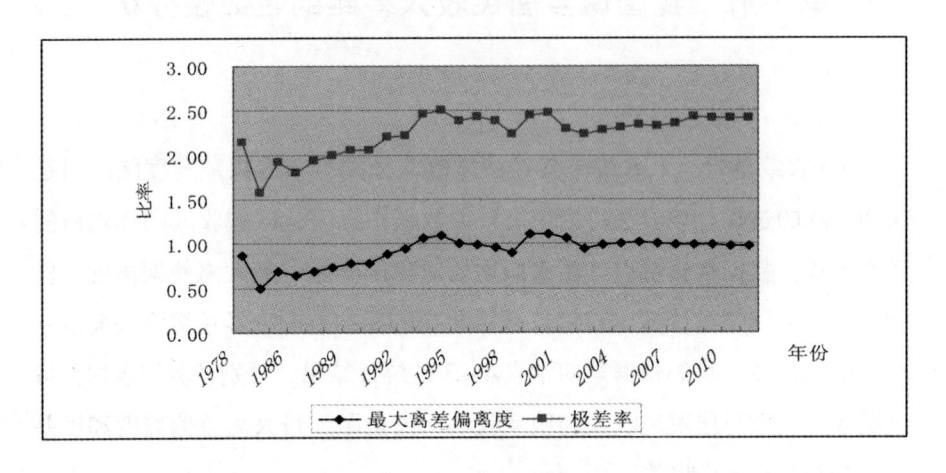

图6-2 城镇居民收入差异最大离差对比(当年价)

备 α -收敛的特征。观察图6-4发现,农村居民纯收入的最大离差偏度变化趋势和极差率的动态变化趋势基本一致。分阶段看,1978—1993年、2004—2006两个时间段内除个别年份例外,基本呈发散状态,1993—1996年出现收敛态势,其后一段时间变化趋势不太明显,2007年开始出现一定的收敛态势。

图6-5表示的城乡居民收入区域差异最大离差对比,从图中我们发现城乡收入的比值在最高和最低区域存在一定的差别。在城乡收入比最高区域数值的变动不具备一定的规律性,在具备一定的偏离度基础上上下波动

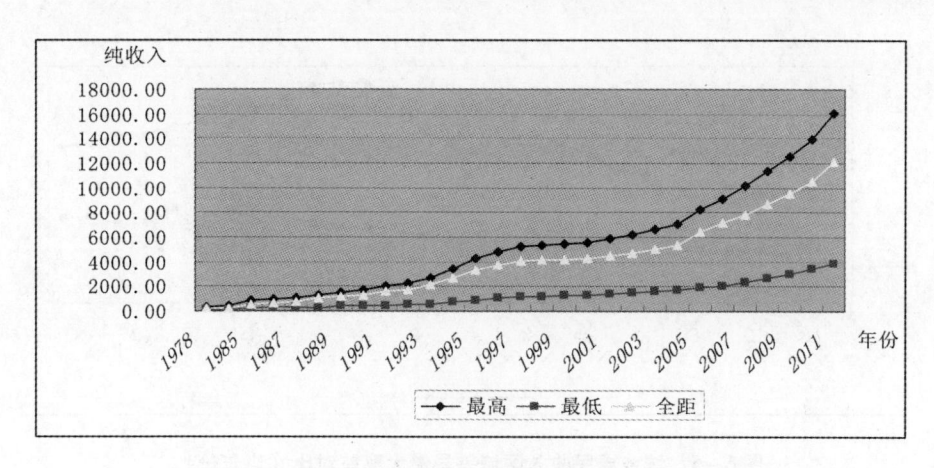

图6-3 农村居民纯收入区域差异全距对比（当年价）

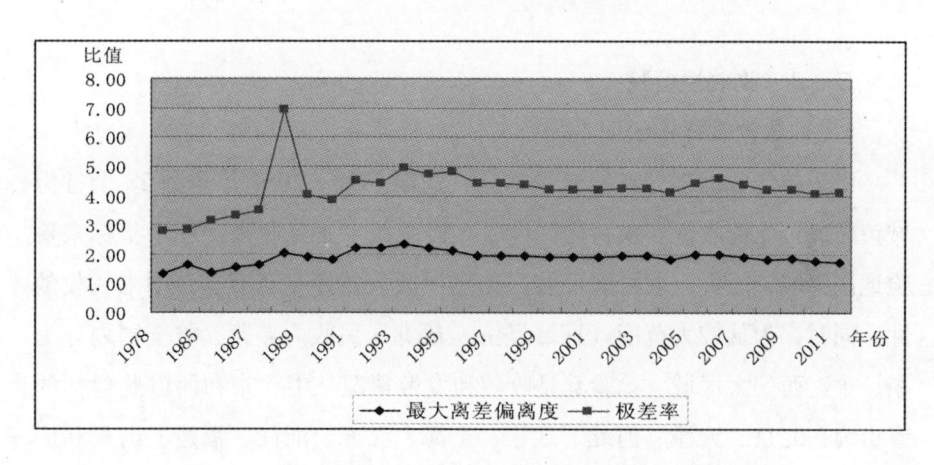

图6-4 农村居民收入区域差异最大离差对比（当年价）

频次比较高。但在城乡居民收入地区差异最小离差对比中，这种波动无论是在频次还是在总体趋势上都比较稳定，波动的频次小，而且总体趋势是增大的。结合城乡居民收入的地区最大和最小两大特殊群体变化情况，我们发现从2005年开始我国城乡居民在这两大关键群体中的差距总体有不太明显的收敛预期。

图6-5 城乡居民收入区域差异最大离差对比（当年价）

二、β-收敛性检验

（一）数据和样本说明

由于统计数据部分省份记录不全，选取1978—2011年全国28个省份城镇居民可支配收入、农村居民纯收入以及城乡居民收入比三个指标来检验地区间城镇居民、农村居民及城镇居民收入差距是否存在绝对β-收敛性。同时，为从较大范围（区域经济）研究居民收入差距，将全国划分为东、中、西三大区域，检验其是收敛和发散情况。中、东和西以此包括的省份为：北京、天津、河北、辽宁、上海、江苏、浙江、福建、山东和广东10个地区划为东部，山西、吉林、黑龙江、安徽、江西、河南、湖北和湖南8个地区划为中部地区，内蒙古、广西、西藏、四川、贵州、云南、陕西、甘肃、宁夏和新疆10个地区划分为西部地区。所有数据均来自《中国统计年鉴》，各省份统计年鉴、《中国农村统计年鉴》。

（二）计量模型选择和回归检验

在区域经济收敛性研究中，当落后经济体增长速度快于发达经济体增长速度时，其人均收入水平将逐渐赶上发达经济体人均收入，一般讲这样的收敛方式成为β-收敛性。同时，定义落后地区赶上或接近发达地区水平的速度为收敛速度。对于一个封闭的经济体来讲，其稳态附近的增长过程表现为以下方程：

$$(1/T) \log[y_{it}/y_{i0}] = g - \left(\frac{1-e^{-\beta T}}{T}\right) \log(\hat{y}/\hat{y}_{i0}) \quad (6-1)$$

其中，(6-1) 式中的 y_{it} 和 y_{i0} 分别表示第 i 个经济体考察的基期和 t 期的人均产出。$\hat{y}$ 和 $\hat{y}_{i0}$ 冒 y_{i0} 分别表示考察期稳态和基期的有效劳动产出。g 表示稳态增长率，β 表示趋同速度。若假定各区域的 β 大致相同，且 g 和 $\hat{y}$ 保持不变，上式可以变为：

$$(1/T) \log(y_{it}/y_{i0}) = a + \frac{1-e^{-\beta T}}{T} \log y_{i0} + \varepsilon_{it} \quad (6-2)$$

参照以上计算 β-收敛速度的计量经济学模型，采用农村居民纯收入、城镇居民可支配收入以及城乡居民收入比等指标，构建 1978—2011 年全国、东部、中部和西部农村、城镇以及城乡居民收入差距模型，模型公式为：

$$(1/34) \log(gap_{i,2011}/gap_{i,1978}) = \alpha_0 + \alpha_1 \log gap_{i,1978} + \varepsilon_{i,1978} \quad (6-3)$$

其中：$\alpha_1 = (1-e^{-34\beta})/34$

表 6-1　　　　　　　　城乡居民收入收敛性检验结果

项目	全国	东部	中部	西部
农村：				
α_0(t 值)	0.041**(3.71)	0.070**(4.86)	0.090***7(13.74)	0.0327(1.2122)
α_1(t 值)	0.0043(0.847)	-0.0078(-1.210)	-0.019***(-6.12)	0.0073(0.5629)
Ad-R^2	0.0268	0.1547	0.8621	0.038
F 值	0.7179	1.4648	37.508	0.3169
DW 值	0.936	1.6037	1.4859	0.7761
观察个数	28	10	8	10
收敛速度			0.0146	
城镇：				
α_0(t 值)	0.103***(5.9748)	0.0710(2.1174)	0.134***(29.022)	0.1517***(7.79)
α_1(t 值)	-0.020***(-2.920)	-0.0063(-0.477)	-0.033***(-17.74)	-0.040***(-5.17)
Ad-R^2	0.247	0.0277	0.9813	0.7703
F 值	8.5305	0.2282	314.86	26.83
DW 值	0.8085	0.322	0.7316	1.82
观察个数	28	10	8	10
收敛速度	0.0152		0.022	0.025

续表

项目	全国	东部	中部	西部
城乡:				
α0(t值)	-0.0046(-2.443)	0.0095***(8.4783)	0.0123***(5.54)	0.0149***(4.694)
α1(t值)	-0.0223***(23.53)	-0.0230***(-7.02)	-0.0289***(24.42)	-0.027***(-3.79)
Ad-R2	0.955153	0.8606	0.8028	0.6426
F值	553.7487	49.4092	24.428	14.389
DW值	2.168	1.5498	2.1518	1.5459
观察个数	28	10	8	10
收敛速度	0.016	0.0169	0.0196	0.0191

注：*、**、***分别表示1%、5%和10%的显著性水平。

从回归结果看，农村居民纯收入回归中，全国、东部和西部回归结果均不显著，即不存在β-收敛，仅有中部地区回归结果显著，存在β-收敛，收敛速度是0.0146；城镇居民可支配收入的全国、中部和西部回归方程均显著，因此，这些地区存在β-收敛，而东部地区回归结果不显著，即不存在β-收敛；城乡居民相对收入比的回归结果，全国、东部、中部和西部回归结果显著，即存在β-收敛。从收敛速度看，由快到慢的顺序是：中部、西部和东部。从而说明在差距方面，大区域间城乡收入差距大于俱乐部内部成员的差距，但落后地区俱乐部收敛速度要快一些。

三、区域收敛模型检验

为检验各省份城乡居民收入比是否具有向共同趋势项（即各省份城乡居民收入比剔除全国或者区域平均收入比趋势项）的收敛性设定，单位根检验可以发掘不同地区收入差距围绕共同趋势项的波动程度。区域城乡收入差距的单位根检验模型为：

$$\Delta(URR_{it} - \overline{URR_t}) = \alpha + \beta(URR_{it-1} - \overline{URR_{t-1}}) + \sum_{k=1}^{k_i}\theta_{ik}\Delta(URR_{it-k} - \overline{URR_{r-k}})\varepsilon_{it} \quad (6-4)$$

式（6-4）中URR_{it}代表第i省份第t期的城乡收入比，$\overline{URR_t}$表示第t期各省份的平均城乡收入比。模型主要检验各个省份的城乡收入比是否具有向共同趋势项收敛的趋势。相当于检验各省城乡收入比剔除全国或大区共同趋势的单变量序列是否为平稳随机过程。若为随机过程，则说明各区域正向共同趋势水平移动，外部冲击对各省区域城乡收入比偏离共同趋势的影响是暂时的；反之，若不是平稳随机过程，即存在单位根，则说明外部冲击的影响是持久的，各省区域城乡收入比不具备收敛性。现以东部地区为例，对各省城乡收入比分别剔除全国共同趋势项或区域共同趋势项，进行单变量单位根检验分析，结果如表6-2。

表6-2   1978-2011年东部地区各省份城乡收入比差项单位根检验

省份	参考：区域共同趋势 ADF值	P值	结论	参考：全国共同趋势 ADF值	P值	结论
北京	-1.977	0.2951	非平稳	-4.284	0.0019	平稳
天津	-2.592	0.1050	非平稳	-1.722	0.4111	非平稳
河北	-2.154	0.2260	非平稳	-5.988	0.0000	平稳
辽宁	-3.435	0.0167	平稳	-5.093	0.0002	平稳
上海	-2.441	0.1389	非平稳	-4.693	0.0006	平稳
江苏	-2.406	0.1479	非平稳	-5.318	0.0001	平稳
浙江	-3.164	0.0315	平稳	-5.871	0.0000	平稳
福建	-2.843	0.0632	平稳	-7.080	0.0000	平稳
广东	-2.954	0.0515	平稳	-3.364	0.0203	平稳
山东	-2.907	0.0568	平稳	-9.156	0.0000	平稳

注：各省ADF值检验中滞后阶数由SIC准则自行选定，判断平稳性的伴随概率显著性水平为10%。

从检验结果看，东部地区的差项平均值序列均不是随机平稳过程，因此，不收敛于全国共同趋势。各省城乡收入比作为一个独立的个体对全国共同趋势的收敛性检验中，共有9个序列的ADF检验值在10%的显著水平下通过检验，个体存在向全国共同趋势的收敛性；而采用大区算术平均值为共同趋势项时，共有5个省份向各自大区的共同趋势项收敛。因此，从单变量的单位根分析结果看，尽管我国部分省份城乡居民收入比存在向全国共同趋势或者区域共同趋势收敛的情况，但还不能从整体上判断区域间以及区域内部全部省份城乡收入比的收敛情况。

四、收入差距收敛性结果分析

改革开放以来，在效率优先的初次分配激励作用下，我国经济和国民收入实现了快速增长。但是，由于区位和政府政策差异，研究发现城乡居民收入差距凸显以下特点：（1）无论是城镇居民组内还是农村居民组内，最高者与最低者的收入差距持续发散；（2）从收入比看，无论城镇还是农村，经济越发达，同一地区城乡居民收入差距越小，即存在收入差距的"马太效应"；（3）从全国、东部、中部、西部范围观察城镇、农村和城乡收入收敛情况，其收敛和发散情况各异，但收入差距收敛地区的收敛速度呈现出中部、西部和东部的快慢顺序；（4）在城乡居收入比方面设立大区域（全国）和片区（中部、东部和西部）共同趋势项后，部分省份城乡居民收入比存在向全国共同趋势或者区域共同趋势收敛的情况，但整体不具备这一收敛特点。

据此，为缩小城乡居民收入差距，国家应进一步从行业、收入群体和区位条件等方面出台对低收入人群的二次分配倾斜政策，促进社会公平，针对居民收入差距出现的"马太效应"现象，国家对落后地区不仅要加大财政上的转移支付力度，更要鼓励发达地区实施产业输出，设法培植落后地区的经济增长点，授之以渔，才能使其实现真正脱贫。

第二节 城乡居民要素报酬收益差距根源剖析

一、存在城乡资源要素报酬差异性

在我国存在严格的城乡地域二元结构的情况下，城乡发展的高度不平等使得高级生产要素（人才、资本）流动产生"棘轮效应"，在经济力和社会力的共同作用下，城市生产要素被锚定，农村高级生产要素被虹吸，导致城市的积累和扩张在以牺牲农业的发展为代价。从两个不同地区的居民掌握的生产要素看，农民具有完全自主产权的自身劳动力资源、不完全产权的土地资源，不动产资源，其他诸如资本资源、财产资源较少。城镇居民具有含有丰富的人力资本的劳动力资源、房产等不动产资源（存在较强的代际关系传递性）、财产资源、技术资源和诸多社会福利资源。从各种资源创造价值的能力来看，同为劳动力资源，城乡居民之间因自身的人力资本不同、从事的职业不同，劳动力资源获得报酬有天壤之别，在城乡分治的社会治理结构下，要素的流行性受到限制，这种报酬差别将难以消除。为此，要从户籍管理制度和政府投资结构上实施改革，一方面消除农村和城市的户籍制度藩篱，加速人口流动，另一方面要加大农村投入，消除城市对农村生产要素的虹吸作用。城乡房产等不动产资源比较中，尽管农村拥有自主产权的宅基地和房屋等不动产，但农村房屋与城镇房屋因地理位置和房地产市场的差异存在根本区别，农民的不动产因没有完全的产权和交易市场，价值严重缩水，很难体现财富价值。农村和城市生产力资源对比中，农村具有比较优势的资源就是有限产权的土地资源，国家规定农村土地所有权属于集体所有，但农民拥有对土地承包的用益物权，国家土地管理制度中若出台土地的永久使用权，这类似于农民拥有所有权，这一土地制度改革将为农民的土地资源提升升值空间，无论从土地的流转或土地使用性能的改变来说，都会给农民带来利好。简要来说，伴随着新型城镇化进程的这一土地制度安排，可以从根本上保留土地生活保障的功能，消除农民的恋土情结，繁荣土地的流转市场，最大限度地减少农民数量，增加专业农民的土地供应，实现规模经济。对兼业农民来说，一方面可以通过土地流转和土地变性补贴实现土地资源升值，另一方面可以放心从事非农就业，享受城市居民同工同酬待遇。

二、缺乏城乡统筹发展的法律制度

从目前看，农业部门的低效率问题主要表现在农业存在过多的劳动力、分散的土地、过少的资金投入以及低层次的技术要素配置的低效率结构，这些突出问题很大成分是由我国缺乏具有法律约束力的城乡统筹战略规划和农业投资政策导致的。纵观美、日、韩三国的城乡发展轨迹，给我们最大的启发就是三国都有明确的解决"三农"问题的具体法律和法规。根据博弈论理论，当我国还存在锦标赛体制，博弈晋升的结果必然是难以走出城乡"马太效应"的困境。农村劳动力过多是制约农村劳动力提升的关键问题，这也是大家的共识，但千万不要因为农村劳动力转移就一定能够提高劳动生产率，这是一种错误的认识。在"三农"问题比较突出的中国，农村劳动力转移的往往是农村中具有一定人力资本含量的青壮年劳动力，剩下的很多是妇孺儿童，老弱病残人员。在土地评估和流转市场尚未建立，城乡二元结构没有根本性改变，农村劳动力转移数量有限的情况下，农村难以出现大面积的土地流转，再加上没有从法律和制度上保证足够的资金和技术来改造传统农业，只能使大量的隐性失业农民滞留在有限的耕地上，即使对其精耕细作、呵护有加，也难以对农民收入产生多大的贡献。所以说缩小城乡居民收入差距是一个系统工程，无论是转移农村劳动力、加大农民工培训、加大农业基础设施建设等措施，这些都需求巨大的财政资金支持，在城乡投资效率还存在较大的比较效益以及政府缺乏对以上内容形成政绩考核的激励机制情况下，再加上没有法律这一强有力的约束措施，农业难以走出农村低效率的困境，农民的收入也很难提高。

三、城乡居民具有非均衡的国民待遇

解决城乡居民收入差距问题的关键解决"三农"问题，破解"三农"问题的关键是农民收入问题。农民收入问题偏低已经影响到社会的稳定和经济内需消费增长问题。这些问题的解决涉及我们讨论的公平和效率。公平路径解决收入发散的机理如图6-6。资本的逐利性意味着没有政府的政策诱导和直接投资，资本在农村和城镇投资存在比较利益的时候，农村积累资金不但会出逃，社会资金往往也会对其边缘化。为此，政府这只看得见的手在缩小城乡收入差距方面要起到关键作用。要实现国家长治久安，让改革开放带来的红利惠及全体国民，亟须解决公平问题。笔者认为，目前政府要从投资结构方面入手进行大胆的调整和试点，争取实现三个方面的财政资源再配置。

其一是协调解决农民工市民化成本。这也是目前国家进行的新型城镇化关键问题。政府所承担的农民市民化成本是一笔巨大的预算支出，涉及农民身份转化后政府承担的子女教育、医疗卫生、养老保险、医疗保险等多方面的投入，政府财政承担农民工市民化成本实则是为农村人口流动疏通了道路，间接增加了农民的收入。通过推进城镇化，可以最大限度转移农村人口，实现农村土地的流转，为土地的规模化集约式管理创造条件。同时，城镇化进程也为农民土地升值提供了空间，农业土地在城镇化进程中，利用土地置换方式，通过招、拍、挂，可以获得土地收益。地方政府的城镇化成本可以从三个方面获得，中央政府的财政拨付和税收减免（二次分配收益、国有垄断企业资源税收调节等）、地方政府财政及财政外支出（土地转让收益金、地方建设债券等）、社会资金等。

其二是政府要加大支农投入。改革开放至今的城市偏好投资政府使我国的工业得到了空前发展，后工业化阶段已经来临，而我国的农业基础地位还不够夯实，"三农"问题始终是制约我国经济发展的绊脚石。在新型城镇化建设阶段，支农投入的总体目标是在培养农民劳动力技能和改善农业基础条件的基础上提升农民的收入水平。农村最富有的资源是劳动力资源，但我国劳动力资源人力资本含量低，很多中西部偏远农村，农民及其后代文化水平低，劳动技能严重缺乏，因缺乏资金投入，道路和农业基础设施简陋，农业管理粗放，靠天吃饭普遍存在。解决以上问题需要政府在新型城镇化建设中，解决农地矛盾、融资和发展的矛盾以及技术与人才的矛盾。缺乏政府的政策诱导和直接投资，资本的逐利性会使农业投资成为社会资本的盲区。若资本投入农业部门的投资不能得到社会资本的平均利润，资本将不会选择农业部门投资，农业部门的资本也会外逃。同样，作为土地要素资源，在一般情况下，非农产业占地的收益要远远高于农业用地收益，同样等级的农业用地非农化后，会因创造更多的劳动力就业机会和更高的价值收入，导致农业土地非农化的利益驱使，这势必导致农地矛盾问题愈演愈烈。为此，政府一方面要采取供血的办法，加大直接投资力度，诸如在农业的教育培训、基础设施、社会环境方面的投入，留住农村能人，弥补社会资金缺失的真空；另一方面要实施储血的办法在农村广设农信结构，真正现实普惠制金融。

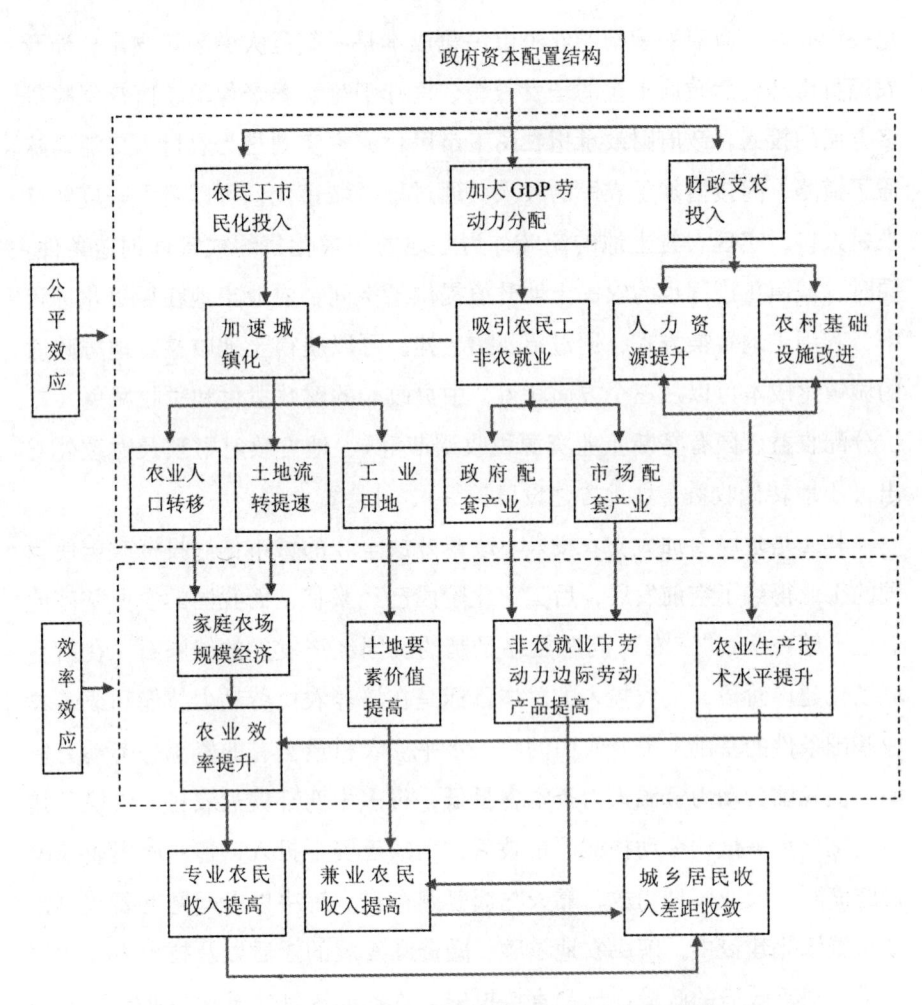

图 6-6　政府资本配置与城乡居民收入差距收敛

其三是加大 GDP 中劳动力份额的比重，使农民在做大的蛋糕中分享更多的利益。近年来，我国 GDP 分配中存在劳动力份额在不断下降的趋势，这一趋势的直接后果是用于城乡居民劳动收入分配的蛋糕比起总蛋糕在缩小，这明显跟我国政府在十八大提出的城乡居民收入和 GDP 增长同步走的要求相悖。我国居民收入差距的调整可以从两个方面进行，一方面是在初次分配中，这也就是我们说的在 GDP 份额中取出一部分，这属于决定居民收入的核心因素；另一方面是国家的二次分配，通过诸如个人所得税、房产税、财产税、赠予税、遗产税等税收进行微调。我国在进行产业结构调整和升级的过程中，出现产业结构由劳动力密集型向资本、技术密集型产业发展的趋势，这符合产业结构升级的方向，但这种趋势会产生资本替代劳动的要素替代问题，在我国存在丰富的劳动力资源国情下，国民贫富悬殊的结果将会延续，政府在产业结构的调整政策中，若不加干预，势必导致"马太效应"，拥有最大资本的巨富们会使社会财富更快向其聚拢，贫者越贫富者越富。

第七章
效率与公平视角下城乡收入差距仿真研究

新型城镇化是"以人为本"的城镇化，也是缩小城乡居民收入差距的城镇化。以往的城镇化路径在缺乏有效的农民工市民化制度安排下，土地流转进展缓慢，体现农业现代化规模的种植业、养殖业在全国只是个案，留守农民中的行家里手难以施展拳脚。进城农民工又因缺乏相应的技术培训和用人单位带有歧视性的工资待遇，仅靠出卖劳动力获得的低廉的劳动报酬，而这两方面的收入占到农民整个家庭纯收入的绝大多数。目前，我国平抑收入差距的税收制度不够完善，在体现公平的二次分配调节方面收效甚微，致使城乡收入差距不断扩大。新型城镇化建设为我省实现城乡居民收入均等化提供了重要战略机遇。效率问题从农业内部挖掘，在保持耕地安全面积基本不变的前提下，通过合理的农民工市民化制度安排、土地流转带来的农业劳动生产率提高来实现农业现代化的规模和结构效益。公平问题则通过在初次分配中增加劳动力份额的比重，政府增加二次分配转移力度和承担更多的农民市民化转移成本来体现。一方面在提高农业效率中做大农业GDP，加大农民劳动报酬在GDP分配中的份额；另一方面，为进城农民工提供与城镇居民同样的福利待遇和生活条件，真正实现农民工市民化。本研究在此背景下，利用收入法计算的GDP和人口、耕地面积及土地流转量等基本参数方程，根据山东省提出的到2020年的城镇化目标，模拟了基于效率和公平的新型城镇进程中农民工市民化成本和城乡居民收入分配情况，以期从公平和效率视角对未来城镇化进程做好前瞻性的制度安排。

第一节　体现效率和公平的新型城镇化规划思路

党的十八大提出了到2020年实现国内生产总值和城乡居民人均收入比2010年翻一番的计划目标，这就是所谓的收入倍增计划。与之相辅相成，国家十八大报告后出台了国家新型城镇化规划（2014—2020年），在确定我国未来内需作为经济发展动力的共识后，抓住了扩大内需的城镇化这一总纲领。目前，我国常住人口城镇化率为53.7%，户籍人口城镇化率只有36%左右，不仅远低于发达国家80%的平均水平，也低于人均收入与我国相近的发展中国家60%的平均水平，我国城镇化率还有较大的发展空间。城镇化水平持续提高，会使更多农民通过转移就业提高收入，通过转为市民享受更好的公共服务，从而使城镇消费群体不断扩大、消费结构不断升级、消费潜力不断释放，也会带来城市基础设施、公共服务设施和住宅建设等巨大投资需求，这将为经济发展提供持续的动力。城镇化是解决农业农村农民问题的重要途径。我国农村人口过多、农业水土资源紧缺，在城乡二元体制下，土地规模经营难以推行，传统生产方式难以改变，这是"三农"问题的根源。我国人均耕地仅0.1公顷，农户户均土地经营规模约0.6公顷，远远达不到农业规模化经营的门槛。城镇化总体上有利于集约、节约利用土地，为发展现代农业腾出宝贵空间。随着农村人口逐步向城镇转移，农民人均土地等资源占有量相应增加，可以促进农业生产规模化和机械化，提高农业现代化水平和农民生活水平。城镇经济实力提升，会进一步增强以工促农、以城带乡能力，加快农村经济社会发展。城镇化作为人类文明进步的产物，既能提高生产活动效率，又能富裕农民、造福人民，全面提升生活质量。随着城镇经济的繁荣，城镇功能的完善，公共服务水平和生态环境质量的提升，人们的物质生活会更加殷实，精神生活会更加丰富多彩；随着城乡二元体制逐步破除，城市内部二元结构矛盾逐步化解，全体人民将共享现代文明成果。这既有利于维护社会公平正义、消除社会风险隐患，也有利于促进人的全面发展和社会和谐进步。

一、城镇化能够全面提升农业生产要素效率

土地是不可再生资源,我们必须珍惜。尽管不少地方通过一定的填海造田、吹沙造田、毁林造田和土地置换造田等多种方式,使农业耕种面积有了一定程度的增长,但这些增加的现在土地相对我国众多的农业人口来说是杯水车薪,更何况这种杀鸡取卵式的造田方式会带来灾难性的生态后果。目前,在房地产市场高涨的背景下,受土地财政的利益驱使,很多地方借城镇化之名,使得"土地城镇化"远远快于人口城镇化,建设用地因监管不力,出现严重的粗放低效。有些城市在建设中盲目追求"高、大、宽、洋",大广场、宽马路、高楼洋房、大面积的新城区、开发区和工业区一个都不能少。据国家规划办公室公布的数据,1996—2012年共17年间,全国的建设用地以年均724万亩的速度增加,其中仅城镇建设用地年均增加就达到了357万亩,几乎占到了一半;在2010—2012年期间,全国建设用地更是以惊人的953万亩的年均增长速度增加,其中城镇建设用地增速已经远远超过一半,以年均515万亩的速度增加。由2000—2011年的城镇建成区统计情况看,城镇建成区面积增长已高达76.4%,这一比例远远高过城镇人口50.5%的增长速度;从人口转移出现的土地利用效率看,期间农村人口仅减少了1.33亿人,而农村居民点用地却比原先增加了3045万亩之多。不仅如此,这种旧有的城镇化模式使得很多地方政府因过度依赖土地出让收入和土地抵押融资,土地粗放管理利用导致大量的粮田被浪费,已经威胁到国家粮食安全和生态安全,使得地方政府性债务等财政金融风险凸显。新型城镇化一改旧有的城镇化模式,打破现行城乡分割的户籍管理、土地管理、社会保障制度以及财税金融、行政管理等制度形成的城乡利益失衡格局,疏通要素流通通道,能最大限度地发挥农村土地和劳动力的使用效率。

二、城镇化能够实现城乡居民社会公平

新型城镇化目标是实现以人为本,我国新型城镇化目标是在有序发展的基础上,到2020年实现常住人口城镇化率达到60%左右,使得户籍人

口城镇化率达到45%左右，争取保证户籍人口城镇化率与常住人口城镇化率的差距缩小2个百分点左右，尽力完成1亿左右农业转移人口和其他常住人口在城镇落户。城镇化作为人的城镇化，其进程受"推拉"两方面的作用，所谓的"拉力"是来自于农村市民化心理预期的收入要高于农民维持现状的收入。所谓的"推力"来自于政府的城镇化政策诱导。从当前情况看，在旧有的非人性化城镇化模式下，尽管很多地方的农民工已经成为当地产业工人的主体，但受城乡分割的户籍制度制约，农民工因身份问题始终处在享受不到公平的社会待遇问题，进城不入城，使他们始终难以融入到务工的城市群体中。据统计，在我国城镇人口大约2.34亿农民工及其随迁家属中，他们因身份问题未能在就业、子女教育、医疗卫生保健、养老、保障性住房等方面享受同同在一个屋檐下的城镇居民一样的基本公共服务，这中非人性化的城镇化模式不但不能消除旧有的二元模式，又使得城乡内部新二元矛盾凸显：农村留守儿童、妇女和老人问题日益严重，这些都是经济发展不和谐的表现。

以人为本的新型城镇化最大限度地兼顾了城乡居民差距问题，这种公平不仅是显性的，还体现在隐性方面，不仅是物质财富数量的问题，还体现在生活品质方面。因此，新型城镇化首先要在义务教育、就业服务、基本养老、基本医疗卫生、保障性住房等城镇基本公共服务覆盖全部常住人口，使进城农民工要留得住，住得下，生活得起。具体要保障随迁子女平等享有受教育的权利，这是农民工衡量未来收入预期的关键，要提高转移农民的劳动技能，要建立公共就业创业服务体系，让农民有更多的就业机会，这是农民工留得住的保证，要扩大各类社会保险参保缴费覆盖面，适时适当降低社会保险费率，这是农民生活得起的关键。解决了吃穿问题，住的问题也要解决，在进城农民工因高额的房价难以拥有自己的住房时，政府拓宽房屋保障渠道：采取廉租住房、公共租赁住房、租赁补贴等多种方式改善农民工居住条件。所有这些问题可以归结为一个，就是农民工市民化的成本问题，这是一笔巨大的财政预算，国内学者推算，按照目前国内平均价格水平，转移一个农民工需要政府财政承担的费用接近10万元。因此，建立成本分担机制的（建立健全由政府、企业、个人共同参与的农业转移人口市民化成本分担机制,根据农业转移人口市民化成本分类,明确成本承担主体和支出责任势在必行。政府主要承担农业转移人口市民化在义务教育、劳动就业、基本养老、基本医疗卫生、保障性住房以及市政设施等方面的公共成本。企业要落实农民工与城镇职工同工同酬制度,加大职工技能培训投入,依法为农民工缴纳职工养老、医疗、工伤、失业、生育等社会保险费用。农民工要积极参加城镇社会保险、职业教育和技能培训等,并按照规定承担相关费用,提升融入城市社会的能力。这种新型城镇化模式能够最大限度上体现社会公平,实现经济增长的成果惠及全体国民的治国理念。

第二节 新型城镇化规划缩小城乡收入差距的机理分析

一、土地制度创新带来的农民收入增加

土地历来是我国农民主要的生活保障,民以食为天,粮以地为母,土地对农民的重要性不言而喻。城乡居民收入差距的核心是解决人的收入问题,我国新型城镇化规划的关键目标是实现以人为本的城镇化,二者的核心目标是一致的,城乡居民收入差距是历史和现实问题的结合出现的,需要我们用系统的眼光来分析和解决,新型城镇化思路正是解决这一问题的切入点。我国法律规定农民集体所有制的土地所有权属于集体所有,尽管土地所有权缺失,但国家规定农民土地承包权已延长到30年,甚至可能长期不变。在这一背景下,土地制度改革不会因产权缺失而受到影响。作为农民重要的生产要素,土地制度改革可以成为缩小城乡居民收入差距的重要手段。具体来看,农村土地制度改革可以从四个方面提高农村居民的收入水平。

农民工资性收入增加。伴随着新型城镇化进程的农村土地制度创新,农民土地流转可以使农村农民隐形失业显性化。对于那些在土地上收益不大但又有一技之长,对土地食之无味,弃之可惜的农民来说,有了土地流转市场和国家的户籍改革政策,放弃因土地导致的候鸟式城镇生活方式,

不乏是一种上等的选择。土地流转给农民带来工资收入增加的另一种形式就是农村合作社的成立。无论是政府主导成立还是农民自组织形式成立的农业合作社，与我国计划经济实施的大锅饭的合作社有本质区别。今天的合作社尽管土地产权属于集体，但近乎永久的土地用益物权等于把土地所有权交到农民手中。这在以土地安排下，那些缺乏资金又不擅长种地的农民可以以自己的土地作为入社的通行证，参与到合作社的产前、产中和产后管理中去，不仅可以获得土地入社的分成，而且可以获得工资收入。土地流转的实现的第三种溢价收入便是家庭规模收益，亦即家庭农场的实现。作为农村的种地能人，在缺乏土地流转市场时，仅有的一亩三分地，这些种地的行家里手因无米之炊也只能望地兴叹，英雄无用武之地。土地流转市场为种地能手开启的不仅仅是土地的规模经济，更是结构经济和融资效益。小农经济的单打独斗不仅存在经营风险，缺乏土地抵押资金使用受限，作为以家庭经营为单位的家庭农场，可以实现农业的产业化经营，大型农用工具可以派上用场，细碎化、分散的土地可以整合为大面积的农用地，农民可以根据产品的市场价格进行随意的结构调整，尽可能提高家庭的经营收入。

新型城镇化进程中，土地制度创新给农民带来的财产收入就是土地多用途的体现，农业用地改为商业用地，土地具有很大的增值空间。目前，有些地方的城市在不断地向郊区蔓延，尤其是受房地产行业利好的预期，这种速度极快，城中村改造，高新区和经济开发区的创建，名目繁多的土地开发项目支撑出繁荣的地方土地财政，不少地方的土地财政是以牺牲农民土地换来的。新城城镇化在土地利用中，要严格把握好土地的开发和利用，重点做好农用土地变性后的土地溢价的利益分配问题。农地改变为商业用地，通过公开透明的招拍挂等程序，让农民有知情权、参与权、收益权。坚决杜绝土地买卖过程中的政府垄断行为、渎职行为和"寻租"行为，从失地农民的贴身利益出发，给农民让渡更大土地资本收益。

新型城镇化土地创新的给农民带来的收入还有农民转移收入，转移收入不仅仅体现在农民的纯收入中，最大的一块体现在让更多的农民享受到国家改革开放带来的经济增长红利，让国家对城市居民的养老保险、医疗保险、住房公积金等多种社会福利实现全体国民全覆盖。当然因我国各地区经济发展速度各异，中央政府要参照地区经济发展情况，制定地方和中央政府承担的份额，扩大地区多种社会福利水平的覆盖面，这不仅从根本上弱化土地作为农民保障化的生产要素，减小农民对进城产生的畏惧情绪，而且可以大大提速城镇化进程。

当然作为土地制度创新带来的四种收入，理论上能够增加农民的收入，从而缩小城乡居民收入，但是从系统的视角分析看，四种收入并不是同时增长，可能出现此消彼长的特点，比如在土地资源不变的情况下，土地性质的改变增多，自然农民的耕地就会变少，用于流转的土地自然减少，家庭农场的规模也相应变小，经营性收入也随之变小，同时土地制度的创新改革还受到农民个人行为的影响，这种阻力不仅影响城镇化进程，

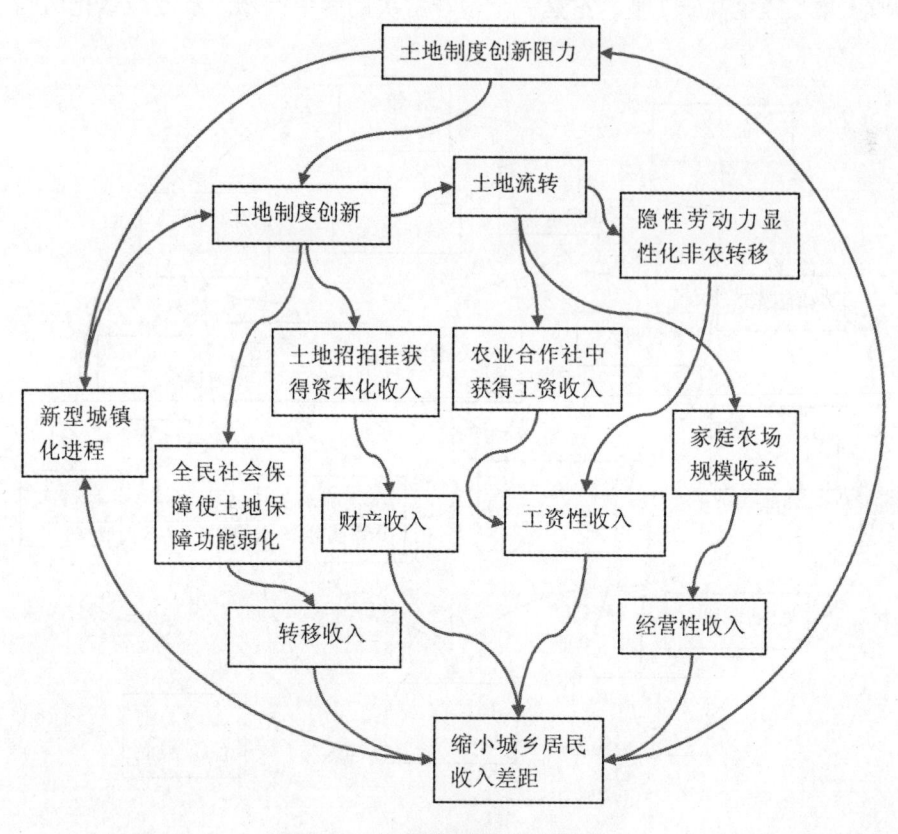

图7-1 土地制度创新与农民收入

自身也会受到农民收入的影响,在农民收入不但增加,城乡居民收入缩小的情况下,土地制度的阻力就会变小;反之,就会增大,因此,这种复杂的关系只有通过系统动力学完成。

二、劳动力转移带来的农民收入增加

我国农村是一个巨大的劳动力储水池,俗话说成也萧何败也萧何。当农村经济发展水平处在较低阶段,农村劳动要素主要依赖于劳动力时,丰富的农村劳动为农业发展起到了关键作用。如今,在国家经济获得后发优势,产业结构要实现升级和优化之时,丰富的农村劳动力因缺乏必要的人力资本而成为产业结构调整的绊脚石。没有产业结构的优化和升级,就没有要素报酬的提高,而且要实现城镇居民收入水平的收敛,还要求农民的收入增长速度高于工业,这是一个很难解决的棘手问题。新型城镇化面临

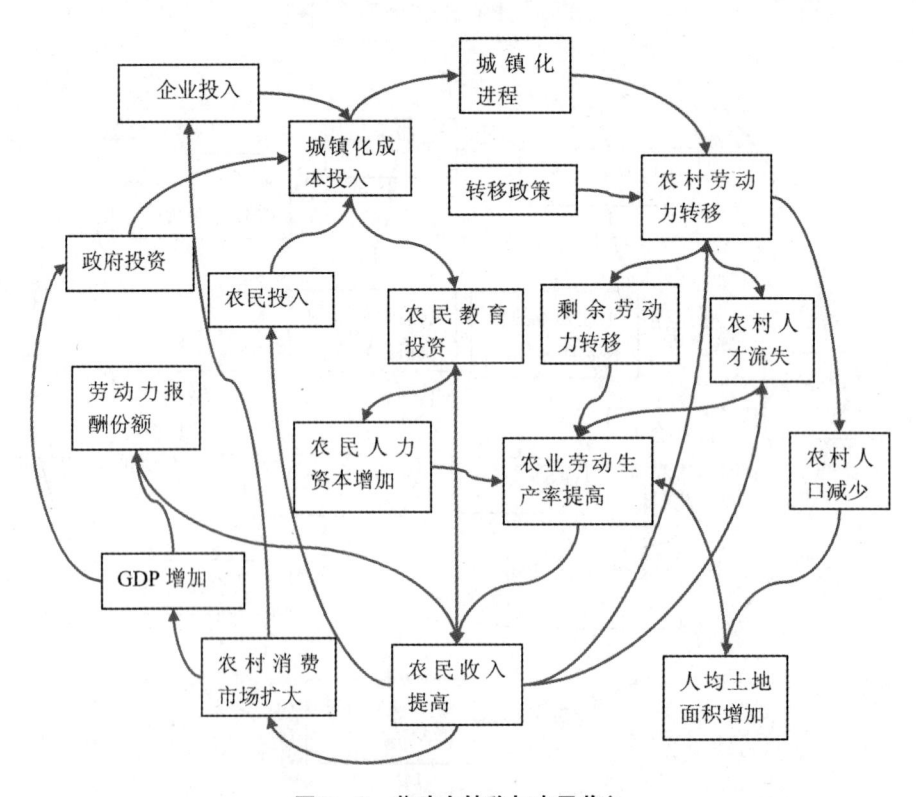

图 7-2 劳动力转移与农民收入

着一个巨大的挑战就是农村劳动力转移问题。不解决这个问题，农村人多地少的矛盾就永远存在，农业现代化，规模化就无从谈起。从目前看，农民可以划分为三种类型，一种是专业农民，一种是兼业农民，还有一种是非农就业的农民工，严格来说后一种将会成为城镇的产业工人，不属于农民。理论上讲，兼业农民进城务工、非农就业农民工进入城市，三者拥有的土地都会向专业农民工聚集，土地多了，人口少了，农业劳动生产率自然提升，但一个不可忽视的问题是农业非农就业农民工和兼业农民很多属于农村中的青壮年劳动力，他们不少是含有一技之长的新生代农民工，这种农业人才的流失会大大影响到农业效率。从劳动力带来的农民收入看，在转移农民工的同时，为增加农民的就业机会和人力资本含量，要加大对专业农民、兼业农民和非农就业农民工的教育培训，一方面使进城务工的农民工有更高的工资报酬；另一方面，使专业化农民在农业产业化过程中通过不断采用新技术，不断调整种植业和养殖业结构，获得更多的结构规模收益。

以上分析的农村劳动力转移对农民收入的影响看，这种影响不仅仅是单向因果关系，更存在很多双向的影响。在国家新的户籍管理制度和相应的农民市民化政策出台后，城镇化进程自然会加快，会有更多的农村劳动力转移出来，农村人口会较少，在国家规定的18亿亩耕地面积红线不动的情况下，农村人均土地会增加，假设在不久的将来农村建立了完善的土地评估市场和土地流转市场，土地转移也会大大提速，会出现很多家庭农场和农业合作社，农村产业组织的这种变革为土地的产业化、规模化相匹配。对专业农民来说，规模收益会增加，对兼业农民来说，外出务工的工资性收益提高的同时，家中的土地产值又不受影响。当然，从系统的视角分析，农民工的转移会对农业产生两种作用，一种是正向作用，体现在规模效益方面，但不利的是转移的农民工大都是青壮年劳动力，这些对农业生产率的提高有起反作用。同时，农民收入的提高也对农村劳动力的转移起到示范作用，若农民劳动的转移没有起到增加农民的收入，或者说这种转移因农民承担的转移成本太高，农民就会放弃进入城市，从而对城镇化进程不利。

三、劳动力报酬份额变化带来的农民收入增加

（一）初次分配中劳动报酬份额的演变

劳动报酬份额是衡量居民初次分配在整个国内生产总值的比重，劳动报酬是我国居民尤其是农村居民消费和支出的基础和保障。对劳动力报酬在 GDP 中的所占份额的变化趋势研究，国内外学者做了很多有益的探索。Denison（1974）、Dougherty（1991）、Feldstein（2007）等以发达国家为例研究了各要素收入在总收入中的比重，发现这一比重基本保持不变。马丁·布朗芬布伦纳（2010）也是以发达国家的劳动力为研究对象，研究发现其劳动份额基本上保持在 60%—70%。Harrison（2002）对发达国家和发展中国家的工资性收入进行了比较研究，结果发现二者有截然相反的结论，发达国家比例上升，而发展中国家却在下降。Gusina（2006）的研究是无论是老牌工业化国家还是新兴的市场国，劳动者报酬在 GDP 中的份额都会经历一个下降的发展趋势，他研究了工业化国家在 1975 年至 2000 年间的平均劳动力份额的变化，发现其收入份额从 57% 下降到 52%。国内学者做了大量研究，而从中国统计年鉴计算出来的中国的劳动份额基本都是在 50% 以下（见表 7-1），中国的劳动份额偏低。蔡继明对此也做过研究，结果显示我国劳动力报酬份额在 1997—2007 年间，劳动报酬份额占比由 53.4% 下降至 39.74%，而政府财政收入占比从 10.95 上升到 20.57%，企业盈余占比从 21.23% 升至 31.29%。罗长远、张军（2009）从不同区域的空间布局视角研究了国内 31 个省份的劳动收入占比情况；李稻葵、刘霖林等（2009）、罗长远（2009）、陆铭（2008）、张车伟、张士斌（2010）、华生（2011）、白重恩等研究了劳动力下降的原因。

表 7-1　　　　　　　　收入法 GDP 中劳动报酬情况

	劳动者报酬	生产税净额	固定资产折旧	营业盈余
2002	0.51	0.16	0.14	0.19
2003	0.50	0.16	0.14	0.20
2005	0.41	0.15	0.14	0.30

续表

	劳动者报酬	生产税净额	固定资产折旧	营业盈余
2006	0.41	0.14	0.15	0.30
2007	0.40	0.15	0.14	0.31
2010	0.45	0.15	0.13	0.27
2011	0.45	0.15	0.13	0.27
2012	0.45	0.16	0.13	0.26

（二）国民收入分配对城乡居民收入差距的影响

利用系统的视角分析国民收入分配对城乡居民收入差距的影响，我们发现二者存在错综复杂的关系。主要的几个因果关系回路。从收入法计算的 GDP 开始，可以分为四个组成部分，劳动者报酬、生产税净额、企业利润和固定资产折旧。在 GDP 一定的情况下，四者存在此长彼消的关系。GDP 总量增加 - 劳动者报酬增加 - 农业报酬增加 - 农村消费增加 - 政府收

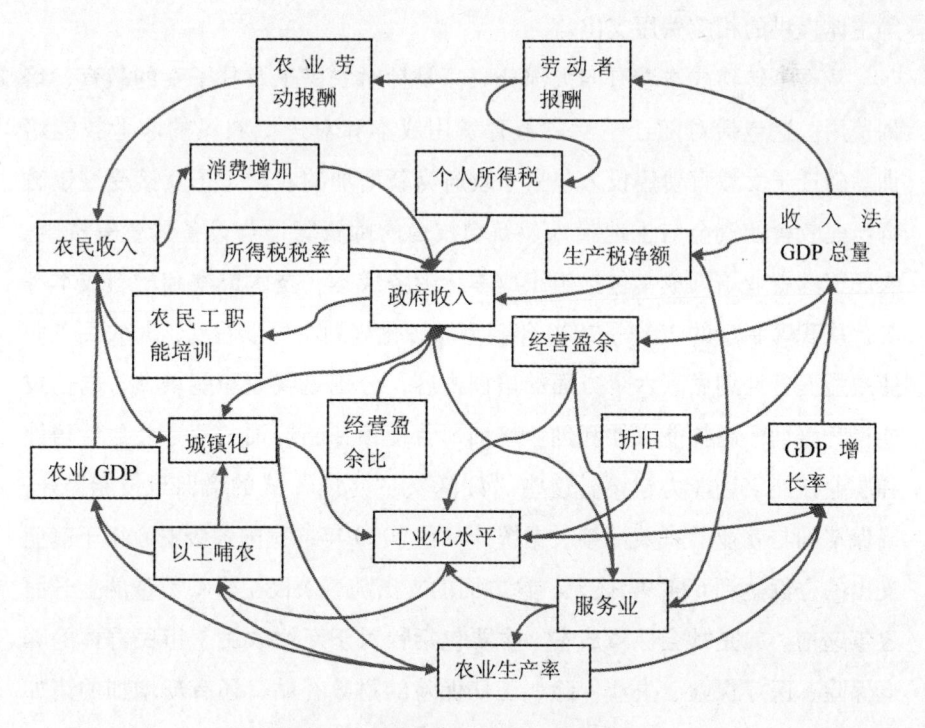

图 7-3 国民收入分配与农民收入

入增加－城镇化进程加快－工业化水平－GDP 增长率－GDP 总量增加。另一路径为：GDP 总量增加－劳动者报酬增加－农业报酬增加－农民收入增加－城镇化进程加速－工业化水平－以工补农－农业 GDP－农民收入。GDP 总量－生产税净额－政府收入－农民工职能培训－农民收入；GDP 总量－企业利润－政府收入－城镇化－农业生产率－GDP 增长率－GDP 总量。

第三节　构建效率与公平的城镇化成本分担机制

一、农民工市民化社会转移成本核算

要实现新型城镇化，一个不可回避的问题就是农民工市民化成本。可以分为农民工个人成本和社会公共成本。农民工个人成本是指由农民工个人及家庭负担的成本，社会公共成本是农民工市民化过程中给政府、企业等主体提供的相应费用支出。

从整个转移成本看有四大部分。一是针对农民工及其子女的教育、培训费。这包括对随迁子女的教育费用成本和对进城农民的职业技能培训。随迁子女教育费用投入包括了政府为新增加的农民工子女接受城镇教育新建校舍的资金与土地投入、新增校舍的师资聘请与设备购置等资金。农民工的就业培训成本包括组织成本、劳务成本、技术成本和材料成本等等，从我国制定的 2014—2020 年新型城镇化规划中可以看到，对农民工职业技能提升计划做了六个方面的培训内容，分别是就业职能培训、岗位技能提升培训、高技能人才和创业培训、劳动预备制培训、社会公益性培训和职业技能培训能力建设。这些"订单"、"定向"式的培训与技能提升，确保培训与就业的有效衔接。据统计，在 2010 年，我国各级财政用于就业支出的金额达到 624.94 亿元，这方面的支出随着农民工转移数量的上升而逐年递增。二是社会保障成本，主要包括针对于新增农民工市民群体的养老保险、医疗保险、失业保险、工伤保险的财政补贴，还有新增加的诸如最低生活保障等的各类社会救助支出。三是保障性住房成本。安居乐业、

住者有其居，这是中国人几千年的生活追求。目前很多地方举家进城的农民工以租赁住房、住单位宿舍或工棚的居多，拥有市场商品房的较少。农民工市民化的安住是农民的迫切需求，只有安住才能乐业。据统计，仅2012年，国家财政投入在支持保障性住房建设方面的投入就超过3800亿元，除了住房建设，政府的住房补助也构成了保障性住房的成本。四是城镇化基础设施和社会设施投资方面，这方面的投入主要包括能源动力系统、水资源和供排水系统、城镇化道路交通系统、通讯系统、邮电系统、生态环境系统以及防灾系统等。城镇化社会设施主要指城镇化的公共管理、文化教育以及体育卫生等。

目前学界一般认为，核算农民工市民化的社会成本，基本上是现有城市市民生活水平的年均个人投入与政府提供必要的公共服务年均投入之和。张国胜（2009）的研究结果认为东部沿海地区第一代农民工与第二代农民工市民化的边际社会成本分别约为10万元与9万元，内陆地区的这一指标为6万元与5万元。申兵（2012）以宁波为例测算了包括就业扶持、权利维护、社会保障、保障性住房、义务教育、医疗保障等在内的农民工市民化成本，并详细划分了私人成本和政府成本。中国科学院可持续发展战略研究组研究结果表明：中国完成2亿多农民工及其子女的市民化，需要支付的社会总成本约5万亿元，这一结果是全国的平均数据。中国发展基金会的计算结果是：一个农民工市民化的成本在年均10万元左右。国务院研究中心根据郑州、重庆、嘉兴、武汉四城统计，依照2010年的物价水平，农民工市民化的社会成本支出约在年均8万元左右。本研究参照山东省城镇居民维持最低消费水平，假设政府对转移农民工提供保障性住房和享受国家提供的同城镇居民一样的政策补贴和社会福利待遇，满足以上条件的农民工市民化成本，到2020年大体为人均18万元左右。

二、农民工市民化转移成本的分担机制

农民工的分摊责任。我国新型城镇化建设的最大收益者应该是农民，从这个角度看，农民应该作为城镇化成本的主要承担者。但是，目前考虑到我国城乡居民收入差距太大，农民的收入较低，作为农民重要生活保障

的农村土地市场以及农村房屋市场还处于开发阶段，市场潜力远远未得到充分挖掘，仅靠农民自身的财力难以承担如此巨大的转移成本，若强行将大部分成本让进城农民工承担，不但不现实，也会严重影响城镇化进程。农民工要承担的市民化成本主要包括迁移成本、生活成本、就业成本、社会保障成本、住房成本等。迁移成本包括农民工在迁移过程中发生的信息费、交通费和城市管理主体收取的各种费用。

政府的分摊责任。改革开放接近40年的发展和积累，我国的财力得到了大幅增长，国家赶超式的工业化发展战略让农村、农民做出了较大的牺牲，导致农业的基础地位没有被夯实。从目前世界经济危机对我国经济发展的影响看，过高的外贸依存度使得国外市场稍有风吹草动，我们的经济就会受到影响，消费层次较高的国内城镇消费市场大部分耐用消费品被跨国公司的产品所挤占，农村市场又缺乏购买力，这种因缺乏农村市场的消费需求而导致的单边市场（城镇居民消费市场），正如丢失车轮的车子一样孤掌难鸣，难以向前推进。从公平和效率的视角看，目前是工业反哺农业的时候了，政府要有责任承担农民工市民化的公共成本，让农民工同样享受国家改革开放带来的红利。为此，为让农民工享受同样的国民待遇，城镇化进程中的诸如城镇化基础设施的扩展投资、农民工的基本养老保险、医疗保险、社会保障性住房建设投资，农民工培训及子女教育的部分投资，都可以作为公共产品或者是准公共产品由政府埋单。

企业的分摊责任。我国工业化进程的快速发展，尽管科学技术起到了一定作用，但是一个让企业实现低成本竞争的重要因素不得不提，那就是丰富的劳动力带来的红利，尤其是大量的农村劳动力在企业中承担了大量的脏、乱、差的工作，得到的却是带有歧视的工资待遇。如今很多地方出现的"民工荒"，使得很多企业出现了一工难求的尴尬局面，作为用工企业要做出深刻反思。企业要走出给予农民工平等的权利，企业要付出高昂的劳动力成本，从而导致企业竞争力丧失的错误认识，降低农民工劳动力工资是一把"双刃剑"，若没有农民工的购买力，企业同样也难以为继。为此，企业应建立农民工工资增长机制，并保证工资的按时支付。除此之外，企业应按照国家法律法规要求为农民工办理基本的工伤保险、医疗保险、养老保险等社会保险，以达到分摊农民工市民化成本的目标。

第四节　公平和效率视角下城乡居民收入差距收敛 SD 仿真

一、山东省新型城镇化目标

因我国典型的二元结构、固有的人口不落地城镇化制度安排和绝大部分地区缺乏土地流转的平台环境，致使我国绝大部分人均土地面积稀少的地区通过规模化提高农业效率，进而增加农民收入的途径难以实现。山东省作为农业大省，到 2008 年底，流转的土地面积也只有 262.67 万亩，占全省耕地总面积仅为 2.7%。在国家颁布的《国家新型城镇化规划 (2014—2020 年)》中，体现了以人为本的城镇化思路，规划提出了政府承担农民工市民化主要成本的多目标顶层设计。山东省以此制定了区域性新型城镇化目标，提出全省城镇化率 2015 年达到 56%，2020 年达到 63%，以此为根据，2013 年山东省的总人口为 9685 万人，城镇化率为 53.6%，城镇化常住人口为 5191.16 万人，到 2020 年，山东省估计总人口将突破一亿人，大体为 10074 万人，按照山东省城镇化率 63% 的目标，2020 年的城镇常住人口将达到 6347 万人，二者相差为 1156 万人，亦即基本吻合山东省预计全省将新增 1200 万城镇人口的估计结果，这一规划为我们实现现代农业的规模和结构效益提供了现实基础。

二、山东省农村剩余劳动力估算

新型城镇化率目标的实现，要求清楚地了解山东省目前农村剩余劳动力数量。农村剩余劳动力是指在现有的生产条件下，在将一部分劳动力转移出去之后，农业的生产能力和水平不受转移人口影响的情况下的转移劳动力数量。对农村剩余劳动力的估算有多种，诸如劳均耕地法、基准年法、工日法、生产函数法等等。不同的学者的研究存在一定的差异，陈先运（2004）、涂圣伟、何安华（2011）在采用固定时期测算法时都假定 1952 年我国不存在农村剩余劳动力，而胡鞍钢（1997）和周健（2009）

则认为1957年我国不存在农村剩余劳动力。侯凤云的测算方法是利用了农业的边际收益等于非农业的边际收益相等的条件，然后计算出农村剩余劳动力的比例，最终用农村劳动力的总量和剩余劳动力比例的乘积算出农村剩余劳动力。姚梦茹（2014）运用该方法计算了山东省农村剩余劳动力规模，1998年山东省农村剩余劳动力是2345万人，到了2012年剩余劳动力达到了3676万人，15年间农村剩余劳动力增加了1331万人，年均增加88.7万人，研究发现农村剩余劳动力增长数量波动较大，仅2003年一年就增长了256万人。该方法在计算非农就业收入时采用的是农村劳动力在制造业、建筑业、批发业和零售、住宿和餐饮业行业的平均工资。陈先运（2004）研究了我国农业生产力影响因素需求情况，认为影响农业劳动力的主要因素是农业的自然资源、农业的生产经营方式和农业政策，其中农业资源对劳动力的需求最为明显。从这个角度看，要实现农用的综合效应优化，农业劳动力和农业生产资料应该有一个最佳的匹配比例，当劳动力超过了这一比例，说明劳动力出现了富余，这一指标可以用人均耕地面积的占有量来衡量。我国农村剩余劳动力又称隐性失业者，很多地方的农业（含种植业、养殖业、林、牧、渔业）生产充分就业后富余出来的劳动力数量可观，我们可以通过公式计算这部分劳动力：

$$SL_t = TL_t - DL_t \qquad (7-1)$$

7-1式中，TL_t表示农、林、牧、渔业总就业人数，DL_t表示保持农业充分就业的需求人数，SL_t表示农村剩余劳动力人数。我们也借鉴陈先运的这一思路，假定农业生产在某个时期是充分就业的，没有剩余劳动力，其后农业新增加的劳动力是过剩的，并假定未来某年的劳均耕地面积可以达到农业初期集约化经营的水平，并且假设该段时间内的劳均耕地面积年均增长率不变。因此，可以利用历史数据按照下式估算农村剩余劳动力：

$$SL_t = L_t - E_t / N_t \qquad (7-2)$$

$$N_t = \alpha \cdot (1+\beta)^{(t-1952)} \qquad (7-3)$$

上式7-2、式7-3中的E_t表示农业第t年的耕地面积；N_t表示第t年的劳均耕地面积；α表示假定农业劳动力充分就业时的劳均耕地面积；β

为劳均耕地面积变动率，用来描述农业生产技术进步对农业生产率的影响。我们按照陈先运的做法，以 1949—1957 年山东省劳均耕地面积的平均值确定为 =0.496 公顷。根据国家统计局测算，陈安良（2012）中国农业初期集约化经营水平可以达到劳均耕地面积 0.67—1.0 公顷。为估算劳均耕地面积变动率 β，我们利用 1980—2008 年的劳均耕地面积构建的预测模型估算出 β 值为 0.00433（以农业初期的集约化经营劳均耕地面积 0.67 公顷为线）。以此根据山东省统计年鉴的数据估算了山东省 1980—2012 年的农村剩余劳动力的数量（见表 7-2），本研究估算结果与陈海燕（2011）、于伟（2005）、陈先运（2004）、吴玉林（1996）等估算结果在绝大部分年份都是一致的，二者之间的偏差最高在 10% 左右，但跟姚梦茹（2014）采用的边际收入方法有较大的差别，因此估算结果基本上是可以利用的。

表 7-2　　　　1980—2012 年山东省农村剩余劳动力估算

年份	TS（万公顷）	N（公顷/人）	DL（万人）	L（万人）	SL（万人）	劳动力剩余率（%）
1980	722.30	0.56	1289.83	2458.10	1168.27	47.53
1981	717.32	0.56	1275.46	2508.20	1232.74	49.15
1982	719.42	0.56	1273.71	2520.80	1247.09	49.47
1983	718.58	0.57	1266.78	2950.80	1684.02	57.07
1984	717.88	0.57	1260.13	2509.10	1248.97	49.78
1985	700.25	0.57	1223.92	2438.60	1214.68	49.81
1986	692.06	0.57	1204.42	2431.10	1226.68	50.46
1987	694.23	0.58	1203.03	2422.60	1219.57	50.34
1988	680.77	0.58	1174.65	2474.50	1299.85	52.53
1989	687.20	0.58	1180.67	2527.60	1346.93	53.29
1990	682.34	0.58	1167.30	2585.70	1418.40	54.86
1991	682.72	0.59	1162.95	2708.00	1545.05	57.06
1992	677.82	0.59	1149.66	2705.10	1555.44	57.50
1993	672.36	0.59	1135.52	2689.90	1554.38	57.79
1994	666.28	0.59	1120.43	2541.70	1421.17	55.92
1995	661.28	0.60	1107.26	2832.30	1725.04	60.91

续表

年份	TS（万公顷）	N（公顷/人）	DL（万人）	L（万人）	SL（万人）	劳动力剩余率（%）
1996	664.77	0.60	1108.34	2788.00	1679.66	60.25
1997	660.75	0.60	1096.92	2812.50	1715.58	61.00
1998	656.53	0.60	1085.25	2837.30	1752.05	61.75
1999	770.86	0.61	1268.78	2811.70	1542.92	54.88
2000	765.57	0.61	1254.68	2887.70	1633.02	56.55
2001	765.24	0.61	1248.77	2863.60	1614.83	56.39
2002	763.61	0.62	1240.77	2769.60	1528.83	55.20
2003	757.79	0.62	1226.04	2638.30	1412.26	53.53
2004	752.28	0.62	1211.92	2542.10	1330.18	52.33
2005	768.90	0.62	1233.39	2350.30	1116.91	47.52
2006	768.90	0.63	1228.11	2328.00	1099.89	47.25
2007	684.70	0.63	1088.94	2265.20	1176.26	51.93
2008	750.70	0.63	1188.79	2313.50	1124.71	48.62
2009	750.33	0.63	1183.12	2297.40	1114.28	48.50
2010	749.64	0.64	1176.97	2273.10	1096.13	48.22
2011	747.46	0.64	1168.52	2213.50	1044.98	47.21
2012	745.28	0.64	1160.13	2168.00	1007.87	46.49

注：根据山东省统计年鉴算出。

根据以上对山东省剩余劳动力的计算，发现山东省的剩余劳动力以2004年作为分界点，2005年开始并没有出现较大幅度的波动，保持在1000万人口的剩余劳动力规模，占到山东省农村劳动力人口的46%，按照山东省新型城镇化规划，到2020年实现山东省的城镇化目标率达到63%，农村人口需转移1200人，按照这一目标，山东省可以基本消去农村剩余劳动力。

三、山东省人口、土地和GDP关键变量的预测模型

根据统计年鉴提供的数据，本研究选取2005—2013年作为仿真时间

段，预测时间段为2013—2020年。人口预测根据马尔萨斯人口增长模型。马尔萨斯的一阶线性微分方程解为：

$$p(t) = p(t_0) e^{r(t-t_0)} \quad (7-4)$$

上式中：$p(t)$为t年的预期人口数；$p(t_0)$为基年人口数；r为人口年增长率。根据以上方程，利用历史数据，得出山东省的马尔萨斯人口增长模型为：

$$p(t) = 8493\exp[5.6909‰(t-1990)] \quad (7-5)$$

鉴于山东省耕地面积波动较大和数据资料难以准确获得，本文采用灰色系统分析法GM（1，1）作为预测的基本方法。具体时间函数为：

$$x^{(1)}(t+1) = \left(x^{(1)}(0) - \frac{u}{a}\right) e^{-at} + \frac{u}{a} \quad (7-6)$$

令 $x^{(1)}(0) = x^{(0)}(1)$

求导后还原为：$x^{(0)}(t+1) = -a\left(x^{(0)}(1) - \frac{u}{a}\right) e^{-at} \quad (7-7)$

公式（7-6）、公式（7-7）为GM（1，1）模型灰色预测的基本计算公式。其中GM（1，1）模型中的参数a为发展系数，u为灰色作用量。根据山东省1998—2008年耕地面积数据，利用统计软件对数列进行了预测模型的拟合，得出如下公式：

$$x(t+1) = 74504.14998 e^{-0.008994864t} - 73843.40348 \quad (7-8)$$

山东省经济增长速度和全国有高度的相关性，预测未来山东省GDP的增速，可以参考对国家经济的发展速度的预测结果。2013年上半年，中国GDP增速为7.5%。对国家经济增长速度的预测，国内比较有影响的学者有林毅夫和刘世锦，林毅夫认为未来我国经济的增长速度会保持在8%，刘世锦研究发现，包括日本、韩国、中国台湾地区等，在经历了二三十年的经济高速增长以后，当人均GDP达到1.1万国际元的时候，经济增长率都出现不同程度的下降，下降的幅度大体是在30%到40%。最近二三年，东南沿海几个经济大省市，包括广东、江苏、山东、浙江、上海、北京等，以前增长速度都处于全国领先地位，这几年反而落到了全国的后面。因为它们都已经达到了人均GDP1.1万国际元，以此，提出了一个基本的判断，中国经济将由10%的高速增长期转到一个中速增长期，大体保持在7%。根据山东在全国的位置，以此确定山东省未来增长速度平均保持在8.5%左右。

四、收入差距收敛的模拟和预测结果分析

山东省城镇化进程模拟思路是：一方面根据已有的数据仿真2005—2013年我国城镇化进程中的城乡居民收入分配情况。在此基础上，将时间推移到2020年，采取预定的城镇化进程、人口增长率和国民经济增长速度，利用要完成既定的城镇化率需要转移的农村居民人口，设定不同年份劳动力转移人数，并根据山东省农民工市民化成本预测政府承担社会成本和转移支付能力，以此模拟山东省城镇化目标实现和城乡居民收入差距的关系（见图7-4）。在对山东省农业耕地面积规模和结构效益估计中，首先假定在预测期限内实现的1200万新增城镇转移人口为山东省辖区内的农村常住人口，对转移对象分不同年度实现转移，以转移人口数、人均耕地面积以及土地流转环境系数（α）的乘积作为山东省实现的土地流转规模，并以此计算土地规模和结构效益。在确定不同年份人均耕地面积转移量时，一方面参考前面计算农村剩余劳动力时的劳均耕地面积N（土地面积跟劳动力的比值），因在图7-4中模拟城镇化进程中的土地流转总量用到年均转移人数和劳均耕地面积两个指标，而指标N中没有考虑山东省总抚养比（GDR），在2005—2012年间GDR大约在0.35左右，N大约在0.63左右（人均9.45亩），结合两个数值，人均转移面积是2—3亩左右。山东省城乡居民收入收敛的模拟中还考虑到了土地流转环境，设计这一参数的主要目的是，土地流转要充分考虑农民的意愿，在土地流转市场（土地确权证明、土地等级评估、宅基地评估、土地招拍挂市场信息、涉农土地问题维权投诉的法律法规依据等）还没有制定以及完善时，农村土地流转速度就会受到抑制，为此，根据近期农村土地流转数量，据程冬民、周克任（2011）研究发现山东省2008年土地流转面积为262.67万亩，占全省耕地面积的2.7%，涉及118.1万农户，参照可以查证的资料，初步确定2005年的土地流转系数是0.018，2008年流转系数为0.055，按照这一系数计算的 2008 年山东省土地流转面积为 261.395 万亩。

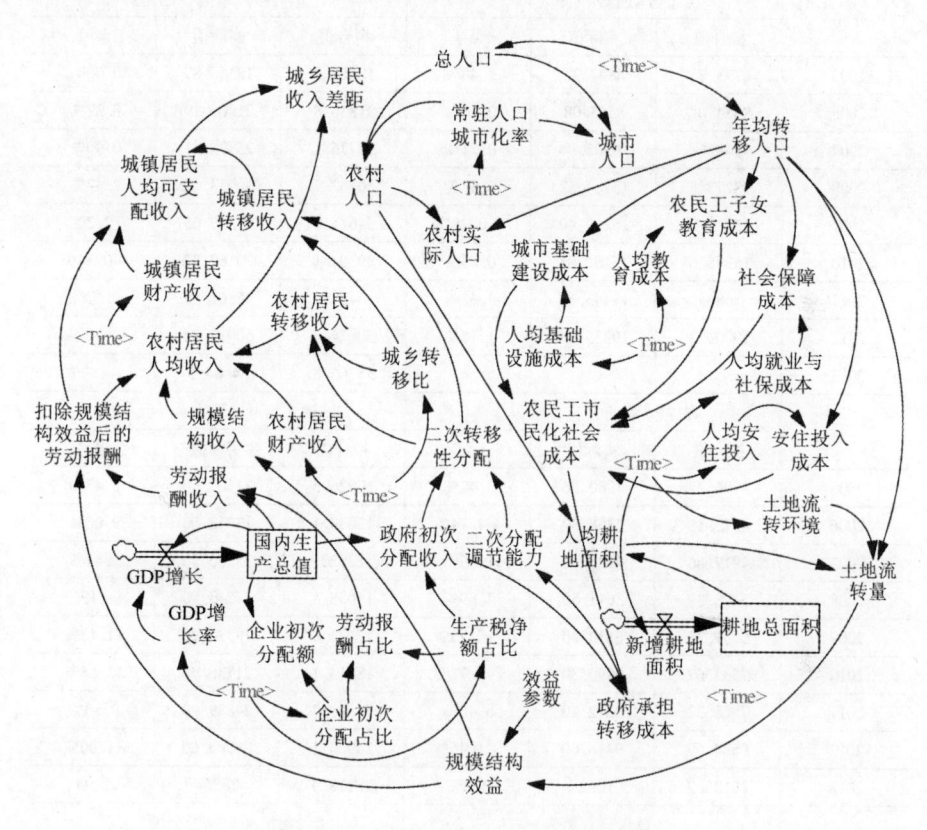

图 7-4 新型城镇化进程 SD 仿真流程

(一) 历史数据模拟分析

为验证系统动力学模型构建的正确性,选取 2005—2013 年的历史数据和仿真数据进行了对比,表 7-3 选取的指标是收入法 GDP 中的劳动报酬、国内生产总值、农村居民纯收入、城镇居民可支配收入、山东省总人口和耕地面积,从模拟结果看,四者拟合误差较小,通过检验。在城镇居民家庭人均可支配收入和农村居民纯收入拟合中,除 2008 年有一个较大的误差,其余都满足检验要求。

表 7–3　　2005—2020 年收入法 GDP 及构成仿真结果

年份	劳动报酬（亿元）			国内生产总值（亿元）		
	拟合值	实际值	误差	拟合值	实际值	误差
2005	6795.75	6897.92	1.48%	18366.9	18366.87	0.00%
2006	8514.02	8565.08	0.60%	21830.8	21900.19	0.32%
2007	10826	10902.94	0.71%	25776.1	25776.91	0.00%
2008	13273.8	13764.53	3.57%	30167.7	30933.28	2.47%
2009	15242.3	15200.40	-0.28%	34641.6	33896.65	-2.20%
2010	15328.6	15457.01	0.83%	39304.1	39169.92	-0.34%
2011	16864	17443.68	3.32%	44379	45361.85	2.17%
2012	19009.3	19235.34	1.18%	50024.6	50013.24	-0.02%
2013				55766.8	54684.3	-1.9%

	农村人均纯收入（元/人）			城镇人均可支配收入（元/人）		
	拟合值	实际值	误差	拟合值	实际值	误差
2005	3796.22	3930.50	3.42%	10626.5	11607.90	8.45%
2006	4575.16	4368.30	-4.74%	12033.1	13223.00	9.00%
2007	4917.66	4985.40	1.36%	13920	15366.30	9.41%
2008	5478.39	5641.50	2.89%	15058.4	17549.00	14.19%
2009	6151.32	6118.80	-0.53%	17125.8	19336.90	11.43%
2010	7533.67	6990.30	-7.77%	18813.1	21736.90	13.45%
2011	7808.32	8342.20	6.40%	22501.7	24889.90	9.60%
2012	9584.59	9446.60	-1.46%	24924.1	28005.60	11.00%
2013	10198.2	10620	3.8%	28118.9	28264	0.5%

	总人口（万人）			耕地面积（万公顷）		
	拟合值	实际值	误差	拟合值	实际值	误差
2005	9249.85	9248	-0.02%	688.153	688.2	0.01%
2006	9302.64	9307	0.05%	690.153	685.5	0.68%
2007	9355.73	9367	0.12%	692.995	684.7	-1.21%
2008	9409.13	9417	0.08%	694.823	751.76	7.57%
2009	9462.83	9470	0.08%	694.3	750.33	7.47%
2010	9516.83	9587	0.73%	693.964	749.64	7.43%
2011	9571.15	9637	0.68%	693.815	747.46	7.18%
2012	9625.77	9684	0.60%	693.909	745.28	6.89%
2013	9680.71	9685	0.4%	694.476	760	8.5%

（二）基于效率和公平收入的新型城镇化进程预测

利用模拟历史数据已建好的系统动力学模型，对山东省截至 2020 年的新型城镇化进程进行预测，得到以上关键指标的预测数据（见表7-4）。从预测结果看，尽管单独二孩政策2014年实施，"80"后、"90"后主要政策受惠人员受新的思想观念影响，短期内人口增长不会出现大的变化，截至2020年，山东省的人口总数达到一亿多，保证粮食产量红线的耕地面积为750.79万公顷。GDP指标作为实现城乡居民收入差距缩小的重要指标，在国内外经济环境因素影响下，2013年山东省GDP增速估计在9.5%左右，预测在经济结构调整和以民生为主的投资结构下，未来几年山东省GDP连续保持在10%以上的增速可能性几乎没有，以高于全国7%的平均速度，山东省的GDP增速至2020年保持在8%—9%之间，到2020年，GDP总量达到101847亿元，在这里不仅做大GDP这一"蛋糕"，要想实现城乡居民收入差距收敛，从公平的视角还要从总量指标中拿出更多的份额分配到农民手里。从模拟结果看，作为初次分配中的劳动报酬收入，到2020年初步实现了劳动报酬份额略高于GDP的一般多一点，劳动报酬占比为54%，达到54997.5亿元。农村居民纯收入到达年人均7.3万元，城镇居民可支配收入达到年人均9.5万元。

表7-4　　　　　　　　　新型城镇化进程关键指标预测

年份	人均纯收入（元/人）	可支配收入（元/人）	总人口（万人）	耕地面积（万公顷）	劳动报酬（亿元）	GDP（亿元）
2014	12492.3	33033.2	9735.96	696.623	25670.6	61120.4
2015	18548.3	39429.4	9791.53	701.131	29394	66804.6
2016	23792.7	49884.2	9847.41	707.662	33495.8	72817
2017	34906.4	61655.8	9903.61	715.729	38062.9	79297.7
2018	46440.2	72935	9960.13	725.314	43138	86275.9
2019	59147.5	84026.8	10017	736.988	48766.6	93782
2020	73302.7	95009.1	10074.1	750.792	54997.5	101847

山东省作为农业大省，土地作为农民的重要生存保障，历年来山东省农民土地的情结很浓，户籍制度又是横亘在城乡二元结构之间的不可逾越的鸿沟，致使土地细碎化难以实现现代农业的规模要求。从目前山东省的

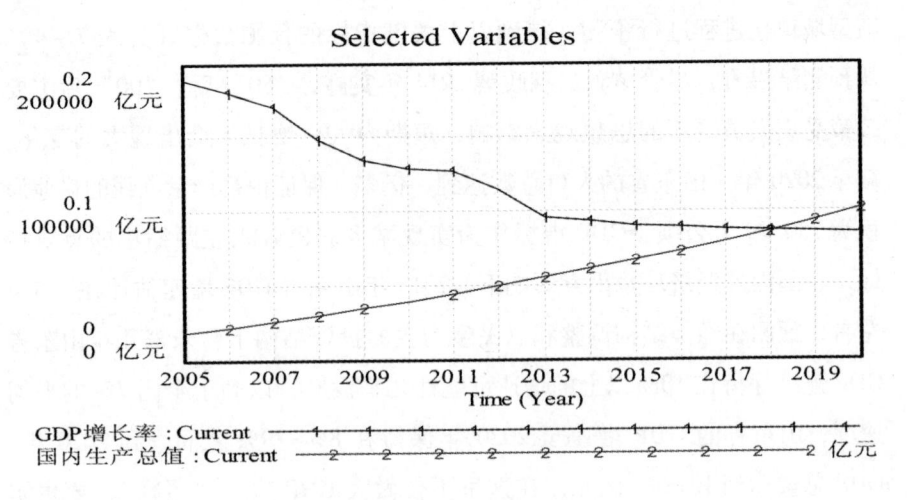

Selected Variables

图 7-5　山东省 GDP 及增长率

新型城镇化的目标要求看，要达到山东省的城镇化目标，规划期内需要转移的人口为 1200 万人，这些转移人口需要分散在不同的年份内来完成。中国社会科学院公布的测算结果显示，我国农业转移人口市民化的人均公共成本约为 13 万元，其中，东、中、西部地区分别为 17.6 万元、10.4 万元和 10.6 万元。据山东省建设厅、政协委员宋守军以及部分专家学者的调查，山东省位于东部地区，属于经济发达省份，城镇化成本要比中、西部要高，大体在人均 18 万元左右，这些成本构成包括城市基础建设成本、社会保障成本、随迁子女教育成本、个人住房成本、城市生活成本以及机会成本。城市基础建设成本用每年人均城镇固定资产投资额来计算；社会保障成本包括养老保险成本、医疗保险成本、失业保险成本；随迁子女教育成本指的是随迁子女在城镇就学的人均新建学校和义务教育成本；个人住房成本是指保障农民市民化后能在城市安居而进行的最低资金投入；城市生活成本则包括城镇生活的人均水、电、气、交通、通讯、食物等方面的支出；机会成本就是农民放弃耕地的收入。其中，住房成本所占比重最高，平均达到了 47.3%，城市基础建设成本为 27.6%。这一系列成本与地方经济挂钩。根据人均农民工市民化基础建设成本、教育成本、社会保障成本和安住成本，可以计算不同年份农民工转移中政府承担的农民工市民化总成本见（图7-6）。通过模拟结果看，将山东省的1200万人的转移人数分散在不同的年份，大体年均转移200万人，但转移速度由低到高，按照这一标准，山东省农民工市民化成本在2017年达到3005.26亿元，到2020年，在转移人数达到该阶段的最高峰240万人时，农民工市民化成本将高达4440亿元，人均转移成本到时将达到18.5万元，这一模拟结果跟大部分学者的预测结果相一致。

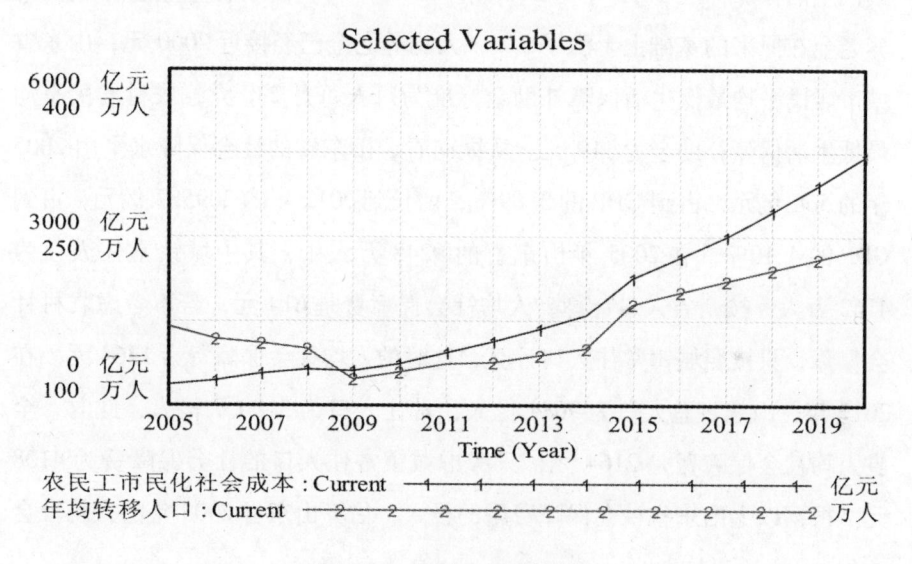

图7-6 农民工市民化成本

社会保障影响城乡居民收入差距，在这方面研究的学者有英国的尼古拉斯·巴尔（2000），他认为社会保障能够实现收入和效率与生活日常支出相平衡、社会中的不平等现象减少、整个社会更和谐三个目标。我国学者张翼（2010）认为城乡收入差距水平与城乡社会保障支出关系密切。徐倩、李放（2012）的研究也得出了社会保障支出对中国城乡收入差距的影响的结论，林志芬（2001）更直接地指出社会保障制度本质上就是一种收入再分配。山东省目前已经建立了以企事业机关人员的基本养老保险、城镇居民养老保险以及新农合社会保险为主要内容的养老保险体系，同时，为了体现全省的医疗卫生方面的社会公平性，建立了城镇职工、居民、农民农合医疗保险和机关事业单位公费医疗所的医疗保障体系。截止到2012年，山东省城镇居民的基本养老保险、医疗保险、工伤保险、失业保险和生育保险的参保人数分别为2063万、3100万、1339万、1010万、923万人。

2012年底，新农合参合率达到99.9%，农民领取最低生活保障的人数为250.7万人，城镇为53万人，财政安排专项资金6.9亿元。城镇月人均最低生活保障标准2012年为370元。2013年初，山东省企业退休人员的养老金在原来的基础上上涨了3%，人均养老金已经接近2000元，山东省城市居民平均最低生活保障补助金标准为每人每月238元，农村居民平均最低生活保障补助金为119元。从纵向看，山东省的社会保障水平由2005年的568亿元，占到GDP的3.09%，增长到2012年的2095.7亿元，占到GDP的4.19%。在2005年山东省的9248万人中，其中城镇常住人口为4162万人，按全省人口计算，人均社会保障费是614元，若不考虑农村社会保障，只按照城镇常住人口计算，这时的人均社会保障费为1364元。在2012年，山东省总人口为9684亿人，常住人口为5100.7亿人，此时，全省人均社会保障费是2164元，只考虑城镇常住人口的社会保障费为4108元。根据以上山东省社会保障费用的投入，估算山东省2005年的人均社会

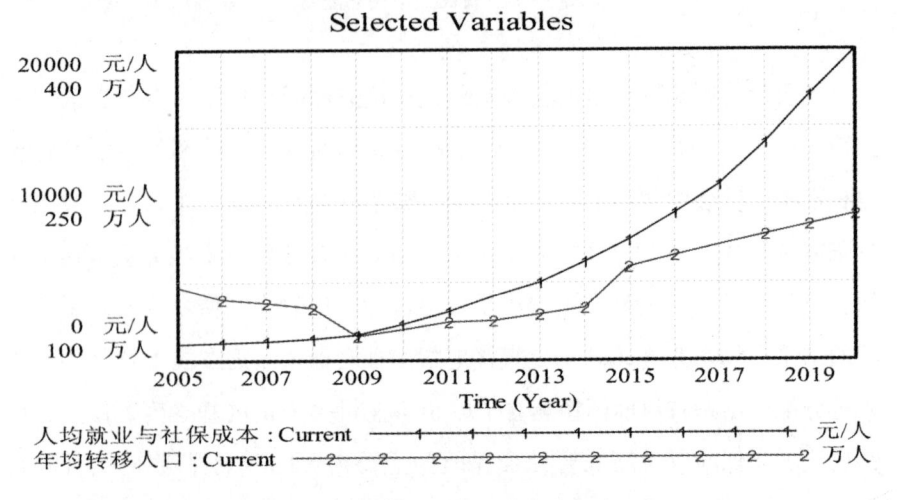

图7-7 农民工市民化社会保障成本

保障费为 1000 元。

在估算山东省农民工市民化成本中的城市基础设施建设成本和农民工安住成本时,参考了山东省城乡固定资产投资数据。2003 年山东省用于全社会的固定资产投资总额为 5326.7 亿元,其中城镇固定资产投资为 4128.8 亿元,农村固定资产投资为 1197.9 亿元,二者相差 2930.9 亿元,到了 2010 年全省固定资产投资为 23279.1 亿元,其中城镇固定资产投资为 18846.8 亿元,农村固定资产投资为 4432.3 亿元,二者的差距变为 14414.5 亿元,差距扩大了 4.9 倍。2005 年城镇的固定资产投资为 7274.8 亿元,城镇常住人口为 4162.8 万人,人均固定资产投资为 1.74 万元。其中这部分投资包括 50 万元及 50 万元以上的投资项目、房地产开发投资、城镇和工矿区私人建房投资。在对农民工市民化成本模拟时,将总的人均固定资产投资分解为城市基本建设投资和安住投入成本两部分,前者大体为 0.6 万元,后者为 1.1 万元左右。

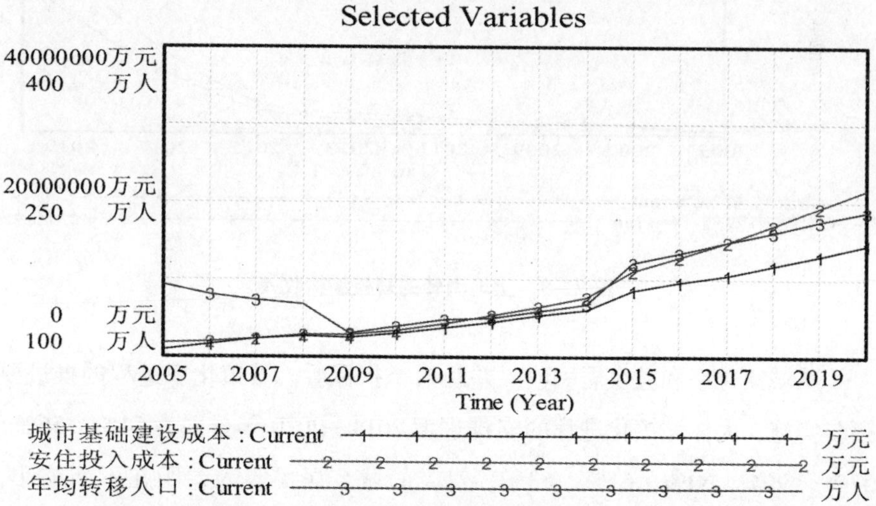

图 7-8　山东省农民工市民化安住和基础建设成本

假设 α 为土地流转环境（α≤1）,该环境因素影响到土地流转的程度,进而影响到不同时间段内土地的规模和结构效益。根据村庄调查数据,山东省土地单位面积粮食作物（以小麦和玉米为主）的年纯收入平均为 1000

元，种植特殊农作物如蔬菜、黄烟等产值较高，黄烟为年亩产 2500 元左右，大棚蔬菜为纯收入为 1—2 万元/亩不等。考虑到规模种植出现的产前交易效益（育种价格谈判力、风险赔付、水电节约成本）、土地集约效益（减少户用户之间的分界面积）、产后的销售成本和销售价格谈判能力等，以诸城舜王街道辖区 300 户家庭农户土地流转 1000 亩为调查案例，土地流转后的规模化和种植结构调整效益增值 58.5 万元（调查农户流入土地以种植业调整为主，养殖业较少）。大体估计山东省土地流转平均每亩年增收 500 元。从模拟结果看，在流转环境为 0.4 时，至 2020 年，土地流转量为 4350.74 万亩，规模和结构效益达到 217.537 亿元。

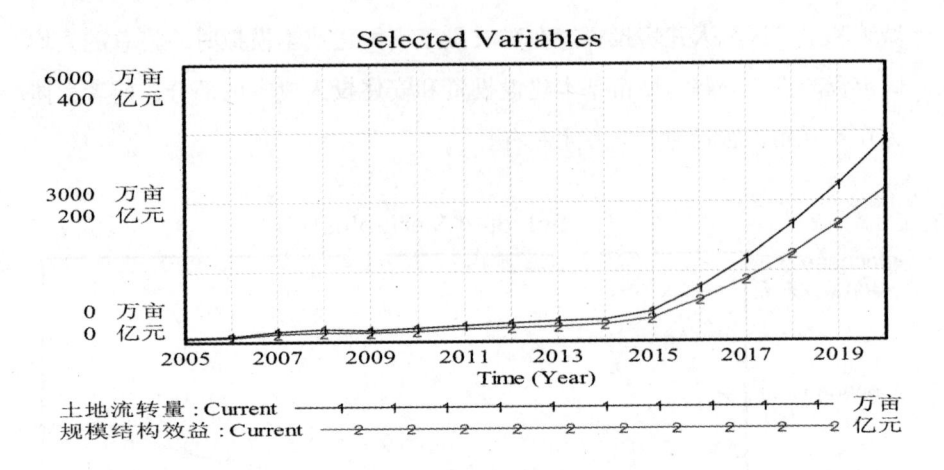

图 7-9　土地流转的规模结构收入

从城镇化率和城乡居民收入差距两个指标看，城镇化率进程的推进要逐步实施，大体城镇化进程的安排进度 2014—2020 年分别为 54%、56%、57%、58%、60%、61%、63%，对应的城乡居民收入差距在不断缩小，相应时间段的城乡居民收入差距比为：2.65、2.12、2.09、1.76、1.57、1.42、1.29。模拟结果是在城乡居民在初次分配收入、农村劳动力转移导致的农民工数量减少和土地流转导致的农民工土地规模结构效应和二次分配转移的共同作用下出现的二者收入收敛。

新型城镇化进程按照效率和公平的视角推进，从模拟结果看，山东省

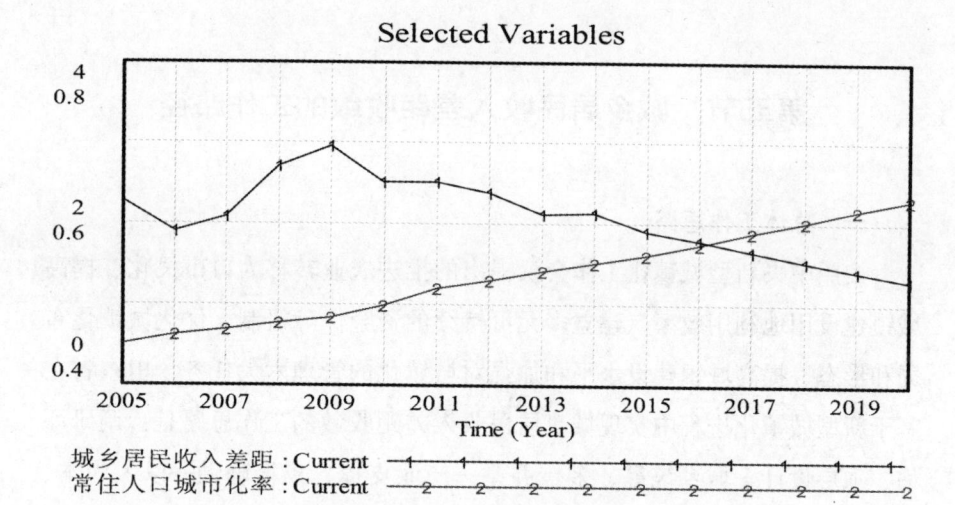

Selected Variables

图 7-10 城镇化率与城乡收入差距对比

城乡居民收入比越来越小，截止到 2020 年，农村居民纯收入接近 73302.7 元/人，城镇居民可支配收入接近 95009.1 元/人，按照目前的城镇化进程，利用公平和效率手段，城乡居民收入差距会逐渐收敛，到 2020 年，城乡居民收入比基本接近 1.296。

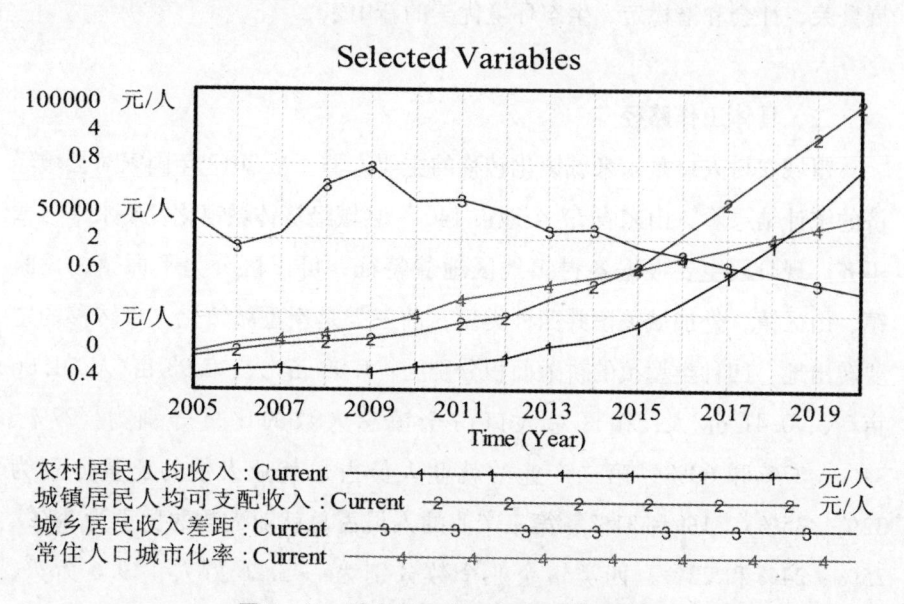

Selected Variables

图 7-11 城乡居民收入差距的收敛情况

第五节　城乡居民收入差距收敛的工作路径

一、总体工作思路

按照中央新型城镇化工作会议提出的推进农业转移人口市民化、提高城镇建设用地利用效率、建立多元可持续的资金保障机制、优化城镇化布局和形态、提高城镇建设水平和加强对城镇化的管理六大任务，山东省在基于新型城镇化进程中实现城乡居民收入差距收敛的工作思路是：调研评估、顶层设计—城乡统筹、多措并举—产业支撑、集群辅助—以人为本、立体服务。要实现山东省以消除城乡居民收入差距总目标下的人口转移和土地流转分目标，城镇化进程要使城镇和乡村建设"两个轮子"同时转，要坚持"大型城市完善配套消化人口、中小城市扩区增容吸纳人口、重点镇社区规划集中居住截留人口"的原则，以抓住转变经济发展方式为主线，实现产业集聚，人口集中、产城融合，以完善基础设施建设、提高城镇综合承载力和辐射带动力，加快推进新型城镇化步伐，努力打造经济发展繁荣、社会和谐稳定、生态环境优美的新山东。

二、具体工作路径

镇域农村人口是未来城镇化转移的主要人群。从 2012 年国家对县域经济的统计结果看，山东省 17 个地市 140 个县域经济体城镇化发展水平参差不齐。现阶段主要根据各村镇地区地貌特征，可以区分为平原镇、丘陵镇、山区镇，外加城关镇共四种类型，前三类是新型城镇化人口转移的主要转出地，四种类型镇的耕地面积分别为：1.09 亩/人、0.98 亩/人、1.06 亩/人、0.41 亩/人；镇区总人口占全镇总人数的比重分别为：27%、34%、27%和60%；第二产业的就业人员占总就业人数的比重分别为32%、35%、31%和31%，第三产业的人员占总就业人数的比重为28%、25%、24%和22%；四类镇企业个数分别为：48.26 万人、19.6 万人、3.32 万人和0.25 万人；企业规模分别是：26 人/个、28 人/个、26 人/个和 30 人/个；文化站图书馆数量分别为：0.67 个/万人、0.67 个/万人、0.37 个/万人和 0.88 个/万人；医院卫生室数量分别为：0.37 个/万人、0.36 个/万人、0.33 个/万人和 0.46 个/万人。以上数据显示，山东省四大分类镇区中人均耕地面积较小，最大的平原镇也只不过人均 1 亩多一点。从镇区总人口占全镇总人口的比重看，城关镇和丘陵镇占的比重最高，分别达到 60% 和 34%，而平原镇和山区镇人员居住相对分散。从山东省镇域企业规模看，企业的平均规模只有 30 人，说明镇域企业规模普遍较小，吸纳人员转移的能力较小。从镇域人员就业情况看，从事二、三产业的总人员之和的比重刚刚超过二分之一。

以上分析为我们提出了实现效率和公平的新型城镇化的具体工作路径：一是对山东省人员分布、产业布局等进行全面调研评估，按照农村留守人口、转移人口和在城镇就业人口三个群体进行空间再分配，整合镇域资源，完成顶层设计。二是对顶层设计进行目标分解，寻找投资主体和政府融资渠道，匡算新型城镇化建设预算资金，逐项落实。三是本着优化大都市圈建设，进一步扩大和完善大城市的已转移人口的社会福利政策和子女教育条件，解决大城市中有稳定职业的农民工身份问题。四是加大中小城市的扩区增容工作。在既有城区的基础上，为了发挥中小城市中心城区的辐射作用，可以将近郊县、镇纳入中小城区的管辖范围，使之成为一个辖区，尽快吸纳农村劳动力的转移。五是按照 2—3 公里的服务半径，撤镇合村设街办，对不适于居住的丘陵镇和山区镇村庄可以采取集体搬迁，政府给予一次性住房补贴。六是完善产业配套。城镇中转移农民工的配套产业以城市物业管理、城市环卫、城市交通物流等以体力劳动为主的服务业和劳动技能简单的加工制造业为主；国家在农村土地实施产权、承包权和使用权三权分离后，社区集中居住农民若将土地承包权保留，使用权流转到农场主手中，可以受雇于农场主，也可以到附近乡镇企业打工就业。七是以街道社区为主的新农村建设，要建立土地流转和农业信息交流平台，完善交通、水、电、暖、医疗卫生、教育和养老福利院等基础设施，要科学规划社区中的生活区和产业区，逐渐限制散养家禽、牲畜农户的居家饲养方式，尽量做到产业集群，集中饲养。八是"一寸一品"，形成由田地到餐桌的农产品产业链，错位发展，形成特色产业。

从山东省区域划分情况看，半岛（青岛、烟台、威海、潍坊、日照）地区和鲁中（淄博、莱芜、泰安）由于经济发展基础较好，区位条件优越，产业发展环境相对有利，所以其城镇化的现状相对更好。在这一地区，应该适度控制像青岛、烟台等大城市的发展规模，避免出现"摊大饼"式的发展模式，防止出现东京、北京等过密环境大城市病，将重点放在提升大城市的内涵和质量，同时利用产业政策诱导内外资企业，积极推进大城市产业的升级和换代，不断推进金融、信息、旅游和文化等第三产业和高新技术产业的发展。在大城市发展受限的产业或者配套产业可以积极向大城市的星型城镇或新区转移，并不断完善星型城市的基础设施，提高其空间转移人员的承载能力，我们以半岛镇域经济发展基础较高的青岛、烟台和潍坊为例，具体分析其差异化路径。

青岛市作为山东半岛城市群的"领头羊"和经济引擎，2013年底城市规模人口已经超过769.56万人，GDP为8006.6亿元，青岛市常住人口已达896.41万人，共有11个区，土地面积为11282平方公里，全市共有102个街道办事处、1023个社区委员会和43个镇，其中黄岛区10个、即墨市7个、胶州市6个、平度市12个、莱西市8个，2012年人口密度达到1901人/平方公里，第一、二、三产业的产值分别是352.41亿元、3641.39亿元和4012.80亿元。青岛的传统产业如家电电子、石化化工、汽车船舶、纺织服装、食品饮料、机械钢铁等在全国具有很强的竞争地位，但也面临着产业结构优化升级的环境压力，青岛市的新兴产业如新能源、新材料、节能、环保生物、新一代信息技术、高端装备制造业和新能源汽车还不够强大，难以形成主导产业，还在培育和发展中。农业中围绕高效特色农业、设施农业、品牌农业出现的农业专业化、标准化、规模化和集约化态势不够明显，青岛市围绕着蔬菜、渔业、畜牧、果茶苗木花卉五大产业的农业产业链条还需要进一步拓展。

为此，青岛市在新型城镇化建设中，要采取打破行政区划界，对一些发展潜力大、辐射能力强的重点地区进行组团式发展，如胶州湾节点、红岛组团、董家口组团、少海组团、温泉组团、新河组团、姜山组团等重点区域建设。这种组团发展模式可以发挥产业资源范围经济的优势，使人口集中、产业集聚、土地资源集约利用。在新型城镇化进程中，青岛要做到规划先行，合理安排县域城镇建设、农田保护、产业集聚、村落分布、生态涵养、水网体系等的空间布局，形成城乡一体、配套衔接的规划体系，建设一批高水平的新农村示范区，建立健全统一的建设用地市场，统筹城乡规划和土地管理使用，规范农村集体建设用地流转和宅基地管理。在产业发展方面，要利用产业政策和市场手段积极引导中心城区生产要素向外围城镇流动，促进城乡产业资源共享，优势互补。利用在外围城镇产业园区设立主导产业和产业园区定位，优化区域产业布局，实现错位竞争，优势互补。引导大项目和老城区搬迁企业向县域产业园区集聚，配套引进关联企业，完善县域服务业体系，大力发展新型城镇、新型农村社区、工业园区建设配套的服务业。

对各组团和以重点镇组成的街道社区，要加强以交通、水利为重点的农村基础设施建设，推进城乡基础设施一体化、网络化发展。尤其是首先优化发展这些人口集中居住区的对外交通，打通其至周边高速公路、国道、省道主干线的联系，优化城乡交通网络布局，推进城乡客运线路优化。加大公共财政对这些地区的饮用水和农田水利的投入，完善水网体系，统筹城乡公共服务，推进公共服务向农村覆盖，加快城乡公共服务制度的衔接和统一。教育方面要推进农村普通中小学标准化建设，改进薄弱幼儿园、统筹城乡职业教育发展。健全农村社区卫生服务网络，巩固和发展新型农村合作医疗制度，持续提高筹资标准和补助水平。实现新型农村养老保险制度全覆盖，推动城乡养老制度并轨。

烟台市作为山东省经济总量位居前三位的沿海开放城市，县域经济发展具备比较优势。以莱州市沙河镇、栖霞市桃村镇、蓬莱市北沟镇、龙口市诸由观镇、招远市辛庄镇、莱阳市姜疃镇、海阳市徐家店镇和福山区门楼镇组成的8个省级示范镇和以莱州市金城镇、栖霞市臧家庄镇、蓬莱市大辛店镇、蓬莱市刘家沟镇、龙口市诸由观镇、莱阳市团旺镇、海阳市徐家店镇、福山区门楼镇、牟平区龙泉镇和莱山区院格庄街道组成的10个市级生态文明示范镇（街）构成了以小城镇为主要特色的县域经济发展次中心。这些小城镇在新型城镇化进程中要发挥吸纳农村劳动力转移的作用，必须做到强化产业支撑，增强发展动力。为发挥产业集聚效应，要在示范镇集中建设发展产业园区，引导镇域内和周边乡镇的企业向园区集聚，积极承接城市的产业转移和辐射。在基础设施建设方面，要坚持园区与镇区基础设施共建共享，推动产城一体、镇园融合。此外，在政策上要对适合在小城镇发展的招商引资项目，优先安排在示范镇。政策上要积极赋予示范镇相关的县级经济社会管理权限，在保障发展用地上，土地利用总体规划修编试点中，应充分考虑示范镇发展需要。鼓励示范镇开展"旧房、旧村、旧厂"改造和荒地、废弃地开发利用，鼓励示范镇进行迁村并点、土地整理，优先安排农村土地综合整治和城乡建设用地增减挂钩项目。不仅如此，还要适度扩大财权，探索建立示范镇财政金库，合理划分县、镇收支范围，逐步健全新型财税分配机制。加大金融支持，引导金融机构到示范镇增设网点，提高信贷支持力度。示范镇镇驻地应积极推行综合开发，取消自建民宅。小城镇镇域内的农房建设项目尽量安排在镇驻地，适时撤销相关行政村，建立城镇社区。加快建立完善小城镇住房保障制度，逐步把登记为城镇户口的农民和已在镇内就业并参加社会保险的外来务工人员纳入住房保障体系，对保留宅基地、承包地等权益的人员可提供公共租赁住房。

潍坊市镇域经济发展在山东省乃至全国都具有典型的代表性。如贸工农一体化、农业产业化、中小企业产权改革、农村社区化等县区经济发展措施都走在全国的前头。截止到 2012 年，全市特色产业镇发展到 58 个，其中省级特色产业镇 13 个；特色企业 7300 家、从业人员 59 万人，实现营业收入 2600 亿元、利税 224 亿元。特色产业镇已成为县域经济发展的引擎、人口就业的主要渠道。从发展新型城镇化、实现人口转移的产业支撑情况看，镇域经济存在的问题体现在产业发展缺乏长远规划、特色产业规模小、产业链条残缺和创新力不足的问题上。要鼓励土地流转、人口转移就业，实现农业规模效率，潍坊市各特色镇下一步的发展目标应该为立足当地产业优势，大力发展"专精特新"中小企业，促进特色产业聚集；以延伸、加宽产业链为目标，提高特色产业内部协作配套能力；调整优化经济结构，加快转型升级步伐，促进特色产业向高端、高质、高效发展。

在镇域经济产业发展上要立足于传统的劳动力密集型行业，积极吸纳农村剩余劳动力。食品加工行业一直是潍坊的传统优势产业，以诸城昌城镇为特征的"龙头企业+农户"的得利斯集团猪肉制品深加工特色产业发展模式已成为农业产业链延展的典型代表。目前，在潍坊镇域食品加工行业中已经涌现出像昌乐红河镇潍坊乐港食品股份有限公司为龙头的禽类制品特色产业、以诸城桃林镇的诸城市电力怡明茶业有限公司为龙头的绿茶特色产业、以诸城市辛兴镇的诸城东晓生物科技有限公司为龙头的玉米淀粉产品开发特色产业、以高密市夏庄镇的高密市南洋食品有限公司为龙头的精细农产品加工特色产业、昌邑市卜庄镇的潍坊富锦食品有限公司为龙头的禽类制品深加工特色产业、寿光圣城街道的山东寿光天成食品集团有限公司为龙头的畜禽产品加工特色产业、临朐城关街道的伊利乳业公司为龙头的乳制品加工特色产业，依托这些镇的特色产业的辐射带动作用，可以形成农业人口的集中转移、就业、居住等。在果蔬深加工业中，以青州市王坟镇红旗食品有限公司为龙头的山楂加工业；寿光化龙镇的寿光碧龙蔬菜果品有限公司的胡萝卜加工业；安丘凌河镇、寿光圣城街道、寿光洛城街道、昌乐红河镇的以潍坊鑫盛食品有限公司、寿光赛维绿色科技有限公司、山东维多利现代农业发展有限公司、潍坊四季丰食品有限公司为龙头的蔬菜深加工特色产业；临朐沂山镇、昌乐营丘镇的圣安食品有限公司、潍坊宽鼎隆食品有限公司的果品加工业。

专用机械也构成了潍坊市镇域经济的一大亮点，消化吸收了大量的农村劳动力，其中以昌乐营丘镇、诸城百尺河镇、坊子九龙街道、昌邑围子街道为基础，发展的以潍坊精华粉体工程设备有限公司、潍坊浩顺机械配件有限公司、诸城市圣阳机械有限公司、潍坊金利铸造有限公司、山东浩信机械有限公司等为龙头的铸造和精密铸锻特色产业，到 2015 年镇企业户数有望突破 1000 家，营业收入有望达到 290 亿元。以青州东夏镇、潍城乐埠山生态经济发展区的青州市恒易机械有限公司、大铁（潍坊）汽车工业有限公司为龙头的机械配件加工特色产业到 2015 年企业户数有望达到 200 家，营业收入有望达到 30 亿元。以诸城枳沟镇、寒亭区寒亭街道、潍城区军埠口镇、青州市弥河镇的万通铸造装备工程有限公司、山东圆友建设机械有限公司、山东亿佰通机械股份有限公司、青州市铸威新材料科技有限公司为龙头的机械制造特色产业，到 2015 年企业户数将达到 260 家，营业收入有望达到 240 亿元。以诸城舜王街道的诸城市众大屠宰机械有限公司为龙头的食品机械产业集群，到 2015 年户数将达到 40 家，营业收入有望达到 60 亿元。以寿光经济开发区的山东墨龙石油机械股份有限公司、寿光巨能控股有限公司、山东东宝钢管有限公司为龙头的石油装备机械特色产业，到 2015 年企业户数将达到 50 户，实现营业收入 280 亿元。

车船零部件业方面，诸城密州街道的以诸城巨环专用汽车有限公司为龙头的汽车零部件特色产业；昌邑围子街道以山东浩信机械公司为龙头的汽车配件特色产业；临朐县冶源镇以临朐弘泰汽车配件有限公司为龙头的汽车配件特色产业；青州市猫山工业园以江淮汽车有限公司为龙头的汽车零部件特色产业；寿光市洛城街道以寿光市泰丰汽车底盘制造有限公司、寿光万龙实业有限公司为龙头的汽车配件特色产业；寿光市羊口镇以寿光市甬德船业有限公司为龙头的船舶及零部件特色产业；寿光台头镇以银宝轮胎集团有限公司、华东橡胶有限公司、跃龙橡胶有限公司为龙头的橡胶轮胎特色产业。

建材及装饰制品业方面，临朐东城街道以山东华建铝业有限公司为龙头的铝型材特色产业；寿光市台头镇以寿光宏源防水材料有限公司、山东汇源建材集团有限公司、潍坊宇虹防水材料（集团）有限公司为龙头的防水材料特色产业；安丘新安街道以潍坊市盛宝塑钢有限公司为基础的玻璃钢特色产业；寿光上口镇以寿光通利窗饰有限公司为龙头的窗帘窗饰特色产业；昌乐县朱刘街道以山水水泥、乐化铝塑、亨利达钢结构有限公司为龙头，形成水泥、钢结构、铝塑板、防水材料等产品一体发展的建材产业；临朐县五井镇以临朐山水水泥为龙头的优质碳酸钙特色产业；寿光市古城街道以古城街道北孙云子村为龙头的遮阳网、PE 管材特色产业。

纺织服装业方面，高密姜庄镇、昌邑柳疃镇、昌邑饮马镇、临朐城关街道以高密市华庆经编制品有限公司、高密市富源印染有限公司、潍坊华宝纺织有限公司、昌邑市杨金华纺织有限公司、山东红叶地毯有限公司、山东华茂集团有限公司为龙头的纺织服装及印染特色产业；高密市密水街道以山东海宇鞋业有限公司、山东凤墩鞋业有限公司为龙头的制鞋特色产业；高密市朝阳街道以山东登升劳保用品有限公司、山东星宇劳保用品有限公司为龙头的劳保用品特色产业；寿光市洛城街道以寿光市嘉信纺织有限公司为龙头的纺织特色产业；寿光市圣城街道以山东千榕家纺有限公司、仙霞集团为龙头的家纺服装特色产业。

特色加工业方面，诸城石桥子镇、寿光洛城街道以诸城市松源木业有限责任公司、寿光市富士木业有限公司为龙头的木制品加工产业；昌乐县乔官镇以山东建中工贸有限公司为龙头的胶合板加工业；高密井沟镇以高密市福泰木制品厂为龙头的木质板特色产业；寒亭区高里镇以潍坊兴隆鬃发制品有限公司为龙头的猪鬃加工特色产业；昌乐城南街道、昌乐经济开发区以潍坊现代塑胶有限公司、昌乐前卫塑料制品有限公司为龙头的塑料制品特色产业；以昌乐鄌郚镇以昌乐百灵乐器有限公司、潍坊惠好乐器有限公司、潍坊盛大音响有限公司为龙头的乐器产业。

商贸物流业方面，坊子区坊城街道以山东世贸国际物流有限公司为龙头的现代物流特色产业；寒亭区开元街道以红星美凯龙为龙头的商贸物流特色产业；昌邑市柳疃镇以中国棉纺城为龙头的纺织印染交易与流通特色产业；寿光市圣城街道以五洲国际商品博览城和国际商贸城为龙头的现代物流特色产业；寿光文家街道以农产品物流园为龙头的现代物流特色产业；昌乐朱刘街道依托昌潍物流园，重点发展现代物流信息服务网络；安丘金冢子镇以山东晟鑫冷链物流股份有限公司为龙头的鲜活农产品、海产品现代物流企业。

新型城镇化完成农民身份转变、居住条件改善还不是最终目的，缩小城乡居民收入才是根本目标。因此，在城镇化规划过程中，依托产业实现农民工的转移、就业和集中居住是城镇化成败的关键。依托镇域特色产业，通过合理的规划和整合，通过宣传和政策诱导将专业和兼业留守农民工向这些具有产业基础和舒适居住环境的区域集中，一方面可以起到转移人口，实现农业的规模效率；另一方面也可以在集中居住中享受国家的公共福利待遇。

第六节　山东省实现城乡居民收入差距收敛的路径保障

一、加大城镇化建设投入资金，降低农民的转移成本

从对山东省的模拟结果看，以兼顾公平和效应的新型城镇化道路能够实现城乡居民收入差距收敛，结果显示，这一过程中城镇化成本也是巨大的。如此高的城镇化成本完全由政府承担或者完全由农民承担都不现实，需要政府、企业和农民工共同承担。从城镇化成本的组成看，基础设施建设成本和农民工住房成本占到了很大的比重，基础设施建设成本主要由政府承担，作为收入较低的农民，住房问题能否解决关系到农民的流转意愿，在解决农民工的住房问题方面，政府要将农民工的住房问题纳入城镇居民住房保障政策中通盘考虑，保障性住房建设一定要充分了解农民工的群体特点、经济能力、居住选择，在不同层次的城市中实行有差别的保障性住房政策。在中小城市和城镇中要全面开放廉租房和经济适用房保障政策，政策的实施重点以买房定住为主，以劳动寿命40年为住房回收期为宜，尽量能让农民工租得起、留得住、稳得下。对于长期居住在特大城市或大城市的农民工，可以考虑按照城镇居民的收费标准，提供经济适用房、廉租房和限价商品房，对于参与农民工安住建设的房地产企业，政府要在土地供应、资金投入和税收减免方面给予更多的优惠政策。涉及到基础教育的公共品投入是政府的责任，要实现全民共享。农村教育经费要不断充实和增长，要切实监督和检查农村九年制义务教育的实施情况，加大农村寄宿制学校的投资力度，想办法解决留守儿童的教育问题，完善"流入地为主"和"公办学校为主"的"两为主"政策，要制定政策规定所有城市公办学校向农民工子女开放，让农民工和市民有同样的就近择校的权利，严格禁止公办学校对农民工子女关闭的歧视性做法。

二、从政策上解决转移农民工人口不落地问题

从考察山东省东部地区进城农民工的基本情况看，25岁左右的进城务工的新生代农民工只要自己愿意,在工资不高的情况下也能找到较为稳定的工作,家庭经济条件可以的,通过父母帮助和个人贷款,有的已经购买了房子。但一个解决不了的问题就是城市身份问题。目前进城农民工户口不落地的政策,导致农民工非农就业难度增加、就业成本居高不下、同工不同酬的歧视性工资待遇等问题层出不穷。这些身份的不同使得进城农民工即使有了稳定的工作也难以融入到城市生活中去。同时,农民工所从事的行业大都是工作环境差、工作风险性大、劳动强度高的劳动力密集型的行业,企业多数属于中小型企业,这些企业市场竞争激烈,产品同质性高,生命周期短,企业市场寿命短,农民工时刻面临着下岗和摩擦性失业等诸多问题,对农民工来说,本身工资报酬较低,又因身份问题得不到跟城镇居民享受的公共服务、保障性住房、教育、医疗、社会保险等政策带来的隐性收入,更增加了双方的差距。这些政策不调整,使得有转移意愿的农民也因预期到高昂的生活成本而放弃进城打算,从而影响城镇化进程和土地流转规模。

三、构建有利于土地流转的公共服务市场

在山东中西部地区,土地是农民重要的生产要素和生活保障,农民依靠自身劳动力和土地的结合维持了一代又一代人的生产和生活。尽管农民没有对土地的所有权,但有诸如使用、收益、转让和处置权,若国家实施了农民对土地的长期使用权,其实质就是农民拥有了对土地的所有权,拥有了这些权利,在理论上农民可以在法律允许的情况下对土地进行自由流转。因处在社会最底层,农民对自己赖以生存的土地的处理是慎之又慎,不到万不得已,不敢贸然处理手中的土地,农民的这种心态在一定程度上妨碍了土地流转的进程。为此,政府不仅要做到有形的土地改革,也要做到有形服务的改革,那就是让农民在土地流转前认识到土地流转的低风险性,较好的方式就是建立土地的评估市场、土地纠纷的仲裁服务市场,对农民进行土地确权、登记和颁证,以提高保护农民土地的法律基础。让农民在土地流转过程中安心、放心,促进流转市场的顺利进行。

四、加强对农村劳动力转移的组织和引导

按照山东省每年劳动力的转移数量,要达到此目标,必须加强对农村劳动力转移的组织和引导。目前山东省在全省层面还没有制定明确的关于农民工流转的具体方案和措施。对农民工引导方式可以采取多种经济手段,譬如工资、劳动力转移成本、社会福利、税收等等。目前山东省省内流动主要集中在农民工的居住地,这种转移成本相对较小,要大面积转移,需要采取多种刺激手段。对农民工流转问题,若缺乏相应的组织领导,对流入地和流出地都会产生影响。如在青岛、烟台和威海等地,很多劳动力转移到了二、三产业,当地又缺乏完善的土地流转市场,使农业劳动力出现了短缺,部分地方出现了弃耕、粗耕和厌耕的苗头,致使农村生产受到影响。在城镇,受雇佣的农民工也因缺乏统一的劳务政策和管理机构,合法权益得不到保障。如个别企业拒缴社会保险金、对农民工欠薪、迟发拖欠工资等。部分地方的劳动力中介市场被垄断,从而对农民工收取高价的介绍费等,这些问题都需要政府部门对农村劳动合同进行综合管理,从工作信息发布,到农民工雇佣,及至工作纠纷等的仲裁服务,政府都要履行主要职能。

五、培育适于农民工就业的配套产业

针对农民工群体的配套产业可以从两个方面进行。一是针对进城市民化的农民工群体,即第二代农民工。从目前山东省非农就业产业发展情况来看,农民工城镇就业分布比较集中的行业有建筑业、餐饮行业、食品行业、纺织服装行业、造纸行业、物流配送、城建行业,比较分散的行业有物业管理行业、城市卫生和绿化行业、个体零售行业和运输行业等。这些行业大都是劳动力密集型行业,劳动技能要求较低、劳动强度较大、劳动环境较差的行业,在山东省东部一些相对发达的城市,譬如青岛、烟台、济南和潍坊等,这些产业中诸如纺织、服装、造纸行业等因受到产业结构优化和升级的要求,面临产业转移和淘汰的压力。因此,我们对转移农民工就业情况要做好充分的心理准备,一方面要防止因产业转移导致农民工

失业，另一方面要防止因产业结构升级导致农民工结构性失业。我们首先要积极发展产业，扩大产业总量，使更多的资源和劳动力得到结合，以吸收更多的农村剩余劳动力。扩大产业要做到有所选择，对青岛、烟台、潍坊和济南等东部较为发达的城市，要大力发展城市公共服务业和城镇居民家庭服务业，城镇公共服务业以出租车行业、商贸物流行业、城市卫生和园林绿化美化行业、道路维修等城建行业，来吸纳农民工就业；城镇家庭服务业中以居家养老中的空巢老人护理、婴幼儿月嫂、家庭室内卫生清扫等；企事业单位和城市中的露天公园等物业管理方面存在大量的就业岗位，如安保员、卫生员、管护员等岗位劳动技能简单，经过简单的培训就可以上岗，也是吸纳农民工就业的主要工作场所。为吸引这些岗位雇用更多的农民工，政府在税收方面可以采取适当鼓励的政策，根据用人单位雇用农民工的数量进行兑现。

二是针对留守在农村的专业和兼业农民群体的产业配套。以目前山东省县域农村发展情况看，绝大多数农村的留守农民以45—65岁为主要农业劳动力，这个阶段的农民工子女和子孙年龄大都在25—30岁之间，属于典型的二代农民绝大多数有高中和技校学历，较少参加农业劳动，在县城中有固定职业和居所，回家务农的概率较小。在时间上推延25年后，在保证国家粮食安全的土地面积条件下，农业中家庭农场将是中国农村主要的土地经营方式。目前针对以留守农民为主的新型城镇化推进模式是发展重点镇和社区街办，尽量让不符合居住条件的农民整体搬迁和安置，政府要采取政策诱导农民实施集中居住。在农村人群比较集中的重点镇和社区街办，一方面，可以实现基础设施的集中投资，公共资源的集中使用，提高投资和使用效率；另一方面，为了增加兼业农民的工资水平，让农民在离土不离乡中实现非农就业，在完善的基础设施条件下，可以鼓励城镇中的涉农企业和农业龙头企业跟农民对接，进一步延伸农业产业链的长度和宽度，增加农产品的增值环节，吸纳更多的农民工参与农业产业链增值过程，如山东省诸城市在农村地区发展的木材加工业就属于典型的林业产业增值加工构成，在很多地方这种木材加工企业以形成产业集群，雇用了大量的季节性农民工，产品畅销国内外。在潍坊寿光，除了蔬菜大棚已经形成产业集群，成为全国蔬菜的集散地，由蔬菜带动的餐饮业，物流产业、信贷业也受到了"旁侧效应"，农民工在这些产业发展中获得了较高的收入。

第八章
城镇化路径下的农民市民化意愿分析

缩小城乡居民收入差距离不开新型城镇化进程的推进,新型城镇化是兼顾公平和效率、促进农民尽快增收的以人为本的城镇化。兼顾效率和公平的新型城镇化最为迫切需要解决的是农民工的非农转移问题和农民工的市民化问题,尤其是新生代农民工的市民化问题。根据国家统计公布的数据,我国新生代农民工进入城市的比例占农民工总数的58.4%(2011年),随着第一代农民工年龄的增长和陆续返回农村,新生代农民工已经成为进城务工的农民工主体。研究新生代农民工的进城意愿是关系到新型城镇化道路能否实现,进而能否解决城乡居民收入差距的关键。

第一节 农民工市民化意愿的研究方法

兼顾公平和效率的新型城镇化是实现城乡居民收入差距缩小的路径,新型城镇化只是一个实现城乡居民收入收敛的规划载体和路径,农民是否进入到该路径是由其意愿和诱导多方面决定的,为配合基于第七章对山东省新型城镇化进程中农民工转移数量的分析,我们在本章中专门利用设计调查问卷的办法对农民工的进城意愿进行了实际调查。为便于及时地沟通和交流,我们利用潍坊学院的学生调查队进行的与被调查者面对面访问法,主要调查范围集中在潍坊市所有县市区,为全面反映不同地区农民工的进城意愿,防止出现以偏概全问题,我们采取大样本容量,确定了3000份调查问卷,几乎遍布所有的县市区,采用便利抽样。数据整理采用的统计软件是 SPSS 20.0。

第二节　调查的样本特征

此次调研有效样本 2832 份，其中男性占 60.9%，女性占 39.1%；小学及以下的受访者占 22.6%，初中文化者占 35.1%，高中或中专文化者占 24.7%，受过高等教育的占 17.6%；受访者年龄均值 40.45 岁，按照 13—19 岁、20—39、40—59、60 岁以上四个等级，将受访者划分为青少年、青年、中年、老年四个组，各组频率为 0.4%、45.6%、46.5%、7.6%；受访者家庭收入均值 8.25 万元（毛收入），标准差 8.31 万元。将收入按照四位数划分，第一四分位数为 4.23 万元，第三四分位数为 10 万元，以此为分组界值，将收入分为低收入、中等收入、高收入三个组，有效样本结构占比分别为 25.0%、57.1%、17.9%。

第三节　农民工市民化意愿统计分析

一、农民工收入与市民化意愿

我们将农民收入水平划分为三类，分别为中、高和低。从调查结果看（见表 8-1），在调查的 670 名低收入农民中，有 38.5% 的农民有进城意愿；在调查的 1550 名中等收入水平的农民中，有近 45.3% 的农民有进城意愿；在 488 名被调查的高收入农民中，有 38.1% 的农民有进城意愿。以上统计结果可以说明，不同收入群体的进城意愿是不同的，具有最高进城意愿的收入群体是中等收入农民，其次是低收入农民，最后是高收入农民。我们再结合不同收入群体的调查人数占总调查人数的比例看，低、中、高收入群体调查人数占到总人数的比重分别为 24.7%、57.2%、18%。由此可以看出，未来接近一半的农民有进城意愿。统计结果中出现进城意愿两头小，中间大的原因，我们认为是低收入群体从个人收入能力方面还不足以支撑城市生活水平，而高收入群体可能是农村中的行家里手，土地作为其重要生产要素，具有一定的依赖性和获利空间所致。

表 8-1　　　农民低、中、高收入水平与进城意愿交叉表

		收入分组			合计
		低收入	中等收入	高收入	
移居城镇的打算	有	258	702	186	1146
	没有	412	848	302	1562
合计		670	1550	488	2708

二、农民工从事的职业与进城意愿

根据农民所擅长的职业特点，我们将其职业主要划分为五类，分别是种植业、养殖业、建筑业、机电业和其他职业。因调查范围的地域特点，本次调查以潍坊为例，潍坊地区为山东省的粮食主产区，种植业较为发达，因此，种植业所占比重较高，达到40%，其次为以物流运输业为主的其他产业，占到17%，养殖业、建筑业和机电业分别为4.2%、3.7%和3.3%。从整体看，在调查的2716名农民中，有接近43%的农民存在进城意愿，这一比例几乎占农民的一半。从不同职业农民进城意愿看，种植业、养殖业、建筑业、机电业和其他产业分别是37%、38%、42%、53%和48.3%，转移意愿最强的职业是机电业、其他产业和建筑业，从事这类职业的农民具有了一定的劳动技能，能够在非农就业中凭借自己的技术能力找到适合自己的工作，而种植业和养殖业农民因长期从事于农业领域，缺乏这种职业能力，所以对进城产生畏惧感，这是不愿意进城的主要原因。

表 8-2　　　　农民擅长职业与进城意愿交叉表

		家庭经济状况满意度					合计
		种植	养殖	建筑	机电	其他	
移居城镇的打算	有	402	115	102	100	436	1155
	没有	684	184	138	90	465	1561
合计		1086	299	240	190	901	2716

三、农民工家庭状况满意度与进城意愿

为分析农民家庭经济状况满意度对进城意愿的影响，研究中我们将农民对家庭经济状况满意度分为五大类（见表8-3），分别为很不满意、不满意、一般、满意和很满意。根据调查结果，在回答的2745名调查对象中，有42%的农民有进城意愿，接近一半。从满意度调查情况看，对家庭经济状况满意度的表现由很满意到很不满意的比例分别为：7%、39%、37%、13%和2.3%，可以看出农民对家庭经济状况不满意和很不满意的比例只有15.3%，这一比例较小，绝大多数农民还是对家庭经济状况满意度较高。从不同满意度农民进城意愿看，从很满意到很不满意的被调查农民群体中，有进城意愿的比例分别达到了45.3%、45%、36%、45%和53%。从中可以发现除了对家庭经济状况很不满意的农民工这一群体有更多的进城意愿，其他情况下几乎一致，都有接近一半的调查对象有进城意愿。

表8-3　　　　　　　农民家庭收入满意度与进城意愿交叉表

		家庭经济状况满意度					合计
		很不满意	不满意	一般	满意	很满意	
移居城镇的打算	有	34	162	377	492	96	1161
	没有	30	194	648	596	116	1584
合计		64	356	1025	1088	212	2745

四、农民工受教育水平与进城意愿

农民的文化程度应该是影响农民工进城意愿的一个重要原因。从调查结果看（见表8-4），农民的文化程度普遍较低，初中和小学文化程度的农民占到58%。在调查的2728位农民中，有1150位农民有进城意愿，占到调查人数的42%。从各文化程度的进城意愿看，小学、初中、高中或中专、大专及以上占比分别是26%、40%、52%、52%，从中可以明显地发

现学历层次越高,农民进城的愿望越强烈。这说明教育程度会影响到农民进城后的收入预期,教育程度越低的农民因缺乏劳动技能等人力资本,越怕到城市中难以找到合适的职业,这也从一个侧面反映出教育对农民职业选择的重要性。

表8-4　　　　　农民文化程度与进城意愿交叉表

		文化程度				合计
		小学	初中	高中或中专	大专及以上	
移居城镇的打算	有	164	388	349	249	1150
	没有	451	570	326	231	1578
合计		615	958	675	480	2728

五、农民工城镇化经历与进城意愿

我们的个人的直觉会认为有一定打工经历的人会更有进城意愿,因为城镇化务工经历会使自己开阔眼界,发现城乡之间的差别,同时对将来进城的就业机会也比没进城的农民工多。从调查结果看(见表8-5),将被调查的农民工分为有打工经历和没有打工经历两种,在1089名有打工经历的农民中,有49%的农民工有进城的意愿,在被调查的1624名没有进城务工经历的农民中,有37%的农民工选择了有打算进城的意愿。调查结果显示,有进城打工经历的农民工进城愿望越大。

表8-5　　　　　农民打工经历与进城意愿交叉表

		打工经历		合计
		有	没有	
移居城镇的打算	有	536	616	1152
	没有	553	1008	1561
合计		1089	1624	2713

六、农民工居住地与进城意愿

农民居住地跟城镇的距离反映了农民进城务工的时间成本和经济成本，距离越远农民进城越不方便，时间和经济成本越高。在调查中，我们依据被调查者的家庭常住地跟各县市区城镇距离将农民常住地划分为四类，分别为本村、乡镇或街办、县城和其他地区。从调查结果看，在家庭常住地为村的1682名农民中，有37%的农民有进城意愿，家庭常住地为乡镇或街办的412名被调查者中，有43%的农民有进城意愿，常住地为县城的农民中，有60%的有进城意愿，常住地为外地的103名被调查者中，有进城意愿的比例为52%。

表 8-6　　　　　　　农民家庭居住地与进城意愿交叉表

		家庭常住地				合计
		本村	乡镇或街办	县城	其他地区	
移居城镇的打算	有	634	178	278	54	1144
	没有	1048	234	189	49	1520
合计		1682	412	467	103	2664

七、农民工年龄与进城意愿

经验分析新生代农民工市民化意愿是强烈的。随着中国城镇化步伐的加快，新生代农民工在外出务工的过程中从生产方式和生活习惯都和市民接近并日益趋同。新生代农民工由于自身文化素质不断提高，对城市的认同不断增强；他们年轻，容易接受城市的文化和城市人的思维方式，这些都使得他们成为市民的愿望显得迫切而强烈。从本次调查结果看（见表8-7），老年群体中，被调查的199名农民中，占23%的比例有进城意愿；在中年群体中，被调查的1281名农民中，占38%的比例人群有进城意愿；在青年群体中，被调查的1260名农民中，整整50%的人群有进城意愿。从中我们可以看出，下一步在新型城镇化建设中，农村中的青壮年劳动力将是非农就业的主要转移对象，这些农民工乡土情结较淡，向往城市生活，具有较快融入城市生活的能力。

表 8-7　　　　　　　　农民年龄与进城意愿交叉表

		年龄分组				合计
		青少年	青年	中年	老年	
移居城镇的打算	有	2	630	485	46	1163
	没有	8	630	796	153	1587
合计		10	1260	1281	199	2750

八、农民工婚姻状况与进城意愿

从婚姻状况对农民进城影响情况分析，已婚者因为考虑到已经有了稳定的住所和家庭，尤其是考虑子女的教育等城镇化成本，会降低进城意愿。从调查结果看（见表 8-8），在被调查的 2225 名已婚农民中，占有 41% 的比例有进城意愿，在被调查的 429 名未婚农民中，占 51% 的比例有进城意愿。从中我们发现未婚的农民有更高的进城偏好。

表 8-8　　　　　　农民工婚姻状况与进城意愿交叉表

		婚姻状况			合计
		已婚	未婚	其他	
移居城镇的打算	有	912	217	15	1144
	没有	1313	212	36	1561
合计		2225	429	51	2705

第四节　农民进城的主要群体特征

一、新生代农民为主要群体

以上对农民进城意愿分析中，无论是从农民的进城经历、农民年龄结构、农民的教育层次、婚姻状况还是从对家庭收入的满意度调查结果看，有进城意愿的主要农民群体是新生代农民。单从学历层次看，半数以上的新生代农民拥有高中及以上学历，他们受教育程度高，具有一定文化素质，职业期望也较老一代农民工高、对物质和精神享受的追求也比较强烈，绝大部分不愿意留在农村种田；另外新生代农民也更容易适应新环境、接受新文化，因此其定居城市的意愿更强。尤其是我国职业教育面对的主要群体就是新生代农民，职业教育的课程增加主要体现职业技能培训，适应性、实用性的汽车维修、电焊、车工、钳工、工程机械、农用机械、农作物栽培技术、园艺工等技术工种大大增加了农民工的就业机会，使他们较容易地获得就业工作岗位。从新生代农民工的职业选择看，新生代农民工从事制造业和服务业的比例有所上升，建筑业的比例下降。新生代农民工在行业分布上与老一代农民工相比，存在着明显的"两升一降"特征。新生代农民从事行业最多的是制造业，这一比例要超过老一代农民；从事服务业的新生代农民也比老一代农民高；在建筑业这个长期以农民工为就业群体的职业中，新生代农民参与这一职业的比重也有所下降，说明新生代农民在职业选择上已经不是来者不拒，而是更多看中劳动环境和就业条件好的行业。

二、新生代农民进城面临的困境

新生代农民市民化要面临着住房、城市生活、子女教育、医疗保险和养老保险等巨大的进城成本。按照我们对山东省城镇化进程中农民工市民化成本模拟结果，山东省到2020年的农民工市民化人均成本接近18万元，如此巨大的成本尽管不能由农民自己承担，但很大的一部分要落到农民身上，农民若没有足够的经济实力就难以支撑他们住进城市，留在城市，并且保证正常的生活和发展。但从目前新生代农民工在城市的生活工作经历看，他们却经常面临经济权益遭受损害的尴尬局面。譬如强制加班或是加班工资低于法定标准；用工方在使用农民工时，对农民工的工资不按正常时间发放，甚至恶意欠薪；农民工用工单位不按照规定给农民工办理社会保险等。尽管农民工进城关心的不仅仅是劳动报酬，还有居住环境、娱乐环境和未来子女的教育环境，但经济权益是他们最为关心的问题，因为这是其他一切关心的基础和前提。调查结果显示：新生代农民工整体工资水平较老一代进城务工人员有所提高，但是依然处于较低水平，主要集中在1501—2500元和2501—3500元两个层次，这一工资水平对新生代农民工来说，想靠自己的薪酬在城市拥有自己的房子是一种奢想，新生代农民工认为定居城镇的最大困难是房价贵，但通过国家的廉租房政策以及商品房按揭贷款政策，再加上新一代农民工在父母帮助下，拥有自己的住房并不是遥不可及。

三、新生代农民市民化意愿与新型城镇化规划偏离

从调查情况看，新生代农民最理想的定居城市类型为：一般的地级市是他们想要定居城镇类型的首选，占到了意愿定居城镇人数的37.3%，其次是省会城市或副省会城市、县（县级市），分别占27.2%和23.2%，选择在直辖市和镇上定居的比例最少，分别是6.4%和5.9%。从调查的数据结果看，新生代农民工更愿意定居的城市类型还是偏向于"城"而非"镇"，而且更愿意定居在"大城市"或"特大城市"，选择定居在一般的地级城市及其以上规模的城市的比例超过了70%以上。而从我国政府工作报告（2013）中指出，由于特大、大型城市在人口数量和交通基础设施方面都集中凸显了"城市病"，交通堵塞、人满为患、电力和水资源严重超出城市所能承担的负荷，对特大城市和大城市要合理控制规模，充分发挥辐射带动作用；中小城市和小城镇要增强吸纳就业、人口集聚功能。但是由于特大、大城市因属于企事业单位高度密集区，拥有更多的就业机会和更好的公共设施和福利，工资比小城市要高，这些优越条件使得它们成为进城务工人员定居意愿较强的类型。因此，如何从我国的实际情况出发，首先从思想意识方面改变农民工的市民化城市选择意愿，进而从政策上引导农民工向中小城市、镇流动定居将成为摆在我们政府面前的一大难题。

四、新生代农民市民化认同度不高

新生代农民工同老一代农民工相比，具有较高的文化素质，他们具有

较强的自尊心和追求公平意识。在调查中,我们发现新生代农民工有超过80%的比例赞同与当地居民有同工同酬待遇,但实际情况却是仅有极少数农民工认为这种说法跟实际相符。从对新生代农民工和当地居民差异比较情况看,主要体现在工资待遇低、缺少社会保障、社会地位低、就业机会少等几个方面。这说明在获得与当地居民同等待遇上农民工的强烈意愿和现实情况存在着较大的落差。究其原因,一方面,由于现行体制的阻碍使得农民工即使来到了城镇,还是无法摆脱农村户籍对于城市生活的影响;另一方面,有接近一半的新生代农民工认为是务工地政府关心、帮助少造成差异的。有80%的新生代农民工赞同政府应当促进进城务工人员市民化,表明了其对于政府作为有很大的期望,然而与现实情况符合的仅为35%,反映了政府行动还未能满足农民工的市民化利益诉求。

第五节 农民进城意愿的二元 Logistic 回归分析

以上是我们通过频率统计的方法分析农民的进城意愿,这种分析只能粗略地提供一个进城与不进城的人员数量,为进一步更加准确地从定量分析的角度识别农民进城意愿的影响因素,我们采用 SPSS 中的二元 Logistic 回归分析,被解释变量为农民的进城意愿(1 表示愿意进城,0 表示不愿意进城),解释变量为在调查结果中选择被调查农民的家庭总收入和文化程度。

一、农民进城意愿计量分析

从"农民进城意愿回归分析汇总"表(见表 8-9)中可以看出:包括在分析中的案例 2688 个,缺失案例 144 个,分别占到选定案例的 94.9% 和 5.1%。在"因变量编码"中"进城意愿"的两种结果"是"或者"否"分别用值"1"或"0"代替,在"分类变量编码"中文化程度分为 4 类,如果选中"小学,初中,高中或中专,大专及以上"其中的任何一个,那么就取值为 1,未选中的为 0,如果三个都未被选中,那么就是"大专及以上",频率分别代表了处在某个教育水平的个数,从调查情况看,被调查农民中以受过初中教育程度的最多。该变量也作为分类变量共分为四类进入到模型中。

表 8-9　　　　　　　　农民进城意愿回归分析汇总

未加权的案例[a]		N（个）	百分比（%）
选定案例	包括在分析中	2688	94.9
	缺失案例	144	5.1
	未选定的案例	0	0.0
	总计	2832	100.0

a 如果权重有效,请参见分类表已获得案例总数。

表 8-10　　　　　　　　　分类变量编码

		频率	参数编码		
			(1)	(2)	(3)
文化程度	小学	608	1.000	0.000	0.000
	初中	945	0.000	1.000	0.000
	高中或中专	668	0.000	0.000	1.000
	大专及以上	467	0.000	0.000	0.000

在分类表 8-11 中可以看出,预测有 1133 名有移居城镇打算,有 1555 名没有移居城镇的打算,在方程中的变量表 8-12 中,最初是对"常数项"记性赋值,B 为 -0.317,标准误差为:0.039,那么 Wald = $(B/S.E.)^2 = (-0.317/0.039)^2 = 66.06772$,跟表中的"65.701"几乎接近,是因为我们对数据进行向下舍入的关系,所以数据会稍微偏大。常数 B 的自由度为 1,Sig. 为 0.000,非常显著。

表8－11　　　　　　　　　　　　　分类表

已观测			已预测		
			移居城镇的打算		百分比校正
			没有	有	
步骤0	移居城镇的打算	没有	1555	0	100.0
		有	1133	0	0.0
	总计百分比				57.8

a. 模型中包括常量。

b. 切割值为 .500。

表8－12　　　　　　　　　　　　方程中的变量

		B	S. E.	Wald	df	Sig.	Exp（B）
步骤0	Constant	-0.317	0.039	65.701	1	0.000	0.729

从不在方程中的变量可以看出，最初模型，只有常数项被纳入了模型，其他变量都不在最初模型内。表中分别给出了变量得分、df 和 Sig. 三个值，而其中得分（Score）计算公式如下：

$$Score_j = \frac{[\sum_{1}^{n} x_i (y_i - \bar{y})]^2}{\bar{y}(1-\bar{y}) \sum_{1}^{n} x_i (x_i - \bar{x})^2}$$

表8－13　　　　　　　　　　　不在方程中的变量[a]

			得分	df	Sig.
步骤0	变量	文化程度	105.305	3	0.000
		文化程度（1）	77.472	1	0.000
		文化程度（2）	1.783	1	0.182
		文化程度（3）	33.920	1	0.000
		收入元	0.007	1	0.932

a. 因冗余而未计算残差卡方。

在模型系数的综合检验表（见表 8-14）中，我们采用的方法是强行进入（Enter），从表中可以看出：在 4 个自由度的模型中，根据设定的显著性值和自由度，可以算出卡方临界值，公式为： = CHIINV（显著性值，自由度），通过 Excel 计算得到在此的卡方临界值 CHIINV（0.05, 4）= 9.487729，模型计算的临界值为 109.345，大于临界值。检验结果显示所有的 Sig. 值都小于 0.05，因此，在显著水平为 0.05 的情况下，这些检验都通过。在表 8-15 "模型汇总" 中可以看出：Cox&Snell R^2 和 Nagelkerke R^2 拟合效果都不太理想，最终理想模型为：0.040 和 0.054，最大似然平方的对数值都比较大，明显是显著的。

表 8-14　　　　　　　　　　　模型系数的综合检验

		卡方	df	Sig.
步骤 1	步骤	109.345	4	0.000
	块	109.345	4	0.000
	模型	109.345	4	0.000

表 8-15　　　　　　　　　　　模型汇总

步骤	-2 对数似然值	Cox & Snell R^2	Nagelkerke R^2
1	3550.488[a]	0.040	0.054

a. 因为参数估计的更改范围小于 0.001，所以估计在迭代次数 4 处终止。

从 Hosmer 和 Lemeshow 检验表中，可以看出：经过迭代后，最终的卡方统计量为：8.870，卡方临界值为 CHIINV（0.05, 8）= 15.50731，作为 Hosmer-Lemeshow 检验的卡方统计量小于临界值（8.870 < 15.50731），检验通过。从 Sig. 角度来看：0.353 大于 0.05，说明模型能够很好地拟合整体，不存在显著的差异。从 Hosmer 和 Lemeshow 检验随机表中可以看出："观测值"和"期望值"几乎是接近的，不存在很大差异，说明模型拟合效果比较理想，印证了"Hosmer 和 Lemeshow 检验"中的结果。

表 8 – 16　　　　　　　　Hosmer and Lemeshow 检验

步骤	卡方	df	Sig.
1	8.870	8	0.353

表 8 – 17　　　　　　Hosmer 和 Lemeshow 检验的随机性表

		移居城镇的打算 = 没有		移居城镇的打算 = 有		计
		已观测	期望值	已观测	期望值	
步骤 1	1	187	187.908	67	66.092	254
	2	189	190.606	72	70.394	261
	3	162	156.798	77	82.202	239
	4	164	164.142	111	110.858	275
	5	151	161.156	121	110.844	272
	6	164	157.627	105	111.373	269
	7	156	145.223	140	150.777	296
	8	113	129.578	157	140.422	270
	9	121	119.648	130	131.352	251
	10	148	142.315	153	158.685	301

表 8 – 18 中显示出了最终模型中的变量，B 对应的是最终模型参数的估计值，常数项为 0.136，收入回归系数为 0，小学文化程度、初中文化程度、高中或中专文化程度的系数依次为 – 1.108、– 0.479、– 0.011。据此可以建立以下线性关系：

$Z = 0.136 - 1.108 \times$ 小学文化程度 $- 0.479 \times$ 初中文化程度 $- 0.011 \times$ 高中或中专文化程度，将上面的关系代入 $p(y) = \dfrac{1}{1 + e^{-z}}$ 中，即可利用此概率公式对因变量进城意愿进行预测。

表 8-18　　　　　　　　　　方程中的变量

		B	S. E.	Wals	df	Sig.	Exp（B）	EXP（B）的95%C. I. 下限	上限
步骤 1a	文化程度			103.358	3	0.000			
	文化程度（1）	-1.108	0.131	71.568	1	0.000	0.330	0.255	0.427
	文化程度（2）	-0.479	0.114	17.580	1	0.000	0.619	0.495	0.775
	文化程度（3）	-0.011	0.121	0.009	1	0.927	0.989	0.780	1.253
	收入元	0.000	0.000	1.321	1	0.250	1.000	1.000	1.000
	常量	0.136	0.104	1.710	1	0.191	1.146		

a. 在步骤1中输入的变量：文化程度，收入元。

二、结论分析

对农民工的进城意愿采用农民工受教育程度（小学、初中、高中及中专、大学及以上）、农民工的收入状况进行 Logistic 分析，从 Logistic 分析结果看，收入状况对农民工的进城意愿的影响较小。本章中在对不同收入群体的农民工和进城意愿的交叉分析中，结果显示具有最高进城意愿的收入群体是中等收入农民，其次是低收入农民，最后是高收入农民，结合调查结果，低、中、高收入群体调查人数占到总人数的比重分别为24.7%、57.2%、18%。农民工受教育程度影响农民工进城意愿要远远超过农民收入，而且农民工接受教育的程度对农民工进城意愿的影响也表现出一定程度的差别，结果显示，接受教育程度越高的农民工要比接受教育程度小的农民工更有进城的意愿。

第九章
主要结论和制度安排

第一节 主要结论

一、效率和公平是影响收入差距的主要原因

以往在我国城乡二元刚性结构存在的情况下,城乡收入差距有其存在的必然性。在农业内部,农业的弱质和农民的弱势使其无论是在经济上还是政治上都被边缘化,农业如同一个家境贫困的辛劳母亲,在倾注所有的乳汁和金钱喂养培育一个茁壮成长的孩子,当孩子长大成人,远走高飞,成家独立门户之时,由于平常日没有太注意母亲的变化,也没拿出较多的时间和回馈来报答母亲,当有一天突然发现母亲对自己带回去的东西不再喜欢,甚至难以享用,我们发现母亲老了、病了、不能消费的时候,我们的心是何等酸楚。农业有过类似的经历,当我们还没有从法律的高度认识、处理公平问题时,农村真穷、农民真苦和农业真危险的"三农"问题我们还不以为然,这正如因营养不足而未老先衰的母亲。当我们的产品在城镇基本饱和,甚至没有带有感恩的思想去寻找农村市场时,我们发现问题的存在了。

因二元结构导致的效率和公平缺失在农业中体现得淋漓尽致。首先严格的户籍管理制度和城市歧视性的对农民工排外环境,让绝大多数农民工滞留在农村,尽管没有有形的枷锁,但无形的束缚和无望的预期使其成为默默无闻的失业者。当地方官员热衷于锦标赛式的晋升模式、企业家又在不顾一切地追求资本高额的回报率，学术界又缺乏良知的有识之士发出呐喊之声时，作为处在产业结构最低端的农业自然成为缺乏资金、缺乏人才、缺乏资源的被边缘化的产业。其次，二元结构的无效率在今天体现得越来越明显。劳动力和土地是农民最重要的生产要素，在新中国成立初期劳动力水平处在低级阶段时，我国较为丰富的土地资源和丰富的人力资源存在较高的匹配，当土地承包责任制实施后，一时释放了巨大的劳动生产力，农业产量得到大幅提升。但是，今非昔比，当以家庭为主的细碎化的土地承包制依然存在，而现代化的农业生产工具已经出现在农村市场上之时，这种土地所有制形式又成为阻碍农业发展的绊脚石，农业产业化的规模经营难以体现，多数地方的农民因土地缺乏流转环境而不得不望机兴叹，再次体验"面朝黄土背朝天"的生活，这些因缺乏公平，导致效率丧失的问题在没有解决二元结构之前始终是导致城乡居民收入差距的主要原因。

二、兼顾效率和公平的城镇化是实现城乡收入差距收敛的路径

实现城乡居民收入差距收敛的方法是兼顾效率和公平，而能够体现这一重要方法的路径和载体就是新型城镇化。这是因为二元结构如同两个"潘多拉魔盒"，所有的农村要素被禁锢在农村魔盒之中，城镇生产要素被禁锢在城镇魔盒之中，它们之间唯一连通的是一个装有微弱细流的单向阀门的开关，具有一定能量的农村要素资源可以实现跨域。今天的新型城镇化就是开启潘多拉盒子的钥匙，不仅如此，还在两个魔盒之间搭建了一个双向阀门，实现了城乡双向的物质信息交流。新型城镇化是一个消除城乡二元结构的城镇化，其中的重要体现是以户籍制度为代表的重要改革，这一制度安排在农村劳动力要素效率提高方面将是历史性的。作为拥有最完整产权的劳动力，农民的身份被彻底解放了，没有了城乡之分，没有了流动性的"盲流"歧视，农民至少可以在无身份贵贱的竞争环境下不输在起跑线上，若自己还有一技之长，完全可以和城镇居民同台竞争，这不仅实现了公平，而且农民从农业流转到二、三产业中去，可以实现更多的劳动收入。新型城镇化是一个实现农民非农就业和土地集约利用的城镇化。要实现中国的城乡居民收入差距缩小，转移农业人口，实现农业产业化是一

个不可跨越的门槛。从目前情况看，以前很多地方的城镇化是建设用地粗放低效的城镇化，可以毫不客气地称为土地城镇化，这些地方的土地城镇化快于人口城镇化。还有些城市在城镇化进程中采取"摊大饼"式的扩张模式，追求"宽、大、全、洋"，马路越宽越好，广场越大越好，新城区、开发区和工业区一个都不能少，越全越好，地产开发项目越洋越好。很多地方因产业配套设施不全、流动人口较少，很多开发区土地闲置，房地产项目成为"鬼城"，土地浪费现象惊人。据国家土地管理局统计，1996—2012年，全国建设用地年均增加724万亩，其中城镇建设用地年均增加357万亩；2010—2012年，全国建设用地年均增加953万亩，其中城镇建设用地年均增加515万亩。2000—2011年，城镇建成区面积增长76.4%，远高于城镇人口50.5%的增长速度；农村人口减少1.33亿人，农村居民点用地却增加了3045万亩。一些地方过度依赖土地出让收入和土地抵押融资推进城镇建设，加剧了土地粗放利用，浪费了大量耕地资源，威胁到国家粮食安全和生态安全，也加大了地方政府性债务等财政金融风险。

三、收入差距收敛是一个复杂的系统工程

影响城乡居民收入的因素是多方面的，从主体方面看，有农业内部因素，也有农业外部因素；从时间因素看，有历史因素，也有现实因素；从空间因素看，有区位因素，也有资源因素。在以城镇化为载体实现城乡居民收入缩小的过程中，需要通盘考虑各种因素。从表面看，无论是城镇居民的可支配收入还是农村居民的纯收入，不外乎包括工资性收入、经营性收入、财产性收入和转移性收入四部分，但其来源的渠道是错综复杂的。从工资性收入看，城乡居民之间，抛开农民工的人力资源禀赋，因身份问题受到的歧视性待遇就会产生同工不同酬问题，这些都会造成工资性收入差距。城乡居民内部，自然垄断企业的工资往往会高于其他的一般性企业，这些企业因行业特点和大多数属于国有企业的特殊性质，存在监管的困难。同是工资问题，国家在确定国民生产总值的初次分配，在税收收入的二次分配，甚至是三次分配中，存在此消彼长的关系。近年来，人们发现劳动力份额出现了减少，这种减少一个关键因素是资本替代劳动，这是

产业结构升级的必然要求，但从减少城乡居民收入差距看，这种趋势只能使城乡居民收入扩大，因为，目前劳动密集型企业中的劳动力大多数属于农民工，而资本所有者要么属于国家，要么属于城市中的中产阶级。国家不进行产业结构优化和升级，产业结构层次太低，产业要素的边际产出就会越小，产业工人、产业资本家、企业盈余以及国家的税收就会减少，国家的一、二次分配能力就受到限制，这不仅影响到城乡居民工资性收入，还影响到他们的货币性收入以及转移性收入等。在对劳动报酬份额的分配问题进行调整，在GDP的"总盘子"一定的情况下，同样牵扯到诸如企业营业盈余收入、生产税净额收入以及固定资产折旧等一系列问题的调整，过大的劳动报酬收入份额，会使企业因缺乏足够的资本积累而失去投资动力，还会使企业没有足够的固定资产折旧提取而减少新设备、新技术的使用，国家生产税也相应会减少。但是从问题的反面思考，我们会发现，居民收入的增加会刺激消费，旺盛的消费需求会使企业的产品市场巨大，企业自然会有更多的销售收入，因此，这种复杂的多原因问题使我们在减少城乡居民收入差距时，考虑在尽量保持一定劳动报酬比的情况下，在城镇居民和农村居民的劳动份额"总盘子"中实现微调，运用系统的观点进行思考分析。

四、协同效率和公平可以缩短城乡收入差距收敛的路径

在以新型城镇化为载体和路径上实现城乡居民收入差距收敛，这一进程有长有短，实现成本有高有低。从进程的长短看，可能我们大部分人认为越短越好，本人认为这样欲速则不达。比如为了提高农业、农民劳动效率，我们通常的思路是一方面尽快实现农村劳动力的转移，减少农业人口，增加非农业人口；另一方面尽快完成土地流转，实现农业规模化、产业化经营。但是在我国目前大中型城市作为唯一消化农民工转移去向的背景下，城市相关的配套基础设施以及配套产业尚未建立起来，城市产业工人失业问题大量存在，短时间内让很多不具备进程意愿的农民工被城镇化，不但不会使城乡居民收入缩小，反而会带来巨大的社会灾难。同理，从实现的成本考虑，我们说兼顾效率和公平的居民收入差距收敛路径付出的成本最小。正如我们以上分析的在单纯考虑农业、农民效率问题，不考虑对农业的公平投入问题、土地制度改革问题、农民工的进城成本问题，这样势必会出现城镇化进程的巨大阻力，无论是失地农民还是兼业农民，群体上访事件，因城市卫生、治安管理产生的群体斗殴事件会给整个社会带来巨大的社会成本。我们可以选择兼顾公平的路径进城，这种进城不再视大中型城市为唯一的农民工转移去向，我们在适度的城镇化进程中，加大对农业的基础设施投入、社会福利投入、公共卫生安全投入、土地流转环境的投入，选择众多具有一定产业和人口基础，安住环境适宜的小型县城，甚至是街办、重点镇作为农民工的转移地点，并配合加大农村土地改革的力度，这样不仅可以减少政府和农民的干群关系，大大减少因农民工被城镇化导致的巨大社会风险成本，也可以减少政府的转移成本，同时，还可以为企业开辟广阔的农村消费市场，启动国家内需性消费模式。

第二节　缩小城乡收入差距的制度安排

一、科学规划农民工市民化的城镇空间布局

（一）城镇化空间布局的合理性分析

新型城镇化作为缩小城乡居民收入差距缩小的重要载体和路径，要做到科学规划，这涉及农民的进城意愿和能否实现农业、农民的劳动效率提高，能否实现对农业的公平投入问题。城镇化作为人类生产和生活活动在区域空间上的聚集过程，是现代文明的重要表现形式，我国经过30多年的改革开放，经济总量已经位居世界第二，现在正处在工业化、城镇化和信息化"三化"融合的关键时期，客观地认识我国的国情，合理把握和推进旨在缩小城乡居民收入差距问题的城镇化进程至关重要，否则，只能事倍功半，欲速则不达。作为实现城镇居民收入差距收敛的重要路径，我国城镇化发展存在居多问题，其一，发展质量参差不齐，结构欠合理。对比工业发达国家、一些发展中国家以及我国的工业化，我国的城镇化进程严重滞后，而且发展质量不高，内容不完整，尽管个别开放度较高的城市近几年有了较大幅度的提升，但鸟瞰整个国家的城镇化进程，存在大、中、小城市结构不尽合理，城镇体系还不完善的诸多问题，我国大中型城市与国际大都市比，普遍存在人口比例偏低的现象。其二，空间布局不够合理。越是东部沿海地区，城镇化的数量明显增多，越是西部欠发达地区，城镇化数量明显减少。但从各地区城镇化承载人口数量看，即使人口数量较高的东部地区，城镇的人口密度也不高。其三，生态压力巨大。我国很多地方由于城镇化发展过程中的粗放管理模式，缺乏长远目标规划，出现要么缺乏规划，要么生态环境治理设施不健全，运行不正常，造成城市在较高的成本下运行，较低的效率不符合资源节约和环境友好的要求。其四，很多地方因财力有限，导致城乡二元投资结构明显。农业基础薄弱、农民增收困难、农村发展滞后，城镇人口不集中，公共服务和社会保障未能惠及乡村人口。

（二）农民工市民化空间布局的优化

为优化目前我国农民工市民化的居住空间，创造适于农民工居住的生活环境，打造新型城镇化的工作思路是：一是要增加觉悟意识，增强公平惠民。在城镇化这一进程中，在应对大量农民工进城务工的现实情况下，消除城乡隔阂、身份隔阂。要求城镇化不仅要为城乡居民创造更多就业岗位，还要通过消除居民的身份差异和对农民工的歧视，实现基本公共服务均等化，使其公平地享受现代城市文明生活。二是要合理调整城镇化层次结构，使大、中、小城市和小城镇有序发展，协调推进。大城市因具有众多就业机会和发展资源，具有明显的集聚效应和规模效应，发展大城市能够有效节约土地、吸纳更多的农村劳动力参与就业，但是，大城市无节制的"摊大饼"式的放大，会出现城市因过密环境导致的"城市病"，污染严重、水资源短缺、公共基础设施因过度使用导致严重匮乏，出行成本居高不下等等。我国存在庞大的农村人口，发展有利于居民出行、生产和生活的中小城市，会增加更多的居民进城意愿。三是优化农民工市民化的城镇空间布局。在既有的城镇空间布局下，要形成围绕中心城市发展众多中小城镇的城市群、都市圈、城市带，培植和发展若干个适于农民工转移的载体空间，因我国中、东、西城市发展布局各异，农民工城镇化转移顺序可以考虑东部地区优先提升沿海地区的中小城镇的人口承载力,中部地区建立城市群体系,西部地区培育较大的核心城市。同时,在农民工转移进城中,要做到全国一盘棋,打破城乡壁垒、地区壁垒。在资源和土地比较适当的地区,可以考虑建立新的城镇人口转移点,使其成为新的人口聚居区和经济增长点。四是要兼顾城镇和乡村一体化的建设思路。在城镇化进程中,要合理配置城乡公共资源,创造条件让城镇化公共资源和乡村实施对接,使农民有机会享受到公平的公共资源带来的福利条件。不仅如此,为吸引更多的农民工进城,要在城乡居民中提供诸如教育、医疗卫生、社会保障、文化娱乐等的均等公共服务。

(三) 优化空间布局的政策建议

首先要合理规划城镇化空间格局,这是防止城镇化无序发展、实现土地资源集约化利用的前提。农民工市民化空间布局规划涉及众多部门的利益,是一项难度很大的系统工程,工作中要形成跨部门、跨区域的规划协调、联动机制。在全国一盘棋的新型城镇化进程中,由于历史和地区条件的不同,城镇化政策的倾向也不能全国一致,对于经济发展相对落后地区,国家在基础设施建设方面要做到重点倾斜,在社会福利方面要加大转移支付力度,保证这些地区在农民工转移过程的顺利进行,同时,要注意运用多种包括行政、法律、经济杠杆等政策手段鼓励和引导居民树立可持续、循环发展观。

其次要深化财税金融体制改革。引导农民工流转的空间布局形成,只是第一步,只能是称作为农民工选"巢",我们最大的工作是"筑巢",这种筑巢成本的来源是关系到能否实现居民收入差距缩小的关键。巨大的筑巢成本要通过财税金融体制改革、构建有利于城镇化发展的融资激励机制来实现。为此,为体现公平的财政普惠制,中央和地方政府财政支出结构要做出及时调整,建立包括农民工在内的基本公共服务共享体系,两级政府要分比例共同承担;在体现公平的二次分配方面,中央政府要加大财政转移支付力度,在涉及城乡公共服务资金投入方面要逐步提高投入份额;因地方政府在农民工转移方面承担更大的责任,因此,为体现财事对等,责任与权力的对等,让地方政府有足够的财力实现农民工的转移安置。要在加快地方税收体系建设中，培育和寻找稳定的地方税源，比如加快房地产税。未来城镇化建设中，土地出让金是一块较大的资金来源，目前，很多地方土地出让金成为地方政府财政的主要支撑，有人又称土地财政。在农民工市民化进程中要合理确定不同主体之间的土地出让金利益分配比例，并将政府土地出让收入严格纳入公共财政进行管理，涉及失地农民的土地出让金问题，要做到土地入市的招、拍、挂程序公开透明，让失地农民有知情权，防止征地过程中出现的腐败问题、政府对土地财政的过度依赖问题、土地出让收入的低效率使用问题。同时，政府在深化城镇建设投融资体制改革方面，要根据公共服务的性质不同，建立诸如发行地方债券、发展债务、债权融资等多元化、多渠道的资金供给模式。要放宽市场准入，通过直接或者政府购买服务等多种方式鼓励民间资金进入经营性基础设施领域。

再次要建立城乡统一的要素市场、产品市场、就业市场和居住市场。高度统一的市场是保证要素顺畅流动的前提。新型城镇化进程中的农民工市民化，是农民的自愿行为，解除户籍制度的束缚，并在农村土地制度改革完成后，农民工消除了土地的后顾之忧，有了比较利益，自然会有进城的预期。统一市场的建立就是要禁止地方保护主义，加强法制建设和管理。目前，我国的居住市场开放度较高，但是就业市场还存在不利于农民工的工作性歧视，农民工从事的工作大多数属于劳动强度较大、工作环境脏、乱、差的岗位，当然这与大多数农民工缺乏职业技能培训有关，政府的工作就是要通过有计划有步骤地进行农民工培训，进一步提升农民工的人力资本存量，让多数农民工进城后实现和城镇人口同工同酬，让农民工得到更多的工资性收入，从而减少收入差距。

最后要建立完善的土地制度。土地作为不可再生的四大生产要素之一，其在经济、政治和社会生活中的重要性不可估量，纵观国内外的历史发展进程，围绕土地之争的历史内容从来没有退出历史舞台，这是由于土地的稀缺性导致的。我国人口众多，土地资源稀缺，在保证粮食供应的耕地面积红线下，用作城镇化的土地更是捉襟见肘，完善土地制度，就是要改革土地的价格形成机制，使土地这一重要的生产要素能够体现其稀有性，使土地资源得到高效配置。为此，政府要在新型城镇化规划中按照高密度、集约化原则加大城市内部废弃、闲置土地的再开发利用，提升城市土地集约利用水平。同时，要严格管理土地收益分配，建立具有一定参考价值的土地收益征收办法，防止土地管理方面的随意性而导致的土地资源的低效利用。

二、建立有利于农民增收的土地流转与征用补偿制度

（一）目前农民工土地制度存在的主要缺陷

一是目前我国农民土地产权残缺，且界定模糊。根据《土地管理法》界定的农村土地所有权属于农村集体，但对农村集体（乡、村、组）的界定模糊，导致集体土地产权主体的模糊，农民缺乏对集体所有的土地的处分权、交易权和抵押权，政府对农民土地的主导性较强，直接破坏了土地集体所有、家庭承包经营的农地产权制度。二是现行土地制度安排导致土地流转不畅。我国《土地管理法》明文规定"在土地承包经营期限内，对个别承包经营者之间承包的土地进行适当调整的，必须经村民会议三分之二以上成员或者三分之二以上村民代表的同意，并报乡（镇）人民政府和县级人民政府农业行政主管部门批准"。"农民集体所有的土地由本集体经济组织以外的单位或者个人承包经营的，必须经村民会议三分之二以上成员或者三分之二以上村民代表的同意，并报乡（镇）人民政府批准"。这些无效制度安排大大增加了土地流转的交易成本，阻碍了土地流转的顺利进行。三是土地补偿标准远远低于市场价值。目前很多地方还是采用我国《土地管理法》的规定：征收土地的按原土地用途补偿；征收耕地的按土地、安置和地上附着物和青苗补的补偿费用进行偿费。尽管实施上采用以原用途最高额的标准补偿，但远远低于按市场公平的原则给予补偿，这充其量只是一种有限补偿，对于世代以土地为生存条件的农民来说是一种不公平的做法，而且国家往往以货币补偿作为主要手段，很多失地农民得到一部货币补偿后，整天游手好闲，当手中的现金很快消费后，自己又没有一技之长，土地被征，后半生的生活将很落魄。

（二）构建有利于农民增收的土地流转与补偿制度

一是要对土地确权。目前，很多地方已经实施了一些适于当地土地流

转的土地产权改革。尽管在产权主体的归属问题上，我国很多专家和学界的名人一直争论不休。但新的土地产权制度改革在土地长期使用权的界定已经为土地流转打开了天窗，产权主体归国家也好，归私人也罢，将已经拥有土地使用权的农民对土地拥有长期使用权进行界定后，尽管农村土地的所有权归集体所有，但实质上跟所有权归农民个人所有没有本质的区别。但是，只要没有明确土地私有权，农民的心里无底。因此，在土地流转市场上，为了让农民彻底打消对土地流转的疑虑，国家要对农民的土地进行一对一的白纸黑字的确权，对宅基地要发证。

二是要规范土地征用行为。土地征用问题往往是农村中矛盾较为集中的问题，解决不好最容易引起群体事件。从当前农村上访事件看，因土地问题导致的不在少数。尤其在当前农业税取消，土地价格因房地产价格的带动继续走高，土地的稀缺性凸显时，农民土地资源的财富预期越来越浓，征用土地要明确土地的用途性质，有法有据有理地进行。首先，明确界定国家公用事业征地范围，保证必要时才动用土地征用权。其次，征用集体用地要采用事前听证制和事后公示制，让农民有知情权、选择权和决策权，以保障农民的利益不受损害。

三是要建立有利于土地所有者的征地补偿机制。首先确定补偿方式，结合实践中常用的两种补偿方式（现金补偿和社保补偿），我们可以尝试补偿方式的创新，因为两种方式各有利弊，现金补偿尽管使农民尽快得到土地补偿金的兑换，对于风险厌恶型农民来说，对这种补偿方式比较喜欢，但是其弊端在于很容易让农民陷入失地又失业的尴尬境地。对于社保补偿，被征地农民也容易陷入无米之炊的困境。为了防止出现以上情况，我们在探索合理的补偿方式，可以做到二者的结合，既考虑其当前利益，又考虑农民工的长远利益。其次，要结合土地市场价格和当地生活水平，合理确定补偿标准。对公用事业征地，要以不降低农民现有生活质量为标准，结合土地资源质量和开发利用水平进行评估补偿；对于经营性、营利性用地补偿，要采取市场价格，采取招拍挂等市场手段，在让农民有充分的知情权、参与权的情况下，程序上公开透明的形式上进行。最后要建立对土地补偿制度的监督和检查，建立具有法律约束力的权力和责任，做到有法可依，违法必究，确实保障农民的土地权益。

四是要建立土地流转市场。要实现土地规模化，提升农村劳动力水平，土地流转市场必须尽快建立。为让农民对土地流转做到胸中有数，大胆可为。首先，确定土地流转的范围和方式，流转土地是家庭合法承包的并获得承包权的土地，流转是自愿行为，可以部分或者全部流转，流转方式可以是转让、出租、入股、抵押等，土地流转后的所有制性质不变，也不能将其改为非农用地或建设用地。其次，确立流转市场主体的权责。土地承包经营权流转的市场主体应该是土地的承包方。承包方在土地流转决策中，有权按照自愿、有偿的交易原则进行土地流转，任何人不得采取威胁、武力胁迫等不正当的手段获取土地流转权，土地流转的时间、方式和费用要由市场主体决定。再次，建立流转市场中介服务体系。土地流转是土地使用权的有偿转移，由于土地主体和土地流转承接方信息不对称，流转双方存在较大的交易成本和交易风险，因此，通过建立土地流转市场中介服务体系作为保障，可以实现流转市场的健康有序发展。这种中介服务体系不仅涉及土地流转的事前、事中和事后环节，还包括和流转相关的其他服务内容，诸如建立农村土地流转服务中心或服务站、建立土地流转信息收集和发布体系、建立土地流转中介服务组织、设立土地流转纠纷仲裁机构等。最后，政府在土地流转中要采取相关优惠政策和扶持措施，帮助、引导农民进入市场，按照依法、自愿、有偿的原则进行土地承包经营权的流转。重点是政府要在土地流转的事前、事中和事后制定有可能影响土地流转的法律和法规，让土地流转市场做到有法可依，顺畅便捷。

三、完善有利于农民工市民化的户籍管理制度

首先要在以转移的农民工中解除跟户籍有关的农民工难以享受的各种公共服务，在户籍改革中形成示范效应。当下，尽管在不少城市中农民的就业和卫生条件有了不小的进步和改善，但据了解很多随迁农民工的子女在入学教育方面还存在不平等现象，多数农民工子女只能在城中村和城郊结合部的简陋教学单位中入学，难以进入到城市中具备较好师资力量的学校入读；农民工的社保问题存在制度缺陷，在国家和个人应该缴纳的费率

和异地、部门衔接问题还有诸多问题需要解决；关系到农民工安住的住房和低保问题需要解决。这些问题概括起来主要是工作、教育、社保和住房等。要让农民工自愿地进城，进入到城市中的农民工要真正成为城市主人，必须保证他（她）们"有活干、子女有学上、退休有保障、休息有房住"，使得户籍与福利彻底脱钩。其次，加快推进户籍制度改革。当然户籍制度改革不能搞全国"一刀切"，要根据我国的现实情况和新型城镇化要求。我国 2014 年出台的《国家新型城镇化规划（2014—2020）》明确规定了我国城镇化关于户籍管理制度改革的要求，规划中明确提出了对符合条件的农业转移人口落户城镇的具体要求：各类城镇对农业转移人口落户制度，要根据城镇的综合承载能力和发展潜力，以就业年限、居住年限、城镇社会保险参保年限等为基准条件，因地制宜制定具体的农业转移人口落户标准。在规定的差别化落户政策中要求有序放开城区人口在 50 万 – 100 万的城市落户限制，合理放开城区人口在 100 万 – 300 万的大城市落户限制，合理确定城区人口在 300 万 – 500 万的大城市落户条件，严格控制城区人口在 500 万以上的特大城市人口规模。具体操作中我们要遵循农民平等自愿原则、降低准入条件原则和强化政府服务原则。从目前已有的实际经验看，很多城市已经实施了诸如设立准入条件、采用居住证制度和累进服务等办法，效果较好。再次户籍制度改革要以保护农民工土地权益为基础前提。户籍制度改革目的是消除城乡之间的制度隔阂，解除人为的二元结构，让符合条件的农民工融入到城镇中，实现城乡共同发展，缩小城乡居民收入差距。户籍改革一定不能以城镇化户口为名，实际为换取农民的土地，坚决改变土地城镇化快于人口城镇化的"冒进"做法，这样不仅无助于农民工的收益增长，反而会出现虚高城镇化速度，落入像巴西等南美国家走过的"城镇化陷阱"的尴尬境地。

四、构建适于新型农民工流转的配套就业制度

（一）农民工群体就业制度存在的弊端

目前我国户籍管理制度形成的二元户籍管理模式仍然对农民工群体的就业产生无形的不利影响。对城市人口和农村人口的区别对待构成了农民群体就业问题和就业歧视的制度基础。同工不同酬、同工不同时、同工不同权，已经成为对待城乡居民工作待遇的一种习以为常的做法。农民工就业群体受到歧视性还表现在职业安全和职业卫生权益得不到有效的保障。尽管健康权在1966年的《经济社会和文化权利国际公约》早已公布，但从全国范围看，针对于大多数农民工群体出现的职业安全问题报告不在少数，我国大多数危险行业的从业人员几乎都是以农民工为主的工作人员，很多事故的发生反映出农民工的职业安全和职业卫生权益得不到有效的保障。再就是我国目前针对农民工群体的社会制度保障严重缺乏，农民工参与的企业大多数属于中小企业，很多企业为了减少成本，不惜以损害农民工的健康为代价。根据国家要求，一些特殊工种需要的特殊安全防护设备得不到提供，安全操作中小企业培训不规范，企业应该给职工缴纳的五险一金不执行等。当然对中小企业中农民工群体来说，目前国家规定的城镇社保费率标准对中小企业来说的确有些偏高，缴纳的负担较重，同时，从目前看，我国中小企业的税费负担也严重超出了中小企业的营利能力，再加上我国金融机构对这类企业的贷款条件苛刻，融资成本较高，这也影响了农民工的权益。最后是国家为农民工维权的立法工作滞后，在新修订的《劳动法》中仍然未将农民工纳入调整的范围之中，最高人民法院也一直未出台与此相关的司法解释。因此，现行针对农民工群体的制度弊端集中在农民工劳动权益的缺失和未能平等获得劳动报酬。从公平的角度看，公平的就业制度要求城乡居民拥有平等的就业机会权利、平等获得劳动报酬（工资报酬、劳动保护条件、社会保险、休息休假、节假日补贴等）的权利和平等获得公共资源和公共服务的权利。

（二）针对农民工群体的就业制度安排

一是要建立针对农民工就业的配套产业体系，多渠道转移农村富余劳动力。第一，制定适于农民工群体的产业、企业发展政策。按照产业结构的优化和升级顺序，劳动密集型产业必将被资本和技术密集型企业取代，但是从我国劳动力素质和质量看，农村转移的大量劳动力基本属于劳动力资源的"原生态"，他们中的绝大多数受到的教育很少，没有受过专门的训练，在这样一种劳动素质下，我们必须将推进产业结构调整与满足农村劳动力转移就业结合起来，尤其是针对农业产业结构调整，更应该这样。产业政策方面要鼓励在一些农民工群体居住比较密集的中小型城镇发展一些劳动力密集型产业，尤其是发展一些涉农产业，诸如农业机械销售和维修、农产品加工、农业产前、产中和产后的服务业等，农民工对这类产业既熟悉，又不需要多高的技术含量，经过简单的培训即可上岗工作；企业政策方面，中小型企业作为农民工群体的主要就业去向，为农民就业做出了巨大贡献，因此，无论现在还是将来，中小型企业还是农民工就业的主战场，培植和培养中小型企业健康发展是能否实现农民工安全就业的关键。国家要从法律制度方面完善中小企业发展、经营、资金支持和财税优惠方面的政策法规，中小企业和农民工作为两个特殊的群体，要想实现较好的对接，一定要在政策上采取更加优惠的政策。从目前看，中小企业承担的税费负担较重是一个不争的事实，这个问题不解决，中小企业容纳农民工就业的数量就会缩水。第二，就业产业配套政策要结合城镇发展政策。产业发展遵循结构升级和梯度转移的规律。在农民工转移方面我们遵循的原则是发展以大城市为中心、中小城市和小城镇为支撑的城市群。从三大转移地点看，尽管我国很多地方的大中小城市产业结构层次性不太明显，但大中型城市围绕主导产业发展的众多产业的结构层次还是比中小城市要高，大中城市在吸引农民工就业方面的配套产业余地较小，这类城市要在改善农民工的就业环境和条件，提高就业质量，保护农民工的劳动权益方面来吸引更多的农民工流转；小城镇因产业层次较低，农民工生活成本低，是大中型城市实现劳动密集型产业转移的良好去处。同时，要抓住产业转移的时机，大力发展特色产业和优势项目，发展产业集群，提高农产品附加值，发展旅游服务业，文化服务业，促进更多的农村人口就地就近转移。

二是要加大立法，从法律方面保护农民工的劳动权益。农民工作为弱势群体，由于自身教育水平有限，对法律的遵守和保护意识淡薄，尤其是缺乏法律知识，工作中对自身造成的很多违法事件缺乏维权意识。为此，政府要加强对农民工弱势群体的劳动权益的依法保护。例如建立农民工法律维权服务队，在制定和执行最低工资标准时，要充分了解农民工的家庭实际状况，并根据当地的经济发展情况和物价总水平实施动态管理，保证农民工的生活水平与城市经济发展同步提高。同时，政府要强化对涉及农民工劳动权益执行情况的监督和检查，提高处理劳动争议和保护劳动权益的能力。政府要鼓励和引导在企业层面建立敢于实施维权的农民工工会组织。由于历史和制度原因，我国在企业层面形成的反映劳资关系的工会组织难以起到真正为工人维权的作用，在企业内非正式组织有时充当一定的作用，但这种作用的力量较弱，在我国私有制成分越来越多，政府应要求企业健全工会，发挥工会维权职能，只有这样，才能提高工人的话语权，提高工人的谈判地位，在与企业进行劳资合同的签订中得到平等互利的机会。政府也要加大对中小企业进行企业文化培训，让企业充分尊重农民工的合法权益，培养农民工爱岗敬业的思想意识，在互利共赢中促进企业成长。

三是制定针对农民工的就业培训计划，提高农民工的择业机会。我国二元结构导致了城乡的人员隔离、地域隔离、文化隔离、信息隔离、教育隔离。农民工很多只有初中文化，受过高中教育的较少，受过高等教育的更是凤毛麟角。在这种文化背景下，再加上城乡信息的不对称，新型城镇化流转到城市中的农民工面临的就业压力可想而知，为此，我国新型城镇化规划中专门对流转农民工制定农民工职业技能提升计划，这些计划涉及的具有培训责任的单位有企业、高等学校、各类职业院校和培训机构等，培训计划包含了一般职业能力培训和较高职业能力培训多种模式，并鼓励农民工只要取得职业资格证书和专项职业能力证书，一样可以获得职业技能鉴定补贴。在国家层面实现就业信息全国联网，为农民工提供免费的就业信息和政策咨询。这些措施能够为确保农民工提高就业技能、农民工真正市民化奠定基础。

五、建立覆盖农民工群体的社会保障制度

（一）农民工社保方面的不平等待遇

根据国家出台的《国务院关于解决农民工问题的若干意见》，农民工参保的途径大体包括四类：一是"城保"办法，农民工社保纳入城镇职工社保中进行统一管理，这种模式因为操作简单，大多数城市在使用。二是

"双低"办法，为减少农民工的参保成本，采取"低费率进入、低标准享受"原则。三是"综保"办法，采取部分社保基金捆绑缴费，且执行低费率标准。四是"农保"办法，将农民工社保纳入流出地的社保体系。但在执行过程中部分省份有选择地为部分（如本市农民工）农民工开辟均等化通道，并未将社保做到全覆盖。像广东和上海等大城市在制定农民工社保基金实施办法中，也明确提出了标准和要求，这样很多不符合条件的农民工被拒之门外，这种做法有失公平。

（二）创新完善现有的农民工社会保障制度

一是创新最低生活保障制度。新型城镇化进程，由于新的规划、公共设施用地或者宅基地拆迁等原因，农民工失地、搬迁、失业等问题是正常的，尤其是大量的农民工进入城市，结构性失业、因公致残或自身能力等原因出现生活水准低于最低生活保障线时，政府的最低保障金就成为维持其生活水平的重要资金来源。在创新最低生活保障方面可以结合我国城镇和农村的最低标准分别实施。在城镇最低生活保障制度方面，要做到一视同仁，最低生活保障金要做到城镇贫困居民全覆盖。尤其对于进城务工的农民工，在确定其在农村原户籍所在地未享受最低生活保障，符合享受最低生活保障的要统一纳入城镇最低生活保障范围内。其次，要建立农民工群体的群众性自治组织，不仅可以做到监督、检查，而且有利于及时帮助符合最低生活保障标准的家庭及时申领保障金，建立相关档案，便于规范化管理；也有利于随时掌握领取保障金的家庭收入变化情况，以做到低保制度实施在阳光下进行。在农村最低生活保障制度创新方面，为防止申报过程中的弄虚作假，申报时要将村民委员会审查后的结果向全体村民公示，以确保程序的公开透明。对那些参与作假的申报人和评选人提供虚假信息，致使不符合条件的人员得到保障金，要做到按照程序进行惩罚。最低生活保障金要做到动态管理，对那些因种种原因使生活水平得到改善，要做到及时评估，及时做到减发或者停发。

二是创新农村养老保险制度。一方面要加快完善新型农村社会养老保险制度。要参照城镇养老保险制度的办法，完善法律和法规，确立机构、规定缴费标准和政府的补贴比例、规范收入程序等。另一方面要加大农村养老保险资金的支持力度,这种支持不仅是直接的,也可以是间接的。同时,政府要在制度层面打破城乡养老保险方面的分割,实现城乡社会养老保险体系一体化。

三是创新农村医疗保险制度。一方面,要加大政府对农村医疗保险的投入,提高政府在医疗保险中的比重,间接调动农民的参保意识。同时,政府要实施国家医疗资源投入的城乡均衡,防止医疗资源过度集中在大型的少数几个医院,使公共资源过度集中引起的集中问题,导致资源使用的低效率。另一方面,政府要从制度上制定医疗帮扶法律法规政策,从责任上规定大型城镇医院医务人员有责任对乡镇医院人员定期进行医疗器械和技术的相关培训,并出台相关的激励机制鼓励医务人员到基层任职。

(三)构建覆盖农民工群体的新型社会保障制度

目前,按照农民工的收入水平,农民工参保的积极性受到影响,为解决农民工参保率低的高费率问题,应该考虑构建包括个人、单位和国家多方共同合作促进农民工参加城镇职工社会保险的机制。形成个人缴费、单位匹配和国家补贴相结合,为公平起见,政府要尽量扩大补贴额度和覆盖面,减少农民工个人和中小企业的缴费比例。从当前看,政府的缴费补贴保险有:农民投保农村养老保险、城乡居民投保医疗保险、城镇就业困难群体投保社会保险。国家扩大补贴覆盖面后,将不再针对城镇就业困难群体的正规就业者,应该包括农民工在内的非正规就业者与正规就业者一视同仁,共同参加统一的城镇职工社会保险制度,这样可以降低保险费率。但考虑到正规就业者和非正规就业者的缴费承担能力,在缴费基数和待遇上可以采取差别化的管理模式。具体做法是对前者的缴费基数以工资收入为标准,由劳资双方协商,共同缴费参保基本养老保险和基本医疗保险。对中小企业员工参保,考虑到中小企业吸纳农民工贡献和承担能力,应由国家定额补贴缴费。对非正规就业者的缴费基数应以当地最低工资为标准,参加基本养老保险和基本医疗保险,除个人缴费外,大部分应由国家定额补贴缴费。

在社保制度改革方面,要解决社保城乡隔离的制度安排,目前尽管有些地方实施了地区之间、城乡之间的部分社保项目的对接,但不全面,后，要实现农民工的流动和转移，就要完善城乡之间、地区之间和不同职业人群之间的医疗、养老保险的转移接续办法，为农民工异地流动提供便利。就医疗保险来说，目前农村和城市享受的基本药品目录、基本诊疗手段和报销比例有一定的差别，改革的方法是：在地市级行政区范围内，将医疗保险制度统一，并将基金统筹使用；所有人员享受相同的基本药品目录、基本诊疗手段和报销比例等。在各城镇还未采取针对农民工的放松户籍管理的措施之前，大部分常住在城镇的农民工以居住证的形式进行常住登记。在社会保险制度方面，国家要从法律上规定，无论是采用居住证还是未来采取的城镇户口登记证，凡是持有这两种有效证件的居民可以享受国民基本权利，诸如选举权、就业权、社会保险参保权、免费的公用服务以及义务教育等权利。为保证公平的社会待遇和防止部分不愿或者不能参保的人员出现失去社会救济的现象，可以要求所有从业人员及其供养人员都按规定参加基本养老保险和基本医疗保险，并从制度上保证参保人员及其家庭按缴费年限享受诸如就业扶持、教育补贴、选举权、居住地高考、低保和申请廉租房等的附加权利。

为保证以上针对农民工群体的社保制度改革成功，地方财政困难的地区将面临着很大的财政束缚。为此，中央政府要采取二次收入分配平衡，加大对这些地区的财政转移支付力度，最大限度地实现社会服务均等化目标，让更多的农民工享受到国家经济发展带来的福利。中央政府的这种转移支付也可以从制度上再设计，通过对吸纳转移农民工多的城镇采取按人头转移实施奖励，可以有效激励地方政府的行为，加速这些财政困难地区的城镇化进程，这样有利于更快地消除当地城乡差距。同时，中央政府也可以采取实施对地方政府农民工社会保险参与度考核办法，来实施对地方官员的考核，这种政绩观能更好地体现社会的公平正义。

六、建立适合农民工特点的住房供应政策体系

（一）农民工住房制度缺陷

目前，影响农民工进城意愿的一个关键问题是进城后的住房问题。除了职业问题，进城农民工市民化后，若居无定所，将严重影响到农民工的

生活质量。但目前,农民工的居住缺乏管理,存在很多问题。表现一是农民工居住条件普遍较差。除了部分年轻力壮,在城市中有固定职业的农民工,因有稳定的经济来源,通过按揭贷款和父母帮助能够拥有自己的商品房外,大部分农民工的住房条件普遍较差,甚至难以满足基本的生活需要。通过对山东省部分城市的农民居住情况调查发现,在建筑行业打工的农民工以居住在临时或者简易房中的占90%,在城镇中以谋生为目的,夫妻举家作为常住人口居住在城镇的农民工,大部分的居住地是位于城乡结合部的农民出租房、城中村、城市中的老平房、居民楼地下室等,位置偏远、居住条件差、环境恶劣、功能不完善,不但不能满足基本生活需要,还影响农民工的发展与进步。这种居住条件无论是从实际距离还是心理距离,都使农民工难以融入到城镇之中。从实际距离看,农民工居住地远离城市社区,难以做到生活和工作的交流,他们自形团体,自我封闭;从心理距离看,农民工居住在类似城市中的贫民窟,他们虽然在为生计奔波,但没有他们的辛勤工作,也不会有今天的高楼大厦,宽敞的马路和优美的环境条件。他们在为城市贡献自己的同时,却难以有时间和机会享受到城市发展的成果,这种被社会遗弃的感觉使他们会做出一些社会违法行为。

(二) 构建新型农民工住房供应制度

农民工市民化的住房问题是城镇化成本的主要部分,解决这一问题同样需要个人、企业、社会和政府的广泛参与。在发挥政府主导作用的同时,政府要通过多种方式利用市场的力量来解决。一方面,尽快构筑"经济租用房、廉租房、经济适用房和限价商品房"四位一体的覆盖城市常住人口的住房保障体系,将农民工的住房统一纳入城镇住房保障体系中,让进城农民工居有定所,提高农民工的生活质量和品质;同时,要充分考虑农民工经济购买能力,参照廉租房政策,可以在农民工中大力推进经济租用房。另一方面,为了实现社会公平,减少城乡居民收入差距,要参照城镇居民的公积金管理办法,在农民工中实施农民工住房公积金制度。应根据"低水平、多层次、广覆盖"的原则建立农民工住房公积金制度,保证更多的农民工有条件进入住房公积金体系,并设立不同的缴费标准以适应不同的需求。为了尽最大努力实现农民工的安住工程,地方政府要建立针对农民工群体的住房支持政策，包括建立农民工的住房补贴、政府的财税支持和金融服务等等。住房补贴可以参照参考当地低收入居民的住房补贴标准，将农民工逐步纳入住房补贴范围；财税支持就是建立农民工城镇公共住房专项资金，进行农民工经济租用房建设；金融服务是对于有能力购买经济适用房和限价商品房的农民工，在首付款比例、还款期限方面给予一定优惠政策。

七、搭建农民工融入城镇文化制度平台

实现公平和效率的新型城镇化，是以人为本的城镇化，是城乡居民收入差距缩小的城镇化。这一进程需要大量的农民工以市民的身份进入到城镇当中去，农民工能否真正融入到城镇当中，是我国城镇化改革成功的关键。所谓真正融入到城市中，就是让进城的农民工不仅感觉到市民、组织和社会的关照，同时也要有机会参与到不同组织和社会活动当中去，不让自己被忽视。这样就要求政府各级管理部门要重视农民工的政治参与诉求，完善其参与政治的体制机制，拓宽参与渠道，加强农民工的党、团、工会、妇联等组织建设，提高农民工参与民主政治的能力。一是要为农民工营造良好的社会氛围。以农民工的生活社区为基本单位，在思想和意识方面，社区管理人员要对农民工进行培训，使农民工树立乐观开放、积极进取、互帮互让的意识。很多农民工进城，一时难以改掉原有的随手丢弃垃圾、乱吐痰、抽烟和酗酒的习惯，社会工作人员要及时跟进，进行相应的教育和疏导，也可以利用农民工子女的力量参与对父母习惯的纠正工作。作为社区人员，要做到对农民工的及时关心和关照，让农民工感觉到社会的温暖。二是要搭建农民工参与的社会工作平台。主动邀请农民参与社区管理，增强其社会的文化认同和社区归属感，使其真正融入到社区的生活当中去。这包括发展农民工社会组织，诸如工会、妇联和共青团等社团组织，发展多种有利于农民工利益的非营利性组织和基金等，对农民工在心理、工作和生活中碰到的问题，这些组织能够给予适时、及时的关心和照顾，譬如对农民工的维权方面、心理咨询方面、孩子的教育方面、社会交往方面等等。

为让农民工积极参与到城镇化进程，可以在法律方面规定：要保障在城市居住中有一定年限的农民工拥有参与城市管理的资格和权利，使他们拥有选举权和被选举权，参与民主选举、民主决策、民主管理、民主监督的权利。强化农民工政治权利意识方面，鼓励农民工依法保护自己的合法权益，加强对农民工的法律教育和政治教育，提高其参与政治能力。加强党团工会组织建设。第一，在党团员发展发面，应加大吸收优秀农民工加入党团组织的工作力度。第二，在党团组织建设方面，积极开展党建工作，加大民营企业、外资、合资企业的基层组织建设，满足优秀农民工进步的需求，积极培育优秀农民工党员，为党组织注入活力，实现农民工党员管理的规范化、制度化。加强对农民工党员的教育培训和服务，增强党对农民工群体的凝聚力和影响力。提高农民工思想觉悟和参政能力，领导农民工广泛参与城市社会事务管理等活动。第三，在工会建设方面，积极探索创新农民工的工会组织形式，以新生代农民工为重点对象，推进工会组建和发展会员工作，切实维护农民工权利。同时要建立公平的就业政策环境。第一，积极推行企业工资集体协商制，建立农民工工资稳定增长机制，建立平等劳资关系，实现农民工与企业其他职工同工同酬。第二，不分城乡、户籍，为农民工提供平等的就业机会、同工同酬以及与劳动相关的各项社会保障和公共服务。第三，改变企业对新生代农民工的管理方式，使其向更具人性化和弹性的现代化管理方式转变，让企业有履行和接纳农民工的责任，要一视同仁，善待农民工，关心农民工的职业发展和心理健康，加强企业文化建设。第四，为农民工提供多层次、多种类的就业技能培训。

参考文献

[1] 李实、罗楚亮：《中国城乡居民收入的重新估计》，《北京大学学报》2007年第2期。

[2] 李实、魏众等：《中国居民财产分配的不均等及其原因的经验分析经济研究》，《经济研究》2005年第6期。

[3] 李实、岳希明：《中国城乡收入差距世界最高》，《理论参考》2005年第4期。

[4] 李实、赵人伟、张平：《中国经济改革中的收入分配变动》，《管理世界》1998年第1期。

[5] 李实：《对基尼系数估算与分解的进一步说明》，《经济研究》2002年第5期。

[6] 罗楚亮：《城乡居民收入流动性研究》，《财政科学》2009年第1期。

[7] 罗楚亮：《城乡居民收入差距的动态演变：1998—2002年》，《财政研究》2006年第9期。

[8] 钟普宁、何军：《增加农民收入的关键：扩大非农就业的机会》，《农业经济问题》2007年第1期。

[9] 洪银兴：《工业和城市反哺农业、农村的路径研究——长三角地区实践的理论思考》，《经济研究》2007年第8期。

[10] 林毅夫：《经济发展战略与公平和效率》，《宏观经济研究》2005年第10期。

[11] 林毅夫：《"三农"问题与我国农村的未来发展》，《农业经济问题》2003年第1期。

[12] 林毅夫：《制度、技术与中国农业发展》，上海：三联书店2005年版。

[13] 蔡昉：《城乡收入差距与制度变革的临界点》，中国社会科学出版社 2003 年第 5 期。

[14] 蔡昉：《缩小收入差距 构建和谐社会》，中国劳动保障出版社 2005 年第 4 期。

[15] 蔡昉、王德文：《农村发展与增加农民收入》，中国劳动社会保障出版社 2006 年版。

[16] 蔡昉：《中国人口流动方式与途径（1990—1999 年）》，社会科学文献出版社 2001 年版。

[17] 蔡继明：《中国城乡比较劳动力与相对收入差别》，《经济研究》1998 年第 1 期。

[18] 陈宗胜：《收入分配、贫困与失业》，南开大学出版社 2000 年版。

[19] 陆铭、陈钊：《城市化、城市倾向的经济政策与城乡收入差距》，《经济研究》2004 年第 6 期。

[20] 高培勇、杨志勇等：《公共经济学》，社会科学文献出版社 2007 年版。

[21] 王小鲁、樊纲：《中国收入分配差距的变动趋势和影响因素——收入分配与公共政策》，上海：远东出版社 2005 年版。

[22] 王小鲁、樊纲：《中国收入分配的走势和影响因素分析》，《经济研究》2005 年第 10 期。

[23] 温铁军：《立足城乡二元结构解决"三农"问题》，《北京规划建设》2006 年第 3 期。

[24] 王少国：《我国城乡居民收入差别测度指标评析及修正》，《山西财政大学学报》2006 年第 1 期。

[25] 王少国：《城乡居民收入差别的合理程度判断》，《财政科学》2006 年第 4 期。

[26] 魏后凯：《中国地区间居民收入差异及其分解》，《经济研究》1996 年第 11 期。

[27] 黄锟：《中国农民工市民化制度分析》，中国人民大学出版社 2011 年版。

[28] 蔡基宏：《关于农地规模与兼业程度对土地产出率影响争议的一个解答——基于农户模型的讨论》，《数量经济技术经济研究》2005 年第

3 期。

[29] 王韧、任毅：《再分配公平的制度性障碍及其对策研究》，《财政理论与实践》2003 年第 3 期。

[30] 肖红叶、郝枫：《中国收入初次分配结构及其国际比较》，《财贸研究》2009 年第 2 期。

[31] 黄锟：《城乡二元制度对农民工市民化影响的实证分析》，《中国人口资源与环境》2011 年第 3 期。

[32] 陈锡文：《资源配置与中国农村发展》，《中国农村经济》2004 年第 1 期。

[33] 于喆杨、李建军：《城乡居民收入差距的互动关系研究——基于改革开放 30 年数据的实证分析》，财政研究 2003 年第 8 期。

[34] 白南生、宋洪远等：《回乡，还是进城？——中国农村外出劳动力回流研究》，中国财政出版社 2002 年版。

[35] 张世伟、赵亮等：《农村劳动力流动的收入分配效应——基于吉林省农户数据的经验研究》，《吉林大学社会科学学报》2007 年第 7 期。

[36] 曾国安、胡晶晶：《中国城乡居民收入差距演变趋势及原因研究述评》，《当代经济研究》2007 年第 6 期。

[37] 张国胜：《中国农民工市民化：社会成本视角的研究》，人民出版社 2008 年版。

[38] 周小刚：《农民工市民化的成本收益分析和社会政策仿真模型研究》，经济科学出版社 2011 年版。

[39] 刘小年：《农民工市民化与户籍改革：对广东积分入户政策的分析》，《农业经济问题》2011 年第 3 期。

[40] 欧阳力胜：《新型城镇化进程中农民工市民化研究》，博士论文，财政部财政科学研究所，2013 年。

[41] 黄维民、朱盛艳：《借鉴日本经验探索我国农村剩余劳动力转移途径》，《农业经济》2003 年第 12 期。

[42] 简新华、黄昆等：《中国工业化和城市化过程中的农民工问题》，人民出版社 2008 年版。

[43] 张富饶、马斌：《农村劳动力转移为什么没有缩小城乡收入差距——

以广东为例》,《乡镇经济》2007 年第 2 期。

[44] 李明艳:《农村劳动力转移对农地利用效率的影响研究》,社会科学文献出版社 2012 年版。

[45] 李子奈、田一奔等:《居民收入差距与经济发展水平之间的关系分析》,《清华大学学报》1994 年第 1 期。

[46] 张鑫:《中国城乡居民收入差距及其成因的演化路径研究》,经济管理出版社 2011 年版。

[47] 王竹林:《城市化进程中农民工市民化研究》,中国社会科学出版社 2009 年版。

[48] 王竹林:《农民工市民化的资本困境及其缓解出路》,《农业经济问题》2010 年第 2 期。

[49] 罗长远:《卡尔多"特征事实"再思考——对劳动收入占比的分析》,《世界经济》2008 年第 11 期。

[50] 陈昌兵:《收入分配影响经济增长的内在机制》,《当代经济科学》2008 年第 6 期。

[51] 陈丽能、谢永良:《DEA 方法在农业综合生产能力评价中的应用》,《浙江大学学报》2004 年第 1 期。

[52] 贾小玫、周瑛:《对缩小城乡收入分配差距的思考》,《财政科学》2006 年第 4 期。

[53] 甘满堂:《农民工改变中国:农村劳动力转移与城乡协调发展》,社会科学文献出版社 2011 年版。

[54] 白菊红:《农户人均家庭纯收入影响因素再分析》,《河南农业大学》2006 年第 4 期。

[55] 成德宁:《城市化与经济发展——理论、模式与政策》,科学出版社 2004 年版。

[56] 陈吉元等:《论中国农业剩余劳动力转移——农业现代化的必由之路》,经济科学出版社 2007 年版。

[57] 赖德胜:《中国居民收入分配研究的新进展》,《经济研究》2008 年第 11 期。

[58] 邓鸿勋、陆百甫：《走出二元结构——农民工市民化》，社会科学文献出版社 2012 年版。

[59] 杜鹰、白南生等：《走出乡村——中国农村劳动力流动实证研究》，经济科学出版社 1997 年版。

[60] 范恒山、陶良虎：《中国城市化进程》，人民出版社 2010 年版。

[61] 辜胜阻、刘传江：《人口流动与农村城镇化战略管理》，华中理工大学出版社 2000 年版。

[62] 魏建、张光辉：《山东省耕地资源与经济增长之间的关系研究》，《中国人口·资源与环境》2011 年第 8 期。

[63] 郑贵斌：《加快推进乡镇企业创新发展的思路与对策》，《山东农业大学学报》2005 年第 1 期。

[64] 邹士年：《重视初次分配对调节收入分配的作用》，《宏观经济管理》2013 年第 10 期。

[65] 陈圆圆、李佩、赖声伟：《山东省耕地资源数量安全底线测算》，《国土资源科技管理》2011 年第 3 期。

[66] 周其仁：《农地产权与征地制度——中国城市化面临的重大选择》，《经济学》2004 年第 1 期。

[67] 朱莉芬、黄季琨：《城镇化对耕地影响的研究》，《经济研究》2007 年第 2 期。

[68] 徐晓斌：《山东省人口发展与工业化城镇化的互动及协调发展》，《西北人口》2012 年第 4 期。

[69] 陈丽华：《中国财政农业投入的公平与效率效应及政策优化——基于 1978—2006 年统计数据的实证分析》，《中央财政大学学报》2010 年第 1 期。

[70] 郑贵斌：《农村土地制度创新研究的新进展》，《山东农业大学学报》2006 年第 4 期。

[71] 张丁、万蕾：《农户土地承包经营权流转的影响因素分析》，《中国农村经济》2007 年第 2 期。

[72] 侯风云、付洁等：《城乡收入不平等及其动态演化模型构建——中国

城乡收入差距变化的理论机制》,《财政研究》2009 年第 1 期。

[73] 城镇化进程中农村劳动力转移问题研究课题组:《城乡收入不平等及其动态演化模型构建——中国城乡收入差距变化的理论机制》,《中国农村经济》2011 年第 6 期。

[74] 国务院发展研究中心课题组:《中国城镇化:前景、战略与政策》,中国发展出版社 2010 年版。

[75] 史晓红、李志远:《城市化是解决我国城乡居民收入差距问题的治本之策》,《经济问题》2008 年第 3 期。

[76] 白莹、吴建瓴:《中国收入分配差距的城乡分解分析》,《经济体制改革》2011 年第 2 期。

[77] 段景辉、陈建宝:《基于家庭收入分布的地区基尼系数的测算及其城乡分解》,《世界经济》2010 年第 1 期。

[78] 李萍、陈志舟、李华:《统筹城乡发展中的效率与公平》,《经济学家》2006 年第 1 期。

[79] 马华泉:《城市化中教育投资对农村劳动力转移的影响研究》,博士论文,东北林业大学,2010 年。

[80] 徐晓斌:《山东省人口发展与工业化城镇化的互动及其协调发展》,《西北人口》2012 年第 4 期。

[81] 张安良:《山东省农村劳动力转移研究》,博士论文,北京林业大学,2012 年。

[82] 肖文、周明海:《劳动收入份额变动的结构因素——收入法 GDP 和资金流量表的比较分析》,《当代经济科学》2010 年第 3 期。

[83] 李稻葵、刘霖林、王红领:《GDP 中劳动份额演变的"U"形规律》,《经济研究》2009 年第 1 期。

[84] 夏永祥:《农业效率与土地经营规模》,《农业经济问题》2002 年第 7 期。

[85] 宋元梁、胡晗、宋光阳:《农业技术效率改进与城镇化关系的实证研究——以中西部六省为例》,《统计与信息论坛》2012 年第 11 期。

[86] 宋增基、徐叶琴、张宗益:《基于 DEA 模型的中国农业效率评价》,

《重庆大学学报》（社会科学版）2008年第3期。

[87] 董洪清、李思：《基于DEA模型的中国农业效率实证研究》，《前沿》2010年第17期。

[88] 陈昌兵：《各地区居民收入基尼系数计算及其非参数计量模型分析》，《数量经济技术经济研究》2007年第1期。

[89] 李花：《我国收入分配领域中的公平与效率关系研究》，硕士论文，苏州大学，2010年。

[90] 王策：《当前我国收入分配领域的效率与公平问题研究》，硕士论文，天津商业大学，2012年。

[91] 刘海鸥：《劳动要素收入份额对收入分配差距的影响分析》，硕士论文，湖南大学，2011年。

[92] 韩俊：《调查中国农村》，中国发展出版社2009年版。

[93] 胡杰成：《农民工市民化研究》，知识产权出版社2011年版。

[94] 金钟范：《韩国城市发展政策》，上海财经大学出版社2002年版。

[95] 李强：《农民工与中国社会分层》，社会科学文献出版社2011年版。

[96] 李水山、许泳峰：《韩国的农业与新村运动》，中国农业出版社1995年版。

[97] 王伟同：《城市化进程与城乡基本公共服务均等化》，《财贸经济》2009年第2期。

[98] 刘传江、程建林：《中国第二代农民工研究》，山东人民出版社2009年版。

[99] 何军：《代际差异视角下农民工城市融入的影响因素分析基于分位数回归方法》，《中国农村经济》2011年第6期。

[100] 王旭：《美国的大都市区化与中国城市化道路的抉择，中国城市化：实证分析与对策研究》，厦门大学出版社2002年版。

[101] [美] 罗斯托：《经济增长的阶段》，商务印书馆1962年版。

[102] 郑秉文：《拉丁美洲城市化：经验与教训》，中国社会科学文献出版社2011年版。

[103] 王章辉、黄柯可：《欧美农村劳动力的转移与城市化》，社会科学文

献出版社 1999 年版。

[104] 文军：《农民市民化：从农民到市民的角色转型》，《华东师范大学学报》（哲学社会科学版）2004 年第 5 期。

[105] 钱文荣、黄祖辉：《转轨时期的中国农民工》，中国社会科学出版社 2006 年版。

[106] 速水佑次郎、弗农：《农业发展的国际分析》，中国社会科学出版社 2000 年版。

[107] ［英］科斯、［美］诺斯等：《制度、契约与组织——从新制度经济学角度的透视》，经济科学出版社 2003 年版。

[108] 刘捧：《巴西的土地问题与经济发展》，《拉丁美洲研究》2006 年第 2 期。

[109] 王宗萍、段成荣：《第二代农民工特征分析》，《人口研究》2010 年第 2 期。

[110] 葛信勇：《农民工市民化影响因素研究》，博士论文，西南大学，2011 年。

[111] 吴亦明：《中国社会保障制度》，南京师范大学出版社 2000 年版。

[112] 侯力、汪晓红：《日本经济高速增长时期农业劳动力转移及其启示》，《现代日本经济》2004 年第 6 期。

[113] 孙波：《城乡经济社会一体化背景下的农民市民化问题研究》，博士论文，西北大学，2011 年。

[114] 杨云善、时明德：《中国农民工问题分析》，中国经济科学出版社 2005 年版。

[115] 张秀中：《转型时期构建农民工基本公共服务体系研究》，广东人民出版社 2012 年版。

[116] 马怀礼、谷小勇：《农民工向市民转型的政策测度》，《改革》2008 年第 2 期。

[117] 吕文峰：《第二代农民工市民化面临的障碍及其消解》，《经济研究导刊》2010 年第 23 期。

[118] 林娣：《宏观视角下农民工医疗保障制度研究》，博士论文，复旦大

学,2012年。

[119] 高峰:《苏南地区外来农民工市民化长效机制的构建》,《城市发展研究》2006年第4期。

[120] 简新华:《从民工潮到民工荒——农村剩余劳动力有效转移的制度分析》,《人口研究》2005年第2期。

[121] 国务院发展研究中心课题组:《农民工市民化对扩大内需和经济增长的影响》,《经济研究》2010年第6期。

[122] 王春光:《新生代农村流动人口的社会认同与城乡融合的关系》,《社会学研究》2001年第3期。

[123] 中国人口与发展研究中心课题组:《中国人口城镇化战略研究》,《人口研究》2012年第3期。

[124] Gollin D, Getting income shares right, *Journal of Political Economy*, Vol. 110, No. 2, 2002, pp. 458 – 475.

[125] Ruiz C G, Are factor shares constant: an empirical assessment from a new perspective, *Working Paper*, 2005.

[126] Solow R M, A skeptical note on the constancy of relative shares, *The American Economic Review*, Vol. 48, No. 4, 1958, pp. 618 – 631.

[127] Close F A and Shulenburger D E, Labors share by sector and Industry: 1948 – 1965, *Industrial and Labor Relations Review*, Vol. 24, No. 4, 1971, pp. 588 – 602.

[128] Gujarati D, Labor's share in manufacturing industries: 1949 – 1964, *Industrial and Labor Relations Review*, Vol. 23, No. 1, 1969, pp. 65 – 77.

[129] Gomme P and Rupert P, Measuring labor's share of income, policy, *Discussion Papers*, Federal Reserve Bank of Cleveland, Vol. 8, No. 7, 2004.

[130] Huang, J., R. Lu, S. Rozelle and C. Pray, Insect – Resistant GM Rice in Farmers' Fields: Assessing Productivity and Health Effects in China, *Science*, Vol. 308, 2005, pp. 688 – 690.

[131] John, D. G., Provincial Migration in China in the 1990s, *China Economic Reviews*, No. 14, 2003, pp. 22 – 31.

[132] Kung, J. K., Off – Farm Labor Markets and the Emergence of Land Rental Markets in Rural China, *Journal of Comparative Economics*, Vol. 30, 2002, pp. 95 – 414.

[133] Liang, Z., The Age of Migration in China, *Population and Development Review*, Vol. 27, 2001, pp. 499 – 524.

[134] Liang, Z. and Ma, Z., China's Floating Population: New Evidence from the 2000 Census, *Population and Development Review*, Vol. 30, 2004, pp. 467 – 488.

[135] Taylor, J. E., Rozelle, S. and de Brauw, A, Migration and Incomes in Source Communities: A New Economics of Migration Perspective from China, *Economic Development and Culture Change*, Vol. 52, 2003, pp. 75 – 101.

[136] Adelman, I. & Morris, C, T, Economic Growth and Social Equity in Developing Countries, *Stanford University* Press, 1973, pp. 105 – 117.

[137] Adelman, I. &Morris, C. T. &Robison, S, "Policies for Equitable Growth", *World Development*, No. 4, 1976, pp. 562 – 582.

[138] Ahluwalia, M. S, Income Distibution and Development: Some Stylized Facts, *American Economic Reviews*, Vol. 66, 1976, pp. 128 – 135.

[139] Alesina, A & Rodrik, D, Distributive Political and Economic Growth, *Quarterly Journal of Economics*, Vol. 109, 1994, pp. 465 – 490.

[140] Alesina, A & Perotti, R, Income Distribution, Political Instability, and Investment, *European Economic Review*, Vol. 40, No. 6, 1996, pp. 1203 – 1226.

[141] Anald, S. & Kanbur, SMR, Inequality and Development: a Critique, *Journal of Development Economics*, Vol. 41, No. 1, 1993, pp. 19 – 44.

[142] Banerjee, Abhijit V. & Andrew F. Newman, Occupational Choice and

the Process of Development, *Journal of Political Economy*, Vol. 101, No. 2, 1993, pp. 274 – 298.

[143] Banerjee, Abhijit V. & Esher Duflo, "*A Reassessment of the Relationship between Inequality and Growth*", Comment, Manuscript, MIT, 2000.

[144] Barro, R. J. & Sala – I – Martin, X, Region Growth and Migration: A Japan United States Comparison, *Journal of the Japanese and International Economy*, Vol. 6, No. 4, 1992, pp. 312 – 346.

[145] Becker, G. & N. Tomes, An Equilibrium Theory of the Distribution of Income and Intergenerational Mobility, *Journal of Political Economy*, Vol. 87, No. 6, 1979, pp. 1153 – 1189.

[146] Bourguignon, F, *Pareto Superiority of Unegalitarian Equilibriums in Stiglitz's Model of Wealth Distribution with Convex Saving Function*, Econometrica, Vol. 49, 1981, pp. 1469 – 1475.

[147] Andretseh, D. B, M. P. Feldman, *Knowledge Spillovers and the Geography of Innovation*, Handbook of Urban and Regional Economics, 2003.

[148] Cai, F., Wang, D. and Du, Y., *Regional Disparity and Economic Growth in China: The Impact of Labor Market Distortions*, China Economic Review, Vol. 13, No. 3, 2002, pp. 179 – 212.

[149] De Brauw, A., *Seasonal Migration and Agriculture in Vietnam*, ESA Working Paper, Vol. 7, 2007.

[150] Cai Fang and Wang Dewen, *Sustainability of Economic Growth and Labor Contribution in China*, Journal of Economic Research, 1999.

[151] Coleman J. S, *Social Capital in the Creation of Human Capital*, America Journal of Sociology, No. 4, 1988, pp. 95 – 121.

[152] De Brauw, A. and Rozelle, S, *Migration and Household Investment in Rural China*, China Economic Review, No. 19, 2008, pp. 320 – 335.

[153] Cai, F, *Spatial Patterns of Migration under China's Refrom Period*, Asian and Pacific Migration Journal, 1999.

[154] Deininger, K. , *Land Markets in Development and Transition Economies: Impact of Liberalization and Implication for Future Reform*, American Journal of Agricultural Economics, Vol. 85, No. 4, 2003, p. 1217 – 1222.

[155] Dike, Miehael Enwere, *Revisiting the Classies of Development Eeonomics: Lewis" s Surplus Labour Theory and Current Debates on Development*, African Development Review, 2003.

[156] Deininger, K. and Olinto, P. , *Rural Nonfarm Employment and Income Diversification in Colombia*, World Development, Vol. 29, 2001, pp. 455 – 465.

[157] Hanifan, Lyda Judson, *The Rural School Community Center*, Annals of the American Academy of Political and Social Science, 1920, pp. 130 – 138.

[158] Christiaan Grootaert and Thierry van Bastelaer, *Undersdanding and Measuring Social Capital: A Synthesis of Findings and Recommendations from The Social Caital Initiative*, Social Capital Initiative Working Paper, 2001.

[159] Todaro, M. P. , *A Model of Labor Migration and Urban Unemployment in Less Developed Countries*, American Economic Review , Vol. 21, 1969, pp. 157 – 170.

[160] Wu, H. X. and Meng, X. , *Do Chinese Farmers Reinvest in Grain Production*, China Economic Reviews, Vol. 7, 1966, pp. 123 – 135.

[161] Wu, H. X. and Meng, X. , *The Direct Impact of the Relocation of Farm Labor on Chinese Grain Production*, China Economic Review, Vol. 7, 1996, pp. 105 – 122.

[162] Yao, Y. , *The Development of the Land Lease market in Rural China*, Land Economics , Vol. 76, 2000, pp. 252 – 267.

[163] Gardner, Bnice. L, *Economic Growth and Low Incomes in Agriculture*, American Journal of Agricultural Economics, 2000.

[164] Gustav Ranis and John C. H. Fei, *A Theory of Economic Development*, The American Economic Review, Vol. 51, No. 4, 1961, pp. 533 – 558.

[165] G. Ranis, John C. H. Fei, *A Theory of economic development*, American Economic Review, Vol. 4, 1961, pp. 533 – 565.

[166] Lin, Justin, Gewei Wang, Yaohui Zhao, *Regional Inequality and Labor Transfers in China*, Economic Development and Cultural Change, 2004.

[167] Harris, J. R and Michael P. Todaro, *Migration, Unemployment, and Devevopment: a Two – sector Analysis*, American Economic Review, 1970, pp. 126 – 142.

[168] Harpham, T., E. Grant & E. Thomas, *Measuring social capital within health surveys: Key issues*, Health Policy and Planning, Vol. 1, 2002, p. 106 – 111.

[169] Massey, *Social Structure, Household Strategies, and the Cumulative Causation of Migration*,, Vol. 56, No. 1, Spring, 1990, pp. 3 – 26.

[170] Hatton, T. J, Williams, *What Explains Wage Gaps between Farm and City? Exploring the Todaro Model with the American Evidence: 1890 – 1941*, Economic Development and Culture Change, 1992.

[171] Joseph E. Stiglitz, *The Efficiency Wage Hypothesis, Surplus Labour, and the Distribution of Income in L. D. C. s*, Oxford Economic Papers, 1976, pp. 185 – 207.